U0939101

珍藏本
纪念版

汉译世界学术名著丛书

民主与资本主义

——财产、共同体以及现代社会思想的矛盾

〔美〕塞缪尔·鲍尔斯
赫伯特·金蒂斯 著

韩水法 译

2017年·北京

Samuel Bowles Herbert Gintis

DEMOCRACY AND CAPITALISM

Property, Community, And The Contradictions Of Modern Social Thought

Published by arrangement with Basic Books, a Subsidiary of Perseus Books LLC

本书根据美国纽约基础出版社 1986 年版译出

汉译世界学术名著丛书
（120年纪念版·珍藏本）
出 版 说 明

2017年2月11日，商务印书馆迎来120岁的生日。120年前，商务印书馆前贤怀揣文化救国的理想，抱持“昌明教育，开启民智”的使命，立足本土，放眼寰宇，以出版为津梁，沟通中西，为中国、为世界提供最富智慧的思想文化成果。无论世事白云苍狗，潮流左右激荡，甚至战火硝烟弥漫，始终践行学术报国之志，无改初心。

逐译世界各国学术名著，即其一端。早在20世纪初年便出版《原富》《天演论》等影响至今的代表性著作，1950年代后更致力于外国哲学和社会科学经典的译介，及至1980年代，辑为“汉译世界学术名著丛书”，汇涓为流，蔚为大观。丛书自1981年开始出版，历时三十余年，迄今已推出七百种，是我国现代出版史上规模最大、最为重要的学术翻译工程。

丛书所选之书，立场观点不囿于一派，学科领域不限于一门，皆为文明开启以来，各时代、各国家、各民族的思想与文化精粹，代表着人类已经到达过的精神境界。丛书系统译介世界学术经典，引领时代思想，为本土原创学术的发展提供丰富的文化滋养，为推动中国现代学术和现代化进程做出了突出的贡献。

为纪念商务印书馆成立120周年，我们整体推出“汉译世界学术名著丛书”120年纪念版的珍藏本，寄望既利于文化积累，又便于研读查考，同时向长期支持丛书出版的译者、编者和读者致以敬意。

两甲子后的今天，商务印书馆又站在了一个新的历史时间节点上。我们不仅要铭记先辈的身影和足迹，更须让我们的步伐充满新的时代精神。这是商务人代代相传的事业，更是与国家和民族的命运始终紧密相连的事业。我们责无旁贷，必须做好我们这代人的传承与创造，让我们的努力和成果不仅凝聚成民族文化的记忆，还能成为后来人可以接续的事业。唯此，才能不负前贤，无愧来者。

商务印书馆编辑部

2017年10月

献给艾利特和玛茜

目　　录

中文版序言

对民主的三种挑战

在我们出版了此书英文第一版之后的不长时间内，资本主义和民主两者都在世界不同地区取得了进步。在南非，种族隔离已经崩溃，一部非种族主义的、民主的宪法已经创制完毕。在智利、菲律宾、巴拉圭和萨尔瓦多，军事威权统治已让位于代议制民主形式。政党间的竞争性选举，清晰而戏剧性地改变了大多数曾是共产主义制度的东欧国家中的以及苏联内许多国家中的政纲。并且这些国家已经采取了市场自由化和国内经济非统制化，而后者已在世界的许多地方开始实施。

自由主义民主和自由主义资本主义的许多变种正在拓展范围，这只是我们称之为民主和资本主义生产的东西之中最新的一章，当对这种经济和政治管理制度不断增长的赞同受到它们各自拥护者的欢呼之时，两者的拓展对修补它们的缺点或减弱它们之间的矛盾却毫无作为。

无论马克思主义的还是自由主义的资本主义与民主理论都未充分地说明这两种制度之间的各种动态的互动作用。与马克思主义的期待相反，政治学语言在全世界实际上日益具有自由主义的特色，而与最具自由主义特色的解释相反，政治学的实质依然是一种无法化简的阶级对抗的因素，于是，对自由主义和马克思主义政治和政治理论的挑战同样无法由资本主义和民主两者的成功所消解。在20世纪行将结束之际，在民主主义者力求使权力更负责任和个人生活更加自由之际，他们面临三种主要的挑战：

第一种是全球性的挑战：当国际间的自由化和日益增长的世界整合使得资本的全球流动的成本降低，并从而给强大的经济行为者——尤其是银行和大型股份公司——提供了加强了的讨价还价的权力之时，民主的民族国家如何能维持它们的自主和有效性？

第二种是国内的挑战：新的民主权利和统治形式对那些具有构成每一个社会——无论它们是家庭，邻里还是工作场所——的许多微观经济制度特征的权力滥用和异化说得上话吗？

第三种挑战关系到我们的自然环境和未来的后代：在民族国家水平之上和可行的国际制度之中运行的民主程序能够提供一类政策，而它们足以扭转环境恶化的过程并达到一种可以接受的生态平衡吗？

我们不知道，这些挑战中的哪几个能够得到很好的处理。但是我们依然坚信，如果找到解决方法，那么它们必然包含更加深入的财产权的再分配，而其目的在于保证更加平等地分配生活的收益和负担，加强民主对于私人权力和政府权力的负责性，允许广泛地运用市场和其他竞争过程来将原则置于政府和经济行动者身上。我们在《民主和资本主义》第一版付梓之后的研究完善了然而未根本更动这种信念[1]。

我们高兴地欢迎中国读者阅读本书。

鲍尔斯与金蒂斯

马萨诸塞大学(阿默斯特分校)

1995年2月

序　言

我们关于民主和统治的思考表现了三股大相异趣的思想的融合。一股是激进民主传统及其在 20 世纪 60 年代和以后几十年间的社会运动中的表达。第二股是自由主义的社会理论和社会科学。第三股是马克思主义。或许可以更准确地说，我们的思考是历经一种持久的冲突而逐渐形成的，这就是我们时代激进民主运动的那种希望和激情与两种现在占统治地位的理智传统之间的冲突。

这种冲突的结果便是两个确信：承认现代社会中权力多面性的特征，推崇学习和人类发展在分析权力和纠正权力滥用之中的中心地位。对于那些受过专门学术训练而身为经济学家的人来说，这些或许会被看做是新颖的关切，但是这个说法可能只是部分正确的。政治理论和经济学之间的密切关系至少可以追溯到霍布斯和自由主义社会理论在 17 世纪的滥觞。今天，如果不是采纳为实际分析的框架的话，这种关系表现在于几乎将新古典经济思想全盘采纳为许多政治理论的模式。

毫不奇怪，我们对当代马克思主义政治理论和自由主义政治理论的批判主要依据那构成两者基础而通常隐而不露的经济学理论的缺点。我们关于当代民主思想困境的分析，如果不是在内容上面，就是在所提出的题目方面，诸如亚当·斯密(Adam Smith)，马克思(Karl Marx)，穆勒(John Stuart Mill)这些早期经济学著作家的各种关切。

如果说我们对经济学和政治学的整合之中有什么新颖的东西的话，那么与过去两个世纪以来那种把经济隐喻注入政治思想的主导趋势不同，我们提出了与之相反的东西：对经济思想的政治批判，把有关权力和人类发展的真实的政治概念输入经济体系的分析之中。

无论我们研究中所遇到的题目的复杂性，还是近些年来民主政治运动的失败和令人失望，都没有消除我们的确信：权力，人类发展和经济生活之间的纽带既是可以理解的，又是——部分因为它们是可以理解的——容易改进的。正是这个确信在我们十八年的合作中，并为我们出版这部对于民主思想发展的微薄贡献[的著作]([]内的文字为译者所添)提供了动力和一以贯之的原则。

曾经指教过我们，批评过我们，刺激过我们，激怒过我们，或者以别种方式激励过我们的研究的人不胜枚举。但是，即使不太充分的话，我们还是要感谢下列这些其批评、建议和帮助反映在本书之中的人：阿克曼(Robert Ackerman)，亚历山大(Peter Alexander)，巴努力(Tariq Banuri)，贝内森(Harold Benenson)，布赖特(Charles Bright)，克拉克(Barry Clark)，科恩(Joshua Cohen)，埃尔施坦(Jean Elshtain)，弗里德曼(Gerald Friedman)，戈登(David Gordon)，高夫(Ian Gough)，格林(Philip Green)，哈恩(Jeanne Hahn)，哈丁(Susan Harding)，海登(Dolores Hayden)，拉克劳(Ernesto Laclau)，林布洛姆(C. E. Lindblom)，麦克莱特(Elaine McCrate)，马格林(Stephen

Marglin)，莫费(Chantal Mouffe)，奥尔曼(Bertell Ollman)，巴斯奎耐里(Carla Pasquinelli)，兰德尔(Nora Randall)，罗迪梯(Hannah Roditi)，萨克(Richard Sack)，斯特凡诺(Christine Di Stefano)，斯图尔特(Kathleen Stewart)，特蕾西(Susan Tracy)，瓦腾贝格(Thomas Wartenberg)，韦斯科夫(Thomas Weisskopf)，沃尔夫(Robert Paul Wolff)，武斯特(Meg Worcester)，以及我们在马萨诸塞大学的学生。

我们也要感谢下列单位的财政资助和款待：古根海默(John S. Guggenheim)基金会，高级研究所(The Institute for Advanced Study)，美国日耳曼·马歇尔基金(The German Marshall Fund of the United States)，马萨诸塞大学教员基金，西恩纳(Siena)大学，以及马萨诸塞大学人文高级研究所。

我们还要因其鉴识和眷佑而感谢基础出版社(Basic Books)的凯斯勒(Martin Kessler)、德霍尔斯(Sandra Dhols)和格拉夫(David Graf)。

第一章　现在：政治学、经济学和民主

这部著作的生命力，正在于信誓（commitment）不断拓展人民支配他们个人生活和社会历史的能量。我们将要论证，为了兑现 3
这个信誓，需要建立一种民主的社会秩序，需要消除资本主义经济的种种集权体制。“资本主义”（capitalism）和“民主”（democracy），这两个广为人们视为一起标志了我们的社会特征的术语，它们之间如此僵硬的对立，看起来可能是毫无根据的。但是，我们将坚持如下一点：在民主乃是保障个人自由权（personal liberty）和使权力的运用负有社会责任这个直截了当的意义上面，今天没有任何一个资本主义社会可以合理地称为民主社会。

“民主的资本主义”提出了一套和谐的和彼此支持的制度，每一种制度在社会生活各个不同的领域里促进一种自由（freedom）。然而，我们将要指出，资本主义和民主不是两种互补的体系。相反，它们是调控人类发展进程和全部社会历史演变的两种反差鲜明的规则：一种规则的特征就是以各种财产权（property rights）为基础的经济特权的优先性，另一种规则就坚持以个人权利行使为基础的自由权和民主责任（democratic accountability）两者的优先性。

这样，我们信誓民主就是肯定这样一种社会蓝图，在那里自由

权和人民主权(popular sovereignty)既支配学习(learning)又支配
4 历史。民主,而非各种财产权的相互作用,应该提供这样一种基本原则:它安排我们在其间成为我们自身的进程,以及支配我们生活的种种规则在其间不断得到更新改造的进程。

除证明它们是可行的和可以达到之外,我们将不会去证明这些信誓的正当性。作为替代,我们将探究它们对于我们思考个人、思考社会和思考历史的方法所蕴涵的意义。虽然正当性证明或许并非必要,但澄清各种术语则确确实实是适宜的。在实践中,我们把民主等同于自由权和人民主权。自由权涉及社会生活的广阔领域,在其之上,个人享有自由,并且在适当的情况下具有去行动和去力图说服他人行动的资源(倘若他们认为这样做是合适的话),而无任何社会约束。德沃金(Ronald Dworkin)很好地表述了这一点:

> 个人权利是个人握有的政治王牌。在出于某种理由,集体的目的否定个人想要的东西而无充分的正当性时,或没有充分的正当性却将某种损失或伤害误加在他们身上时,个人有权利作为个人去拥有他们想要的东西,或去做他们想做的事。[1]

自由权于是带来了思想和结社的自由,政治的、文化的和宗教的表达的自由,并且带来了那种控制个人的身体和表达个人所喜爱的精神的、审美的和性关系的生活方式的权利。

我们所谓的人民主权是指,权力(power)对于那些因行使权力而受影响的人们是负有责任的,并且在某种意义上对于这些人中每一个人是负有同等责任的。但是，人民主权不可能是一元的。我们将要证明，在自由民主资本主义（liberal democratic capitalism）里，而且在大多数的社会秩序中，权力中心是多重的；我们要证明，这种权力的多元主义抓住了有关民主社会的思想的实质层面。我们因此排斥统一的“人民意志”的概念，并且我们把主权看作是最终地和不可化简地多相的。实际上，民主要求个人和团体（group）两者都有王牌可出。

我们将确认民主社会的信誓所蕴涵的社会理论的几个变种之间的一致。然而，我们的兴趣并非只是沉思冥想式的。我们解释过去两个世纪里民主和资本主义的种种杂乱的轨迹，以及我们重新构造民主理论，这不会使我们献身于某种民主乌托邦，而会使我们献身于一个兑现久已存在的、基本的但受到阻碍的民主承诺的宏大历史规划。

各种民主制度常常只是各个先进的资本主义国家社会生活中
的装饰品而已：自豪地展示给来访者，并为大家所赞美，但很少使 5
用。在那些事情切实进行的地方——在诸如家庭、军队、工厂和办公室这类核心机构里——什么都有，就是没有民主。代议制政府、公民自由权和正当的程序顶多遏制了这些无责任的权力王国过分显眼的扩张，然而却遮掩和加强了特权和统治的各种基本形式。

但是，民主并不是一成不变的。凡在民主制度已经扎下根的地方，它们常常已经扩张和深化了。一旦一个政治习语成为政治的混成语时，它往往便包括了各种鲜见的意义。在民主的发展过程中，它因而会毫无区别毫无顾忌地向一切形式的特权挑战。从不只排斥妇女而且也排斥大部分非白人的 18 世纪的人权（Rights of Man),直至 20 世纪后期的民权运动(civil rights movement)、女权运动(feminism)和工作权利是一条曲折的道路;但是,这条路线甚至在 18 世纪的自由主义(liberalism)话语(discourse)里面就已经充分地预言过了。

当民主的情绪开始侵蚀基本的社会制度以致威胁到它发挥作用的功能时,民主制度就会发觉它们有责任去取而代之或者撤回来。这种情形准确地刻画了欧洲和北美自由民主资本主义社会目前的困境。那个受困的领域是资本主义经济自身。[①]

福利国家(welfare state)在第二次世界大战后的发展和凯恩斯主义的(Keynesian)经济政策使人注意到,赚取利润的企业活动总会受到监视,资本主义的法人(corporation),如果允许其相当大的扩张,总会落入社会的监督。战后时期自由民主资本主义社会惊人的经济成功,证明了经济精英与公民这种相互一致的优越之处。但是,不断扩展的民主要求则证明是这种一致的解体。由于赋予公民以侵蚀资本按利润原则投资和约束劳动力的能量的权力,民主制度向资本主义经济的基础运作发起了挑战,从其动力机制釜底抽薪。

6 然而,福利国家和凯恩斯主义的经济政策并没有受到仔细的限定:它们没有赋予公民以承担这些至关重要的经济功能的权力,它们也没有提供一种公共竞技场,在那里面公民能够发展他们促

① 我们所谓的自由民主资本主义社会,是指二十几个国家,它们的社会生活的构架,是由一个将公民自由权和投票权扩展到大多数成年人的有限政府,和一种其特征在于使用工资劳动的市场生产和私人拥有生产工具的经济建立的。在后面几章,我们将要回过头来描绘这个特征。

使经济决策负起民主责任的能力。同样重要的是,大多数自由民主资本主义国家中的战后体制使资本在指定组织更新和结构变迁的模式方面成为决定性的因素。结果便是经济与政治的和局;企业精英和公民对于经济变化同样拥有否决权,但对于经济前途却无可行的共同预见。

这种僵局的政治的和意识形态的后果从根本上改变了20世纪70年代的政治话语。凯恩斯主义的注意中心是国家管理商品和服务的总需求,其旨在作为资本主义繁荣之关键的充分就业,这一点越来越被人看出来是有矛盾的。由凯恩斯主义的经济政策和福利国家培养而成的经济不安全感的淡化,已经危及到了资本对于劳动的权力的本质基础,即失业的威胁,而这一点是愈来愈明显了。

虽然福利国家的设计师们没有强调这一点,经济萧条和不稳定却不仅会因为资本家阶级"过于强大"而发生,而且也会因为它"过于软弱"而发生。当资本家阶级"过于强大"时,它将收入分配挪动到有利于它的那一边,减低国民收入中工人阶级的消费比率,并使经济倾向于总需求的缺乏。相反,当资本家阶级"过于软弱"时,工人阶级或其他要求获得收入者就榨取利润率和减低投资级别(或者致使投资者另寻较为有利的投资场所)。

资本主义经济有规律地遭受两种类型的困难。有充分的证据表明:20世纪30年代的大萧条是总需求的危机,这个危机部分是由欧洲和北美工人阶级在第一次世界大战后期间的政治和经济的挫折导致的。但是,20世纪60年代后期和70年代各个发达资本主义经济体系的踉跄的利润难以归罪于不充分的需求:在多数国家，利润的下降是与水平异乎寻常之高的生产能力利用和需求扩张同时发生的。[2]

大萧条危机的性质——在资本一手包揽经济权力基础之上的工人阶级购买力不足——为劳动、社会民主和进步团体提供了现
7 成的计划：收入的平均主义再分配既改善了劳动的物质状况又结束了经济危机。而当危机起因于资本家阶级“过于软弱”时，特殊利益和普遍利益如此愉快的符合一致是达不到的。发达资本主义自由民主政体在20世纪70年代和80年代所经历的种种经济困难不是消费需求的不足的症状；它们可以更为精确地溯源到资本主义的和民主的社会关系之间的冲突。因而，如果在上一次大危机中劳动和左派的直接的经济方案是首先重新分配购买力，以便缓和物质贫困和支持一个较高水平的需求，那么这个任务在今天必定是重新分配权力本身，以便为生产和消费提供一种新的民主模式。

与此相应，右派的方案，或是通过使用市场来训练工人和其他要求获取收入者这种由来已久的方法，或是通过发展更为有效的控制制度，来重申它在经济中的霸权。

在这种状况中，民主的主动性或者向前移动促使投资和生产的决定变得以民主方式负责，或者它们可以回缩后退。倘若它们回缩后退的话，一种战略的撤退便能够轻易地转变为自由民主制度的大溃败和威权主义的复辟。

理解由这些相互冲突的趋势所提出的各种错综复杂的课题，阐明民主经济所可能意味的内涵，这需要重新思考当代的政治哲学和经济哲学。我们将着手评估各种社会理论，而所依据的便是

其提供各种允许自由权和人民主权的种种规范合理地运用于生产和投资领域的原则的能量。

这一部著作将要回顾上一代人关于社会主义计划和市场经济的合理性的种种争论，这些争论使形形色色的经济学家卷入经济理论的讨论之中。然而，我们关于民主经济的理论所贡献的文字可能会模糊某些为人熟悉的战线，因为我们既不会推崇计划的优越性，亦不会推崇市场的优越性，既不会推崇马克思的（Marxian）经济范畴的优越性，亦不会推崇新古典微积分学（neoclassical calculus）的优越性。相反地，我们将要指出那些作为我们思考民主的基础的各派经济理论实际上都有的贫乏之处，具体表明我们政治及道德思想受经济隐喻支配的不幸后果，并且证明将——涉及权力和人类发展的——真正政治概念与经济推论整合在一起的必要。[3]

杂乱无章的民主理论

这种将政治学和经济学整合在一起的妙想是民主的根本传
统——17世纪的平均派成员（leveller）和18世纪的无套裤汉 8
（*sans culotte*），19世纪的宪章派和土地民粹派（chartist and agrarian populist），20世纪的女权主义者和工人理事会（worker council）的鼓吹者。我们受惠于这些运动的不止是情绪的东西：它们提出两个我们认为是适当的民主理论的两个本质命题。第一个命题是说，压迫有着许多种形式，经济和家庭几乎与国家一样，是统治和政治竞赛的竞技场（arena）。第二个命题是说，政治不单单关系到权力如何裁决对于资源的彼此竞争的各种要求。它还是一种事关我们将成为什么样的人的斗争，在这种斗争中，身份、利益和凝聚性既是政治活动的出发点又是政治活动的结果。

19 世纪 30 年代至 40 年代英国宪章运动的兴起和衰落，戏剧性地说明了我们的第一个命题，即经济的政治性质的重要性。宪章派——宪章主权在民的鼓吹者们——上演了 19 世纪下半叶最为成功的激进群众运动。英国历史学家琼斯（Gareth Stedman Jones）的大作《宪章运动反思》（Rethinking Chartism）强调了激进民主运动中的持久的主线：

> 激进主义的中心信条——将罪恶和痛苦归因于政治的根源——分明地使自身既区别于以马尔萨斯学说为基础的人口政治经济学，它将不和谐的根源置于自然本身之中，又区别于欧文（Owen）的社会主义，它将罪恶落实在既统治国家又统治公民社会（civil society）的错误观念之中。[4]

一般而言，像激进的民主传统一样，宪章派采纳从政治上解决看似源于政治的问题的办法。但是，“政治的”对于它们又意味“国家”：

> 在激进的话语中，划分各阶级之间的界限不是雇主和雇员之间的界限，而是有代表权和无代表权之间的界限……正是通过腐败的和非代议制的政治体系，财富的生产者才被设想为被剥夺了他们的劳动果实。[5]

9 激进的宪章派奥布赖恩（Bronterre O'Brien）概括这种信念为：

> 普选权是……激进主义主要的检验标准……男仆将会对你说:正是因为你无财产你才没有代表权。我对你说:相反地,正是因为你无代表权你才没有财产。……因而你的贫困是你无代表权的结果而不是原因。[6]

宪章派认为他们的困境可以追溯到政治根源,这并非误解,他们把非民主的国家看做是他们受压迫的根源,也没有什么错;他们错在低估了雇主和雇员之间关系的政治性质和资本所有者所舞弄的无责任的社会权力。结果,他们以为,凭借普选权而建立的民主国家将会导致民主的社会,他们相信,“若无对政府及其臣属的寄生性掠夺,公民社会与业主和雇工之间的关系会和谐地起作用。”[7]

宪章运动的各种要求,不是阶级的要求,而是政治的要求,各种经济状况不同的无代表权的团体围绕这些要求而集合了起来。普遍地诉诸激进的预言,是其易受攻击的性质所不胜平衡的开销。按照琼斯的说法:

> 只要失业、低工资、经济无保障和其他的物质困苦能够令人信服地归于政治的原因,宪章运动的纲领就依然是可信的。[8]

日益自由主义的国家,其标志是普选权的逐步扩大和作为国家政策的经济思想体系和构架的自由放任主义的出现,将会侵蚀这种分析的可信性和宪章运动的处方的急迫性。

在宪章运动衰亡的年代里,马克思勾画出了将取代那种激进

10 的分析和语言的资本主义剥削理论。[①] 这种理论关注于资本对于工人的权力，而不是非代议制国家的掠夺。于是，我们坚持经济的政治性质的观点，可以被看做是既重新肯定政治中心论的激进的民主信念，又重新肯定马克思关于资本主义经济是压迫和竞争而非和谐的竞技场的思想。

我们的第二个命题——政治造就人民——是从晚近的经验中学到的东西。自从第二次世界大战之后，发达工业国家，不论资本主义国家还是社会主义国家的政治生活，日益由群众运动塑造成形，而这种运动所关心的是绷紧传统政治哲学的概念结构。这些运动容纳了社会正义的新颖的视野。它们的关切超出了谁得到什么的问题，而认同于诸如性和种族的平等、环境保护、核裁军和世界和平一类的社会需要。再者，当代的政治情绪日益不满足于传统的权威，并且呈现出如下的倾向，即包容不仅对于民主共同体和工作场所的程序要求，而且对于扩大了的公民权利——支配个人身体的，了解人们在工作时所操作的物质的化学性质的权利，平等地和安全地获得工作的权利，行使个人自己的性偏好的权利——思想的程序要求。

虽然在某些重要方面，这些政治运动符合动员的各种熟悉的模式，表达了一般的目的，它们却也共同具有一个新颖的层面：它们的不满足和志向不仅仅是分配方面的，也是道德和文化方面的。它们的目的包括创立和改造共同体，建立个人和集体的认同。

① 激进的民主传统受到了清除，但尚未到被剥夺了它与工人阶级运动整合的程度。19 世纪的女权主义和无政府主义保留了相当多的激进的民主视野和语言。

这些运动试图既重新定义利益,又追求利益。"黑是美的!"和"妇女们团结起来,收回夜晚!"不是对于资源的要求。它们是一张新的政治风景画——在这幅画中,意义和隐喻同时就是竞争的手段和赌注——中的几笔。右派运动(Movements of the Right)——宗教原教旨主义(fundamentalism),民族主义,"生活权利"(right to life)运动以及其他等等的政治转向——展示了对于政治的文化层面的同样的关注。譬如,美国右派运动所偏好的那种张扬的标语:"死总比红好!"[①]和"美国:热爱它还是离开它!"是在要求何种资源呢?

这些文化—政治运动的出现和诉求使这样一些人感到困惑:他们把政治首先想象为对物品和服务的分配的斗争——就如拉斯韦尔(Harold Lasswell)所定义的,一场关于何人、何时、如何得到什么的竞争。[9] 这些新运动与其说否认支配资源和分配正义的重要性,不如说它们否定经济的、道德的和文化的关切的可分性,并 11
且肯定道德的、文化的目的和作为手段的经济关切的一般状况的首要地位。这些新的政治活动者用成为政治(the politics of becoming)补充了获得政治(the politics of getting)。

20 世纪 80 年代保守主义的攻击,在抑制民主运动和民众运动方面,比在修复被弄混了的私人和公共空间之间的界限,消除那些迄今寂寂无闻的家庭和工作场所政治学的新词汇方面更为得手。1968 年 5 月法国学生和工人的革命,意大利 1969 年的"秋老

① "死总比红好"("Better dead than red")是美国人过去贴在他们的小汽车后面的标语,它的意思是"挨共产主义分子的揍还不如死好"。——译者注

虎”(hot Autumn)使办公室和工厂变成了战场。在这两起事件中,工人几乎不能声称取得了胜利,但即使失败了,它们也有助于埋葬那种“政治”是某种只在国家那里发生的东西的观念。同样,引起反响的女权主义的习惯用语“个人这个东西是政治的东西”,既驳难私人和公共之间的自由主义界限,更是驳难马克思主义者的政治乃阶级斗争的思想。

因而,激进的民主传统,今天一如先前几个世纪那样,促使人们重新思考政治哲学的基本范畴。民主主义者面前需费脑力的议事日程,今天可能已经从民主的信誓本身那里推而得之:如果对人民主权和个人自由两者可行的整合得到实现,民主主义者就必须发展一种社会节制和个人行动的观念,这种观念尊重自治,尊重我们各种意向的力量以及社会结构借以限制我们行动的各种时或隐晦不明的方式的力量。同样地,如果民主的方案是造就历史而不是维持各种乌托邦,民主主义者就需要这样一种理论:芸芸众生如何结合成为集体的社会活动者,以及社会结构如何通过相互竞争的团体的政治活动而得到更新和被摧毁。这些任务之所以列入民主理论的议事日程,仅仅因为在自由主义的或马克思主义的政治传统里面,它们没有一个是恰当地完成了的。

自由主义和马克思主义两者激发了影响深远的人类自由化运动。然而,它们陈腐的要求在多数现代人听来空洞无物。自由主义虽然还是某种自由的斗士,它却越看越像是为经济特权和政治权力集中在发达国家、为第三世界之中的超级剥削和独裁的辩护词。一位自由主义经济学家的领袖人物,哈耶克(Friedrich von Hayek),最近说道:

> 一个独裁者是有可能以自由主义的方式进行统治
> 的。而且一个民主政体也可能以全无自由的方式统治。 12
> 我个人偏向于自由的独裁者,而不喜欢缺乏自由主义的
> 民主政府。[10]

当马克思主义骄傲地坚持它的社会平等和国际主义的历史视野时,它同时致使那些披着马克思主义外衣的国家推行专制主义和帝国主义。

实际上,传统学说通常看起来比相互竞争的经济和军事帝国的世界斗争中的马前卒稍强一点。再者,资本主义和国家社会主义之间地位的战争,已经造成了一种不容忍自我批评的氛围,导致两种学说各自的支持者在以铺天盖地的方式寻求意识形态的优势时掩饰了自己学说本身的弱点,结果,政治哲学——和政治经济学——被召来拱卫一种或另一种理智的现状。

可以断言,激进的民主主义者今天常常将自由主义视为与他们的事业敌对的,或者在最好的情况下,彼此也是不适合的。同样,甚至大多数民主政治运动中的那些社会主义部分,现在对马克思主义采取尊重的态度,也是缘于其过去的成就,同时依然留意它与女权主义者、环境保护主义者、少数民族甚至普通工人的种种关切的有限适用。正如常常发生的那样,这些运动对马克思主义持一种敌意的冷漠。不是资本主义就是国家社会主义握有通向社会解放前途的钥匙的观念,是那种现在令人愉快地落在我们身后的某个时代的曲见。

无论自由主义还是马克思主义,它们黯然失色的声誉都不能整个地归因于它们已经结交的同伴。因为一如我们就要看到的那

样，这两种传统原来是有理论缺陷的。两者都没有培育对于具有不同国家特征的不同形式的压迫的适当理解，而在这些国家里它们是作为一成不变的智慧为人接受的。两者都没有提出一种历史观点，这种观点能够理解试图推翻这些压迫形式的民主运动，并为其提供信息。

因此，当今的激进民主政治运动所能利用的为数不多的思想遗产并不是政治哲学或政治经济学的经典著作。它们的灵感更可能是来源于诸如《永别了，无产阶级》(*Adieu au Proletariat*)(高兹，Andre Gorz)，《社会主义之后》(*L'Apres Socialisme*)(图尔雷恩，Alain Tourraine)，《马克思主义与女权主义的不愉快婚姻》(The Unhappy Marriage of Marxism and Feminism)(哈特曼，Heidi Hartman)，或者《社会主义是什么?》(*Quale Socialismo?*)(博比奥，Norberto Bobbio)等富有才智的著作，而非自源于《国富论》(*The Wealth of Nations*)，《论自由》(*On Liberty*)，《资本论》(*Capital*)或《国家与革命》(*State and Revolution*)。正如19世纪
13 的激进民主运动一般避开古典哲学、自由主义的政治经济学以及马克思主义一样，这种新的民主政治活动也绕过政治争论的传统术语，有时把这种令人起敬的关切看作权力的授予，认为关于经济必然性的种种主张比反动的托辞好不了多少。

但是，对于自由主义社会理论和马克思主义社会理论的这种“你们两家都该死”的态度是用错了地方的。只有某种甘冒风险的民主政治活动才无视关于代表制、责任、私我、财产、剥削和匮乏等的经典哲学争论。这两种伟大的经典政治学和经济学传统诚然只是问题的一个方面，但是，它们确实也是解决问题的一个方面。两

者都怀抱不是给社会压迫的流行形式以合法性而是理解和推翻它们的意旨。的确，在刻意对良好生活的性质保持无知或糊涂时，自由主义和马克思都主张，消除各种传统的压迫形式是达到良好生活的先决条件。

此外，当自由主义公正地供奉选择（choice）和自为（agency）是自由的楔石（keystone）这个民主信条时，马克思主义向我们指出，个人的选择和自为在缺乏集体行动的情况下仅仅是假自由：人民不是分散地而是在与他人的联合起来的情况下创造了他们的历史和成就他们的自由的。

对于自由主义来说，自为的克星是凭借肉体强制的统治——使用暴力迫使个人去做他们不想做的事情。自由主义的理想是一个完善的自由权的世界，在这里，个人违心从事，而只受到他人同等的自由权的限制。的确，准确地说，自由主义的出现，乃是作为对专制国家之巩固的那种为人感觉到的威胁的一种进步反应——其进步的意义在于既承认国家主权是不可避免的，符合需要的，又试图抵消它潜在的专制权力。自由主义从根本上来说是专制者的死对头。

马克思主义全神贯注于凭借不平等的财产权——在经济生活中依赖特权获取生产资料——的统治。诚然，马克思主义在19世纪的出现，乃是作为对由欧洲工业资本主义的巩固所导致的财富和经济权利的集中的一种反应。马克思主义从根本上来说是阶级特权的死对头。

自由主义和马克思主义各自的关切——专制的统治者和匮乏的专制主义——之间的密切关系，很难说在今天已处于产生这两

个伟大传统的时代。在现在这个时代，凭借在暴力、监视的工具和
14 强制的管理方面的科学进步，对肉体的强制已经增长。这些在现
代威权国家中出现的现象，在 17 世纪已经预想到了，但只有在目
前这个时期才取得了技术上的可行性。

相应地，在现代，财产的统治权也通过世界市场的发展、现代金融制度和有限责任企业法人而得到增长。它的相当戏剧性的化身是跨国企业，它控制着千百万人的生活，不动声色地一心盯着利润，并且航行在愈来愈徒有虚名的主权的民族—国家海洋里。

我们对在自由主义和马克思主义共同的启蒙框架之内发展政治理论的信誓，源自于我们对它们所针对的形形色色社会压迫的穷凶极恶性质的正确评价，源自于我们确信，倘若不解决自由主义和马克思主义及其历史反应的种种问题，一个和平世界中的良好社会是无法想象的。

传统政治学说的信誓

如果我们以为像自由主义和马克思主义这样复杂的传统或多或少展示了清楚分明的特征，那就错了。确实，这两种学说常常分别被描绘为一套统一的观念或具备一套确定目标的社会运动。然而，一经仔细审视，无论自由主义还是马克思主义都表现为一团由几股各异的、并且通常不一致的思想缠成的乱结，表现为对形形色色的运动的鼓舞。

自由主义的社会理论家包括功利主义者，对于功利主义者来说，自然权力的概念或者是没有必要的，或者肯定是杂乱无章的

[边沁(Jeremy Bentham)曾经贬损法国《人权宣言》(the French Declaration of the Rights of Man)为“夸张的废话”]；也包括自然权利的拥护者，对他们来说，快乐的计算(a calculus of pleasure)是一种有关各种原则的潜在的专制主义妥协。从方法论上来说，自由主义包括像洛克(John Locke)和诺齐克(Robert Nozick)这样的个人主义者，他们从个人的和自愿的选择中演绎出正义社会；也包括诸如杜尔凯姆(Emile Durkheim)、帕森斯(Talcott Parsons) 15
和罗尔斯(John Rawls)一类的体系一理论学者，对他们来说，各种制度在相当大的程度上是要受到它们所培育和支持的社会效果裁决的。[11]自由主义者的社会信誓也同样的纷杂：它们既赞成又反对君主制度、人民民主、自由贸易、工人联合会的权利、政府干预经济事务和福利国家。[12]

如果说马克思主义不那么庞杂，这只是因为它还年轻。在不到一个半世纪的时间里，它的队伍已包括了民主主义者和专制主义者，革命的自由意志的鼓吹者和革命必然性的鼓吹者，拥护劳动价值论(labor theory of value)的人和偏爱边际算法的人，市场社会主义的支持者和中央计划的支持者。

无论自由主义的立场和论证，还是马克思主义的立场和论证，在地域和时间上的变异如此之大，以致想概括它们的种种德性之中的一致性，或者想在这些学说的理智内容之中寻找一贯性和专一性，都沦为愚蠢之举。

自由主义和马克思主义的特色和统一性，与其说应当存在于他们关于世界所说的**东西**里面，还不如说存在于他们**如何**说这个东西的**方式**里面。这两种传统所禀具的无论何种内在一贯性，都更多地得自于它作为交往体系的状态，而不是它们关于这个世界如何运作或应该如何运作的实质性命题。它们具体的特征不在于它们特殊的理论主张，而在于它们各自——被看做交往体系——借以建立有关社会现实将如何按照其专门呈现出来的规则的方法。简而言之，这两种传统都是话语，而这类话语涉及社会生活的结构和行动的基本指向是由关键术语的习惯用法揭示出来的。[13] 每一个体系最好被看做维特根斯坦（Ludwig Wittgenstein）称之为“生活形式”的那种东西，而不是看作前后一贯的理论体系或统一的哲学学说。①

自由主义理论的基本信誓反映在其推论结构的两个层面。第一是它对剥削和共同体（community）的命题保持沉默。

自由主义的专门词汇表缺乏表述物质剥削条件的基本术语。
16 确实，自由主义的习惯用语采用了一套完备的经济滥用的术语：一个人可能会被不公正地剥夺掉财产，或者可能会因为种族的缘故而受歧视，或者可能会在交换中受骗，但一个人不会在他被剥夺掉自己的劳动成果这个简单意义上受剥削。这种缺乏并不完全令人吃惊，它也非纯属无知的忽略；如果无财产的工人得到了数额与他们劳动的平均产品相等的报酬，与财产权联系在一起的对收入要求的自由主义权利就将会空洞无物。这种断言是一个算术问题，

---

① 某些习惯上被称作[自由主义者]的主要思想家的特定著作不属于我们所要定义的那种自由主义的话语范围；小穆勒关于自由和学习的论述以及他对经济民主的倡导便是两个例子。同样，马克思自己的某些著作和许多可以称为新马克思主义研究的著作今天只能不太肯定地算作马克思主义话语的一个部分。不过，我们关于两种话语的表述远非任意的，而且我们相信，它是完全有理由的。

而无关乎信念:来自财产的收入只不过是对剩余的要求,它等于净新产品减去付予非财产所有者的数额;如果工资等于劳动的平均产品,那就不会有剩余收入,因而就不会有利润流入财产所有者。

在涉及共同体时,自由主义的专门词汇表也一样的贫乏。两个可以描述共同体的特许术语——家庭和国家——十分缺乏表现构成社会生活经纬的各种形式的认同和凝聚性的丰富形式。甚至家庭和国家看来也只描述共同体。家庭在大多数自由主义理论那里被当成勉强能够与个人区别开来的不可分割的有机整体。与此相应,在自由主义理论里面,国家基本上表现为一种控制某类自顾自的和利他的工具性活动的混合体的决策机构,而不是忠诚、学习、认同和慰藉的宝库。[14]而且,当代资本主义里面最有权力的集体组织形式——现代企业法人——在自由主义理论里面被剥夺了它的公共地位。现代企业法人为新古典经济学视若无睹,在法律上被当作准个人来对待,在政治话语里被看作是"私人的"。它作为社会权力形式的地位于是被弄模糊了,它作为阶级冲突地带的实在性有系统地受到了低估。

自由主义将基本的政治信誓具体化为推论规则,所凭借的方法不仅是沉默,而且还有另外一种:任意限制其与自由、平等和民主有关的基础术语的可接受的使用范围。自由主义对社会空间的这类分割先行于对社会生活的任何具体的理论描述。沃尔泽(Michael Walzer)很好地表达了这种观点:

> 我建议,我们把自由主义想成某种描绘社会和政治世界地图的方法。老的、前自由主义的地图展现了广大无垠的陆地,有河流和高山,有城市和村镇,但没有边

> 界……社会已被想象成为一个有机的和整合的整体……
> 面对这个世界，自由主义理论家们鼓吹和实践了分离的
> 艺术。他们立界画线，标出不同的领域，创造了我们至今
> 17 仍然熟悉的社会政治地图……自由主义是一个城墙林立
> 的世界，而每一座城墙创造一种新的自由。[15]

两个基本的分割对于自由主义是至关重要的。社会空间被划分为私人的和公共的领域。社会空间的公共领域被看作是国家，而私人领域则安置家庭和资本主义经济。[16]在同样的样式之下，芸芸众生被分割成两组：有理性的自为者(agent)，他们的意向和选择是自由主义明晰的政治理论和经济理论的主题；和那些因年龄、无能力或公民权的缘故被排斥在这个有特权的范畴之外的人。如果我们把第一组称为**选择者**(chooser)，把第二组称为**学习者**(learner)，自由主义话语的这种逻辑就可以标划出来了。

我们对于自由主义思想两分法的批判是很容易概括的。自由主义筑起的城墙所发挥的作用不止是创造自由权；它们还遮掩和庇护了统治者的城堡。按照它的习惯用语，自由权被拿来用于有理性的自为者(选择者)，而不用于其他人(学习者)，并且民主的规范只被拿来用于公共畛域之内选择者的行动。结果，民主的制度被看作仅仅有助于选择的实施：民主促进了感觉到的需求的满足。

我们将要表明，自由主义思想里面对民主的这两种限制甚至在自由主义理论内部也无法得到前后一致的辩护。自由主义对社会空间的分割任意地使经济和家庭这类基础的社会领域免受依照民主规范的审视。再者，把民主制度仅仅当作工具而不是当作目

的来对待，无视民主对于个人意志形成的实质性影响，大大低估了种种供人分享的制度对于民主共同体的可行性的贡献。自由主义的解释看来使民主对于精英变得安全起来——民主被束缚在相对地不能干预舞弄经济权力的畛域（国家），被限制在不足于凝聚民众权力的种种形式（代议制政府）之内。但是，如我们将要看到的那样，由自由主义筑起的城墙已经突破，它们限制民主基本潜能的能力已经软弱不堪。

马克思主义理论并不同样具有这些特定的缺点。马克思的著作确实为我们关于民主理论研究的两个实质性层面提供了一个出发点，因为他专注于通过人民自己的实践和他人实践而形成的人
民的社会构成，并且强调在自由主义话语里被认作私人的社会畛 18
域——家长制的家庭和资本主义经济——实际上是统治的领域。然而，尽管有这些实质性的洞见，马克思主义理论的基本信誓也难以比自由主义理论的基本信誓更为吉祥一些。

与自由主义不同，马克思主义的政治理论没有受到无条理的分割的妨碍。沃尔泽写道："在左派那里，尤其在马克思主义左派那里，分离的艺术从来未被看重过。"[17]相反地，马克思主义把社会生活种种个别领域当作其他领域消极反映的尝试，因其无法证实而削弱了马克思主义。例如，它对自由主义私人的—公共的划分的批判失于无法提供一个一致而可替用的"私人的"概念。它没有把任何一种状况归于私人的状况。同样地，马克思主义揭露了自由主义话语那种对学习（更宽泛地说，人类发展）的错误的强迫集中。但是，它没有解决由此而生发的问题：人民如何以及在什么程度上能够有效地和正当地达到控制他们的学习这一步？它代之以

通过贬损选择自主的重要性来否定学习—选择这种区别的相关性。这些信誓直接地体现在马克思主义的话语里面。

首先，马克思主义的推论结构缺乏表述选择的条件、个人自由权以及尊严的基本理论词汇，从而不能充分地论述专制主义的问题。第二，**统治**、**剥削**和**阶级**这些术语在马克思主义的词汇表中实际上是可以换用的，一个承带另一个。结果便是掩藏了非阶级和非经济形式——无论是国家，白人对黑人，民族对民族，还是男人对女人——的统治，正如自由主义的话语确实充当了资本权力的防护罩一样。

很显然地，在这两种情形中，马克思主义对自由主义问题的解决办法都是不可接受的，因为它失之于为自由和民主提供适当的源泉。而且，这种失败是体系性的失败。否定私人领域和贬低个人选择来源于两种主要的混合之中的第一种——把一个人等同于他或她作为其一员的阶级。根据马克思主义的理论，个人仅仅是那种社会集团的代表，他们依据自身的社会（或更精确地说，他们特定的经济）关系从属于这种集团。马克思在《资本论》第一卷第一版的《序言》中特别提到了这一点：

> 为了避免可能的误解，要说明一下……这里涉及的
> 人，只是经济范畴的人格化，是一定的阶级关系和利益的
> 承担者。我们的观点是：社会经济形态的发展是自然历
> 19 史过程；不管个人在主观上怎样超脱各种关系，他在社会
> 意义上总是这些关系的产物。同其他任何观点比起来，
> 我的观点是更不能要个人对这些关系负责的。[18]

事实上,这种我们称之为行动的表达概念(expressive conception of action)的姿态不可能为民主思想奠定基础,因为它将社会结果与个人意志分离开来。当自由主义把社会行动还原为达到目的的手段之时,马克思主义却否定工具性——因而选择自身的这种相关性。

马克思主义使统治、剥削和阶级这些术语跌价为单一习惯用语,这也宣明了它把社会生活中个别的层面当作理论上不可分别的层面来对待的倾向。结果是迫使大多数形式各异的统治——帝国主义,对妇女的暴力,国家专制主义,种族主义,宗教不宽容,对同性恋的压迫和其他诸如此类的统治——或者落入晦暗,或者落入阶级分析的模型。马克思主义话语之中术语的跌价叫我们或者无视以诸如战争掠夺,对于妇女和儿童劳动的家长制控制,国家对于经济活动的控制和强制纳税之类的机制为基础的各种剥削形式,或者简单地把这些剥削形式看作阶级关系的结果,或者也许视为这些关系的长久存在所必需的条件。因而,官僚和家长同样得以免受批判。

虽然马克思主义对剥削和其他形式的统治的分析提供了理解民主的无限空间,我们仍然深深怀疑如下这个命题:剥削,特别是阶级剥削,为严格地和批判地措置社会生活中为人共同观察到的形形色色的政治统治和文化霸权提供了充足的概念源泉。

然而,无须诧异,马克思主义理论的专门词汇表不包括诸如自由、个人权利、自由权、选择,甚至民主这类术语。马克思主义历史学家霍布斯鲍恩评论说,“马克思主义对‘人的权利’不仅漠不关心,而且强烈地反对它们,因为它们实质上是个人主义的。”霍布斯鲍恩据此得出结论说:前马克思主义的工人阶级运动和后马克思主义的工人阶级运动之间的主要区别在于,前者“把政治民主的成功看作目的而不是手段”,而后者“把政治民主首要地看作一种为取得(他们的经济和社会方案)成功创造条件的方法。”[19]

20 因而,马克思主义的民主信誓,甚至那些最为由衷的信誓,就如在罗莎·卢森堡(Rosa Luxemburg)和尼柯斯·普兰查斯(Nicos Poulantzas)的著作里面那样,是没有坚实的理论根基的。[20]这种信誓在后斯大林时代曾经倏忽出现,也同样会倏忽消失,并且在马克思主义话语本身里面没有什么东西会留下来哀悼它的消逝。任何政治哲学,如果未能形成有关国家强权威胁的概念,私人性和个人自由权对于人类解放之中心地位的概念,都为专制者和狂热分子提供了避风港,正是在这样一种意义上,古典马克思主义在理论上是反民主的。[21]

走向民主理论的重构

民主理论在自由主义和马克思主义这两种传统里的匮乏也许应当归因于这些学说的先行性,而不是归因于这个任务令人畏葸的困难性。两者都没有使民主成为它们的首要目标;前者专注于自由权,后者专注于阶级消亡(classlessness)。我们对于自由主义和马克思主义的简短的重新审视已经提示了通向一种较为内在一致的理论的几个步骤。虽然试图在寥寥几段文字里概述我们的论证或许是愚蠢的,表 1.1 还是展示了某些将告示后面几章分析的主要关切的东西。

表 1.1　传统学说的信誓

关切	共有的信誓	自由主义的形式	马克思主义的形式	
个人行动	外源的个人利益	行动的工具概念	行动的表达概念	21
社会结构	对权力的一元化措置	政治的国家概念	权力的经济概念	

我们将要证明,马克思主义和自由主义共具两个基本的信誓,一个是在解释个人行动(表中上行)这一层次上,另一个是在理解社会结构(表中下行)这一层次上。

它们共具的第一个前提是外源利益的观念,根据这个观念,个人的行动被认为是达致实现已经预先赋予行动本身的目的的一种手段。在自由主义的体系里面,目的是受到个人(无论自利的还是利他的)的偏好决定的,因而行动是作为手段有助于满足先行给定的要求的。在马克思主义体系里,目的是受到个人所从属的社会阶级的客观利益决定的。事实上,马克思主义认为集团的实践是集团的客观利益在历史中特定的集体体现,个人行动是集体实践的标志。

自由主义对行动的措置所产生的问题在于它无法处理行动与偏好形成之间的连接。我们将要证明,实际上,个人是在社会中构成的,其方法乃是偏好和行动相互决定,并且偏好是通过选择形成的。

马克思主义对行动的处理遇到了同样的问题,但是在集团行动的层面上。马克思主义的集团行动理论与它的统治理论难以解脱地纠缠在一起。生产方式决定了生产者与那些占据生产者劳动成果的剥削者之间的直接关系。这种统治者对从属者或剥削者对被剥削者的关系,可以称之为**垂直**关系。这种垂直关系转而规定了被剥削者之间的**水平**关系——即生产者之间的一种团结，此种团结可以使他们从阶级团结的立场出发面对他们的剥削者。

但是，虽然马克思主义理论正确地强调了作为历史活动者的阶级的中心地位，它也只是就这种水平结构的关系如何对人民的认同和政治计划趋于重要提供了最起码的概要。这意味着，团结、划分和集体行动——为什么一个工人选择尊重纠察线或者参加工会——这些最为急迫的课题中的某些方面尚未得到论述。这里简单地假定，个人行动是阶级利益的表达，或者是“虚假意识”的表达，而选择问题则消失不见了。这种理论因而透露了阶级利益的措置客观性，而这些阶级利益已经脱离了社会实践，只得被放回到历史的“铁的法则”中间。

22 当然，马克思没有简单地忽视选择的问题。他相信，利益以一种相对直接的方式与社会结构联系在一起：剥削结构产生了种种客观利益的相应结构。这样，工人阶级这些共同的利益为导致工人阶级统一和最终导致政治革命行动的水平联结的形成提供了相对确定的基础。马克思似是而非地只赋予工人阶级革命意识的发展以最低限度的和宣明了的意向。与之形成对照的是，我们发现那种客观地给定的利益概念要么是空洞无物的，要么是支离忤道的，并且那种“发现种种客观利益”的过程因而是毫无意义的。而且借着历史后识的便利，我们可以补充说，创造一套利益而使之能够支持那些遭受一种共同压迫形式的人们中间统一的政治行动这种过程，远非是没有疑问的。我们要指出，各种利益——就这个术语的一般用法而言——不仅是引起实践的动机，它们也是通过各种实践而形成的。[22]

外源利益——无论按自由主义的说法还是按马克思主义的说法——的前提使均衡地维护自由权和民主主权变得不可能。在这两种学说里面,制度被视为社会行动的导管而非对于种种个人意志的形成和集团团结的有力影响。各种制度——无论它们是民主选举还是贸易公会——因而首先是根据它们记录、聚集、强化或满足先前存在的各种利益的能力而受到评价的。各种制度用以造就偏好和利益的方式于是被弄模糊了。

在拒斥外源利益这个前提时,我们证明:行动的适当概念必须立足于人民通过他们的行动造就他们自己和他人这个观念。按照这个概念,行动既不有助于既定需求的满足,也不表达客观利益,但它是需求发生本身和客观利益具体化的一个层面。因此,个人和集团之所以行动,不仅为了获取(get)而且也为了成为(become)。我们认为,成为的政治为传统政治理论的规范的维度和解释的维度提供了关键的矫正器。

自由主义和马克思主义共有的第二个弥漫性的(并且我们认为是错误的)前提涉及那些我们称之为垂直关系的东西,它们构成了社会结构;它们特有的统治和被统治的式样,每一种理论都表达了权力乃是一元的权力的观点;在自由主义那里,权力发源于国家,而在马克思主义那里,权力发源于阶级结构。

自由主义理论——采纳和拓宽了博丁(Jean Bodin)和其他17 23
世纪新兴专制国家理论家的统一主权论——视国家为社会权力的唯一所在,其他畛域则或者在形式上或者在本质归于它的权威之下。马克思主义理论倾向于把国家和男性家长彰著的权力描述为无关紧要的或描述为副现象——是对阶级结构的直接或间接的表达。

与一元的权力概念相反,我们提出我们称之为权力异质性的概念。权力是多面体的,是不能归结为单一的源泉和结构的。出于这个理由,我们坚持在马克思主义话语里掉了价的三个术语即统治、剥削和阶级有其不同的用法。按照我们所提出的替代用法,统治是不平等权力的系统关系,剥削是统治的具体的经济形式,阶级是以财产所有制为基础的剥削形式。所有的阶级关系都是以剥削为特征的,但是并非所有的剥削关系都是阶级关系;并且所有的统治关系都是社会关系,但是并非所有的社会关系都是以统治为其特征的。

坚持权力的异质性或许看起来导致政治概念太过一般化以致空洞无物。如果政治像"劳动"一样无处不发生,采取无限多样的形式,那么概念除了标示词语惯常搬弄的那种狭隘之外,还有什么可能的鉴识呢?无论如何,我们认为,这种危险非常明显而较不现实。按照当代政治理论里面共同而不幸的用法,政治一词既指活动又指结构。政治活动惯常被理解成为决定经济资源或地位的分配的权力,或为制定、保卫、改变竞赛规则的权力而进行的竞争;而政治竞技场便是国家。政治,或政治活动,是种种个别的实践中的一种,通过它的对象即权力而得以识别。与此相对照的是,政治的竞技场,或国家,是许多支配社会活动的,或更精确地说,使规则性付诸实践的个别游戏规则里面的一种。

看起来,政治一词的双重用法似乎无非是语义上的笨拙不便,除了由社会理论家方面的理智上的懒惰之外,并不反映什么更为严肃的东西。我们有规则地用足球一词或国际象棋一词来既指示一套规则又指示一种活动，这看起来确实是无关紧要的。对于政治来说，情况并非如此。如果政治既指结构又指活动，那么哪一个是政治理论的对象呢？如果两个概念都是与政治理论有关的，那么为什么我们没有家庭和经济的政治理论，而两者在前面所讨论 24
的意义上毫无疑义地都是竞争的地域？由于在我们称之为**国家政治概念**（state conception of politics）的东西之中反映出来的无保障的概念性范畴的崩解，这个紧要的问题被轻易地省略掉了。国家政治概念使政治理论的对象限于在国家竞技场之中的实践：国家之中所行之事乃是政治（politics in what goes on in the state）。

国家政治概念是自由主义政治理论之中一个起决定作用的特征，但它在马克思主义理论那里则全然看不见。事实上，两种传统在这个方面的区别不是在于马克思主义传统排斥国家政治概念，而是在于它拒绝给予国家在那种自由主义传统那里所得到的注意和中心角色。

国家政治概念只是表达了自由主义社会理论和马克思主义社会理论使社会行动的种种特定的场所与种种个别的人类实践——诸如经济与生产、教育体制与学习、家庭与性关系和再生产，如此等等——等同起来的共同倾向。譬如，正是因为这种倾向，自由主义的模式和马克思主义模式都成功地将经济生活的基本的政治性质置于不顾。因为它否定了在不同的社会畛域内社会实践类型的多样性，种种结构和种种活动之间假定的一一对应关系也就蕴涵在自由主义对学习和选择的分割之中；它加强了自由主义将教育制度置于民主选择之外，以及将种种经济制度置于个人成长和发展的各种规范之外的嗜好。

我们建议以如下的观点取而代之：社会生活的所有领域至少在原则上赋予丰富多彩的人类实践以结构。经济不仅是政治实践的场所，也是文化实践的场所。家庭不仅是政治地域也是生产的场所。于是，所有的社会竞技场都是能够委制于一套共同的规范原则的，也是能够按照它们据以编制人类种种实践的区域的不同方式而加以分析的。

结论：领会创造历史的意义

25 自由主义和马克思主义两者不仅委重于那种沉思的层面，而且也委重于那种属意实践的层面。两种理论都被调遣来维护统治精英和群众运动并证明它们是正当的。作为统治的基本原理或作为大众动员的基本原理，两种理论中的任何一个的吸引力都是足够明显的。但是，作为对激进的民主行动的一种指导，这两者的注意中心的片面性质构成了严重的缺陷。

部分地由于这个原因，无论自由主义还是马克思主义都未充分地理解在自由资本主义社会之中的社会行动的逻辑和社会变迁的有效动力。可以带讽刺意味地补充说，两者都未领会针对发达资本主义社会的基本解放的锋芒所向。这个解放运动既不是如马克思主义观点所认为的那样，产生于社会生产力的发达和由此而引起的工人阶级意识的提高，也不是产生于从自由主义视野对大众所进行的道德和理智启蒙，以及随之而来的对个人权利的尊重之花的怒放。相反，一如我们在后面的文字里所努力表明的那样，自由民主资本主义社会中进步的社会变迁遵循马克思主义理论所提出的集体反对压迫的逻辑，同时也采纳自由主义权利的语言和民主授权的目标。[23]

简而言之，自由主义给了我们社会变迁的话语，而马克思主义给了我们社会变迁的理论。然而，社会变迁本身无论对于自由主义还是对于马克思主义都是难以理喻的，前者没有认识到它的话语通过阶级斗争和其他的集体斗争而得到发展，后者误解了这些斗争的意图。

权利话语，虽然常常被调转头来有效地反对民众运动，三个世纪以来却点燃了黎民百姓的希望和愤怒；在这个过程中，民众团结的纽带形成、瓦解、再形成，权利话语本身则已经转型为社会解放的有效武器。马克思主义使个人权利乃至民主本身的平等主义的潜能变得琐碎无谓，这样，就把民众的要求已经坐落于自由主义权利语言之上的这个事实，不是作为权力的标记来对待，而是作为虚假意识和失败的标记来对待。

与之相反，我们相信，通向民主政治行动的前瞻的—历史的
(*visionary-historical*)途径是能够开辟出来的——这种途径调动 26
根深蒂固但有矛盾的权利语言的基本潜能，使之朝向那个令人民更为切近地成为他们的个人历史和集体历史的作者的目标。这样一种途径是前瞻的，因为它把构成今天顶多只在自由民主资本主义社会缝隙之中有其预兆的生活方式和社会秩序作为自己的计划。它是历史的，因为它把这种前景的实现视为业已形成的社会力量的具体动力的结果。在各种将民主的前瞻概念推上历史舞台的力量中间，没有哪一种比诸种财产权利和诸种公民权利之间的冲突更为重要，现在我们就转到这一点上来。

第二章 过去:公民、财产和各种权利的冲突

27 1960年2月,北卡罗来纳州的格林斯鲍罗,四名黑人学生在想买几杯咖啡而遭到回绝后,拒绝离开午餐柜台。就在这时候,他们受到了攻击,还被诬称为“外面的煽动者”。实际上,他们的情况刚好相反。学生毋庸置疑的基本抗议是对**自由主义**权利的精髓的简单肯定。不断扩大的静坐风波,虽然扰乱了种族关系的现状,却并非是反自由主义的:相反,它宣告了自由主义的一个层面,个人权利,对于另一种权利,财产权的优先性。

不大明显的是,民权运动实际上试图加强资本主义经济的一个层面以反对另一个层面:上述几名学生调动商品反对财产。他们的抗议坚决主张:资本主义市场的意识形态应从字面上来理解——如果你付那个价钱,你便得到那个商品,而不管你是谁。学生所能做的无非就是引证弗里德曼(Milton Friedman):“没有哪一个买面包的人知道做面包的麦子是共产党人还是共和党人,立宪主义者还是法西斯主义者,或者就此而言,黑人还是白人种出来的。”[1] 具有讽刺意味的是,自由主义确定资本主义和自由的身份的常用品——交换的匿名性质以及各方的身份与契约无关——被这样拿来反对一般由财产权授予的回绝权利。

在十年的紧张冲突后，这种以权利抗衡权利做法的结果是美 28
国种族统治体制中意义深远的变化。这种变迁借以向划分个人权利领域和财产权领域的私人—公共界限挑战的方式，也同样地意义深远。

美国民权运动或许最为明显地证明，自由民主资本主义的结构所授予的各种权利具有矛盾的本性。但是无独有偶。在欧洲和北美，工人、女权主义者、中老年人、和平活动分子和其他人等已经固定不变地求助于权利话语，即便并不总是把自由主义民主的专门词汇表看作他们的灵感来源的话，也是将之看作他们的武库。可以肯定地说，聚集起来反对个人权利广义用法的支持者的，一直是财产权、官僚特权、白人优越和男性统治的维护者。

关于种种权利的矛盾性质的认识并非晚近的历史产物。财产权和个人权利之间的紧张状态从自由主义的共和主义产生那一刻起就已为人感觉到了。克伦威尔（Oliver Cromwell）在 17 世纪不得不与平等派运动论战，后者坚持当时的一种关于平等合法权利的激进概念。[2] 1647 年的“普特尼辩论”（Putney Debates）中，平均派将军雷恩斯巴勒（Thomas Rainsborough）宣称：

> 我以为，在英格兰最贫困的人，像最伟大的人一样过着生活，并因而……每个生活在政府统治之下的人应当首先出于他自己的自愿而委制于那个政府。

克伦威尔的将军艾尔顿（Henry Irteon）用日后三个世纪一再为人重述的洛克推理来迎战雷恩斯巴勒：

> 我认为任何一个在这个王国没有永久固定利益的人

> 都没有权利关心或分担王国事务的安排……

平等派权利概念的基本潜在能量没有逃过艾尔顿的注意：

> 根据同样的自然权利……据此你们可以说，一个人具有与他人平等的权利去选择将要统治他的人，根据同样的自然权利，他在他见及的任何物品上面都有同样的权利。

艾尔顿继续说道，因为如果这样一种拓宽了的权利概念得到承认，“我愿最终有那么一个人向我指明它们的界限，你们将在哪里结束，并且夺走所有的财产？”哲思稍逊一筹的赖斯上校（Colonel
29 Rich）更为直接地表达了有产者的顾虑：“如果主人和仆人应当是平等的选举者，那么就会有一条法律制定出来说：应当有平等的物品和财产。”[3]

各种权利之间这种冲突的历史重要性由如下的事实而凸显了出来：一如午餐柜台静坐所揭示的那样，在任何既定的情况下，哪些权利应当优先，绝不是显明无遗的。如果能够把社会生活的一个领域认定为“经济的”，把另一种领域认定为“政治的”，这种模糊性或许可以减轻（虽然消除不了，因为就如我们刚才已经看到的那样，那些习惯上被看作经济权利的权利也会冲突）。但是，在已知法人、市场和其他通通被称为“经济的”制度的明显无疑的政治性质的情况下，并且就国家一望可见的经济活动而言，自由主义社会理论和学术常规偏爱的社会空间的这种划分，显得是任意为之的。与各种特殊权利的运用范围有关的随之而来的不确定性，听任冲突的各派改造各种对立的权利概念而适应他们五花八门的政治目的。

随之而来的各种权利的冲突由于两个基本的历史趋势而上升为自由民主资本主义社会的核心动力。第一个趋势是个人权利扩张的逻辑，逐步地把社会愈益广大的领域——比如，经济管理和家庭的内在关系——置于自由主义民主的如非实质的，至少是形式的成规之下。第二个趋势涉及资本主义生产的扩张逻辑，根据这个逻辑，资本主义厂商对于利润的持续追逐渐渐地吞食了社会活动的所有领域，几乎没有留下什么未被积累和市场的绝对命令触及的生活领域。如果我们说得对的话，自由民主资本主义现在和将来的轨道将会在相当大的规模上受到这两个扩张趋势之间冲突的侵蚀。

我们之视自由民主资本主义为内在冲突的社会体系的观点，会与那种以之为，至少在纯粹形式上面，各种权利和谐合奏的传统理解形成明显的反差。根据这个广为接受的观点，导致冲突和变迁的动力压力或者付之阙如，或者是外在的，它们也许存在于技术变化或价值再定向的尚未明了的模式之中，或者存在于外来入侵之中，或者存在于克服从前的社会秩序里面时代错误的遗迹那个
不平坦的过程之中。弗里德曼对于资本主义的经典辩护，即《资本 30
主义和自由》(Capitalism and Freedom)，是这类观点中的经典。由于此书写在第一次午餐柜台静坐之时，弗里德曼看到财产权和公民权是可勉强区别开来的，但无论如何都是共生的：

> 经济安排的自由本身是广义上所理解的自由的构成因素，所以经济自由是目的本身……经济自由也是达致政治自由的必不可少的手段。[4]

然而,弗理德曼对于自由民主资本主义里面各种权利的一元性的信念是不彻底的;他担心公民权会进而吞食他称为经济自由的东西。

哈茨(Louis Hartz)的著作并没有笼罩上这类怀疑。他在《美国的自由主义传统》一书中论证说,自由资本主义之中阶级对抗的历史并不缘于那种体系本身固有性质,而相反是缘于它出生于封建特权的体系,这个体系的各种遗响在自由主义国家巩固之后长期不绝。哈茨的命题也许是美国理智史上"意识形态终结"时期的最为经久的产物。由于它封建主义的畴昔留在了大洋彼岸,由于它深深扎根于新大陆沃土之中的早熟的共和传统,哈茨写道,美国是自由资本主义的纯粹实例。美国是原型,充满冲突的欧洲只是其不完善的实现。哈茨因而提出了关于自由资本主义的内在和谐的特征的具有挑战性的断言。[5]

哈茨认为,只有美国由于未受贵族门阀的干扰,展现了自由资本主义社会可能到处追求的和谐。他断定,如果在欧洲个人权利基本上扮演次要角色的话,那么在美国,它便是政治争论的共同的交往手段。哈茨响应托克维尔(Alexis de Tocqueville)而认为个人权利和财产权之间的和谐一致是确实可靠的:

> 在一个按照美国模式演化的社会……在那里,事实上每个人,包括新兴的产业工人,都有独立的企业家精神,民族的两种冲力必定让人感受出来:向民主的冲力和向资本主义的冲力。换言之,人民大众都必定是赞成资本主义的,而资本主义与其广为散布的精神一起必定是民主的。[6]

出于这个原因，并且在与欧洲的经验直接对照之下，美国的有产阶级尚无需面对革命的社会主义的威胁。哈茨写道，一个非封建的社会：

> 缺乏真正的革命传统，而这个传统在欧洲是与清教 31
> 徒和法国大革命联系在一起的；一如托克维尔所说，它是“生而平等的”。并且正因为如此，它也缺乏反动的传统：缺乏罗伯斯庇尔（Robespierre），它缺乏万斯特尔（Maistre），缺乏悉尼（Sydney），缺乏查理二世（Charles Ⅱ）……社会主义在相当大程度上是一种意识形态形象，产生于欧洲秩序创造的种种阶级原则和革命的自由主义者对它们的反叛。[7]

社会主义远非未来的浪潮，只有在旧秩序拒绝让位给新秩序这种情况下，并且只有在这个阶段内，它才会存在于自由主义社会之中。美国是欧洲未来的预兆：没有封建主义，没有社会主义。

如果自由资本主义结构的和谐是确实无疑的，那么它的历史必定不是合着它自己的种种内在矛盾的鼓点，而是和着种种外在反对的鼓点而前进的：自由主义对法西斯、资本主义对共产主义、个人主义对集体主义、社群对社会（gemeinschaft versu gesellschaft）。哈茨的立场蕴涵着这样的意思：一旦历史已经取消了旧秩序的残余，遏制了苏联和自由资本主义世界霸权的其他挑战者，自由体制的充分和谐就将是确实可靠的。意识形态的终结正好就是历史的终结。

历史，由于已经耗尽了它变幻莫测的过去，将会安息在资本主义美国这样一个观念，毫无疑问，已经落到本世纪中叶踌躇满志的美国人灵敏的耳朵里。哈茨只是遗憾，美国人花了太长的时间才领会到这一点。由于没有悲惨冲突的基础，早期美国政治领导人本应发展出

> 某种符合托克维尔所描述的美国生活事实的民主资本主义理论。但是，正如我们所知的那样，这恰是辉格党（Whiggery 即民权党）未做到，直至在美国内战后的阿尔杰（Horati Alger）和卡内基（Andrew Carnegie）时代才看到其光明的事情。

然而，民主的反对者由于无知大概是可宽恕的。哈茨说："他们的过错并不是邪恶，而是愚蠢。"[8]

哈茨的见解自有其优点。在美国，封建的付之阙如在国家的政治历史上留下了不会令人误解的印记。但是，由此产生的社会秩序同样易于产生某种社会体系的冲突，而后者就是某一天会证明正是这个社会秩序的解体的一种冲突。不断地消除欧洲前资本主义经济残余这个做法，看来也不可能用旧世界的韵味来为哈茨式和谐的社会整体举行落成典礼。

32 我们与哈茨的区别根源于他预设了自由民主资本主义之中的结构和谐。根据这个预设，虽然自由社会中的个人和团体可以有各种冲突的需要和利益，可是大有都受惠于自由资本主义种种相互加强的规则，因而一起行动去维持和保障它们。我们持另外一种观点。自由民主资本主义是各种制度的矛盾总体，在这里，个别的权利常常冲突，一如它们相互加强。在这个矛盾体系里，社会变

迁的主要形式,无论多么深入,多么具有实质性,就是权利统治组织的内在变革。不是社会主义,而是个人权利的充分扩张才是居于自由境域之中的资本主义的基本威胁。

我们强调冲突乃社会变迁的动力,这提示我们与马克思历史唯物主义的亲和关系。但是,受到各种权利之间对抗侵蚀的原动力不能够简化为经济问题或阶级冲突。自由资本主义之中的社会变迁最好理解为个人权利和财产权这两种以体系的规模扩展的逻辑之间相互作用的产物,而不是理解为资本主义积累体系的内在收缩的结果。再者,我们抗论社会权力最终归结为一个源泉(统治阶级结构的源泉)的观点及其推论,即把社会冲突从根本上视为两极冲突的看法。与之不同,我们要论证:社会权力具有不可化简的异质的性质,它导致了社会生活中各个有别的统治和从属结构的多样化。相应地,对压迫的反抗导致了历史上团结和战线的各种重要形式的多样化。最后,我们看不到下面这种观点有什么优点:对压迫的急进反抗要求一个集团排斥政治话语的统治形式,以有利于为传统文化所不能理解的新颖的或异己的意识。在自由民主资本主义社会里发自于多种社会行动地域的声音是不和谐的,但是我们认为,它们一般是可以相互理解的,并不表达外来的或对抗的话语的一团不可理解的鸟语(the babel),而是表达同一种语言的多种声音。这种政治混合语就是权利话语。

但是,如果个人权利和财产权不形成一个和谐的统一体,并且如果每一类权利在自由资本主义的发展过程中都遵循扩张的逻辑,那么为什么各种冲突的力量并没有简单地引起体系的崩解?
为什么许多人没有,如赖斯上校所担心的那样,调动他们的个人权 33

利来反对财产的特权？并且同样地，为什么有产者没有调动那种可怕的武器，即财富可以整个地控制并推翻个人权利体系？

我们认为，面临各种权利的矛盾性质的社会稳定性，依赖于一系列历史性的特定制度的调整(accommodation)。在欧洲和北美，这些调整调用了各种各样的机制，如使政治参与限于有产阶级的洛克实践，在全体公民中间广泛地分配财产的杰弗逊(Jefferson)观点，促进公民中间利益的充分多样化以免出现无财产者的共同政治纲领的麦迪逊(Madison)策略，通过收入再分配使被剥夺者和富人之间的利益趋于一致以实现经济增长的凯恩斯模式。

这些调整——洛克的、杰弗逊的、麦迪逊的和凯恩斯的——每一个都界定了个人权利和财产权利的运用范围，能够减弱这些权利对抗的爆炸性潜能。同时，每一种调整都助长了新的紧张状态的演变，或者至少无力防止这种演变。在每一种情况下，结果都是调整的主导形式的销蚀，而有助于产生新形式或各种形式的结合。

从第二次世界大战到70年代这一时期便是这些调整的最新事例，我们称之为“凯恩斯调整”；我们这么称呼，是因为我们承认平均主义的国家再分配和宏观管理在刺激资本积累和社会和谐两者中所起的作用。我们将要证明，这个调整的蹒跚既是发达资本主义国家在20世纪70年代和80年代所经历的经济停滞和不稳定时期的原因，亦是其结果。

如果这些调整的共同的基础逻辑和它们的遗产可以辨认出来，那么它就是这样的：一方面，甚至在一个以审慎的自由主义民主国家为特征的社会里面，财富(尤其是生产工具的所有权)授出

了各种在面对人民的攻击时相对而言有弹性的权力。另一方面，
个人权利话语远非繁荣一时的意识形态，精英们可以选来装点他
们的规则，或当情况变得不妙时，他们可以随手抛掉。个人权利话
语促进了被剥夺者和不富有的人之间有力团结的凝成，并且把沉
重的官僚、军队和其他费用强加给那些试图践踏他们的人。我们 34
已确认的四种调整的每一个都已经使资本权力和个人权利话语两
者合并起来，其所用的方法，至少在一段时间内，同时地既促进了
经济增长的进程，又遏制了经济特权与代议制政治制度共存的爆
炸性的潜能。

权利争斗

过去两个世纪并没有经受一种权利复合体由于另一种复合体而黯然失色的事件，它们已经看到了受自由主义民主制度支配的社会生活畛域和受资本主义经济制度支配的社会生活畛域的同时扩张。自由主义民主权利的扩张已吸引了历史学家和政治评论家们的敏锐注意力；在自由主义民主国家里，选举权的普遍化和国家权力的横廓为长达一个世纪的意识形态的和理论的争论提供了材料。资本的积累也生产出了它在政治戏剧中的角色，在世界范围的经济扩张已激起民族主义的反叛，国际竞争和世界战争的地方，尤其是这样。但是比之于资本渗透在世界上的无孔不入，财产权畛域的国内扩张大部分便是不可见及的了，因为市场的逻辑已经静悄悄地吞食了家庭最内在的关系，逐渐而巧妙地进入到情绪、生活风格和精神的地盘，用经济依赖的细线把国家紧紧缚住。

或许出于这个原因，自由主义历史学家一般地把正在逝去的“政府—企业关系”描述成民主逐渐占优势的世纪，它至少已经延续到20世纪70年代。但是，令人难以理解的是，资本的优势地位也得到明显的增长，因为谁还能怀疑今天利润的绝对命令对于大多数公民的日常生活的影响比两个世纪以前更为深远这一点呢？

个人权利和财产权利的扩张逻辑的运作在某种程度上是以其他逻辑——比如，家长制特权的逻辑和前资本主义市民文化的逻辑——为代价的，并且在某种程度上它们以共生的方式运作，一如
35 资本家对扩张了的国家权力的经常性支持。当这两种逻辑相互争斗时，结果就是紧张的社会冲突。有关一种权利运用的适当范围的地域性歧义，在这个权利开始吞食另一种权利的传统并且在毫无疑问戒备森严的地盘的情况下，表现得最为明显。

个人权利和财产权利扩张的幅度是自由主义民主资本主义社会秩序在结构上被规定了的历史趋势。出于这个理由，我们称之为“逻辑”而非简单的经验的历史规则性。我们将会看到，每一种逻辑的基础，都是自由主义民主社会的特有结构用以促成某种实践和计划并赋予它们以权力，禁止其他的实践和计划的手段。

资本主义生产扩张的逻辑是现代历史几部大戏剧中的一部。资本家阶级是人类历史上第一个这样的统治阶级，其个别成员的状况依赖于他们以更大的规模生产更为便宜的产品的控制能力。立足于个人自身的成功是做一个以前的资本家的可靠途径。同样重要的是，通过其成员和从属集团的政治活动，资本家阶级已经有效地保障了一套经济和政治制度的安全，这些制度使低成本生产在其他可供选择的组织形式长期留存的情况下成为决定性的因

素，它们推出了与家庭农场、自由职业、手艺人一样边缘而危险的经济类型。这样，低成本生产的绝对命令既为资本家阶级个别成员提供了纪律，又为社会组织的进化提供了某种类似于达尔文（Darwin）自然选择的东西，有系统地促进某种生产形式，某种社会革新和某种家庭结构，而同时使另外一些趋于消亡或处于边缘地带。

这样，资本的全球流动，土地的买卖，劳动力市场和其他资本主义制度已经限制了国家的自主，攫取了许多家庭的经济活动，侵犯了地方共同体。资本主义生产的逻辑甚至在其已被明显取代之时，如在设计国家政策的时候，也得到公开的运用。譬如，在诸如人类对人类生活的法律评价，对很可能对保存子孙后代的自然习惯造成侵害的各种计划的评价这样一类未必存在的领域，市场标准也公开地卷入其中。

虽然财产权利逻辑的扩张性质可以相当直接地追溯到资本主
义竞争的规则，个人权利在自由资本主义中的扩张倾向的结构基 36
础仍然是相当难以解释的。为什么在自由资本主义发展过程中许多成功的集团采纳了权利的话语，并且为什么置适用于它们的多种多样的其他替代品而不顾，却改革和拓宽由其他具有极为不同的社会地位、生活机会和目标的集团开始的一项计划？为什么自由资本主义社会的社会冲突如此有规则地导入扩大权利的那种一望而知的“改良主义”方向，而不是导入推翻社会制度和构造全新社会秩序的更为直接的方向？

自由主义者会回应说，没有哪种更好的制度是可行的，所以改良主义是唯一切合实际的途径，甚至对于那些受惠于事物现存秩序最少的人来说，也是如此。这种传统的自由主义的回应，以为个人权利和财产权利是基本上和谐一致的和归根结底可以和谐共存的。在这种观点看来，权利的充分扩张是自由资本主义发展所向的那个理想的和普遍欲求的目的。大有歧异的各个集团发现为追求这一目的作出贡献符合它们的共同利益，这在自由主义理论内几乎没有引起过什么诧异。

与此相反，马克思主义者对自由民主资本主义制度的慈祥性质或权利斗争的和谐性质并不抱有这种幻想。确实，他们以传统的方式论证说，为个人权利而进行的斗争是通往社会主义革命之途中的必然一站。他们也清楚地理解到，自由主义社会本身诱使被压迫的集团通过要求个人权利的扩张而表达它们的解放关切。这一点由马克思做了最为明晰的解释，他在《波拿巴的雾月十八日》(*Eighteenth of Brumaire*)的如下一段文字中分析了18世纪中叶法国大众的民主运动：

> 靠辩论生存的议会制度怎能禁止辩论呢？发言人在讲坛上的斗争，引起了报界的低级作家的斗争；议会中的辩论会必然要由沙发和酒馆中的辩论会来补充。

而且，马克思认识到，问题已溢出意识形态的畛域而进到了权力斗争的畛域。

> 既然议会制度将一切事情交给了大多数决定，那么议会以外的大多数又怎能不想作决定呢？既然你们站在国家的顶峰上拉琴，那么你们又怎能因为站在下面的人们跳舞而惊奇呢？[9]

37 然而，马克思把“那些站在下面跳舞的人”模仿他们的“社会统治者"的方式的这种状况看作是一时的、短暂的和衍生的。在一个长期的过程中，阶级意识的成长会迫使被压迫阶级排斥整个自由资本主义大厦。

为什么？第一，被压迫集团借以选择政治策略的清单是相对地有限的。现代欧洲早期民族国家的巩固涉及前资本主义民众团结形式的解体，通过政治代表制使一种增强所有社会集团的社会地位的关键因素得以进入国家权力。控制国家因而成了社会冲突的首要目标。（甚至自由放任的资本家也要求执掌国家权力，即使仅仅为了使之中立化。）随着资本主义的兴起，立足于权利的政治权力以资本权力的唯一认真的对手身份出现了，而资本权力乃是社会变迁的工具。第二，权利话语得到良好的发展和普遍的理解，因而改造其术语，而非着意由不为人熟悉的政治话语来整个地取而代之的做法，成为更为吉祥的文化斗争策略。第三，由于没有使富人的剩余权力最小化，对个人权利的要求说出了受压迫集团的实在的需要，因为以普遍的权利术语对政治争论的表达，增强了与传统的政治和经济精英相反对的民众的多数权力。最后，新兴的工人阶级或者期待成为数量上的多数，或者期待与其他受压迫集团（比如，农民）订立合意的联盟这一事实，看起来使得超出选举的要求和传统工会要求的需要没有必要了。在这样一些条件——自由资本主义早期所得到的条件——下面，不同于权利扩张的抉择必定显得像一条新异的弯路。[①]

---

① 同样的分析能够解释妇女运动对于权利话语的依附。为理解自由资本主义里面民族的、种族的和宗教的少数的立场，需要一个更为复杂的分析，在那里，联合的形式必须考虑在内。

然而，为什么自由资本主义里面的精英同意——无论多么缓慢，多么不情愿——民众扩大权利的要求？当然，过去在许多国家中，他们就是简单地不同意；尤其是在第一次世界大战之后的时期，扩大投票的创始在许多富人看来是危险的，并且那时在整个欧
38 洲出现了脱离民主的大撤退。第二次世界大战，除了其他方面以外，是新兴的资本主义秩序对于处理民众民主要求的两种反应之间的一场战争。[①]

但是，这个回答太过容易。诸如英国、法国和瑞典这些经济特权和社会特权善受安置的中心之屈服于民众的要求，是完全没有历史先例的。这些国家的精英感觉到他们所受的新颖的和传统的两种形式的专制主义的威胁甚于共和政府的威胁。他们感觉到，一旦自由主义者求助于群众的强制，他们就会由非自由主义者取而代之，而对于后者来说，这类策略组成了他们全部社会保留剧目中的正规部分。假定他们信誓于共和政府，自由主义者发现在这种情况下他们自己对遏制个人权利的扩张无能为力。为什么？

个人权利的扩张服务于新兴的工人阶级种种需要。出于这个同样的理由，否定这些权利便将工人运动推入革命的怀抱。但是，此外，强化政治责任和军事责任以及启发大众忠诚的费用因个人权利的扩张而大大地降低了。

爱国公民是自由资本主义民族国家建设过程的中心层面。当

① 第一次世界大战之后的十年间，匈牙利政府（1921 年）、阿尔巴尼亚政府（1924 年）、波兰政府（1926 年）和南斯拉夫政府（1929 年）都抛弃了议会制方法。保加利亚（1934 年）和罗马尼亚（1938 年）在大萧条的压力之下建立了法西斯国家之外的专制形式。在东欧，只有捷克斯洛伐克和芬兰把代议制政府保留到第二次世界大战。

市场和世俗的意识形态削弱传统的顺从习惯之时，高瞻远瞩的人试图发现社会凝聚的形式。按照托克维尔的观点，普选权就是其中的一种。

> 在一个具有普选权的国家里……政府的道德力量……得到了大大的加强……而当居于欧洲的人总是对所有权威，乃至最高权威抱有偏见时，美国人心甘情愿地服从他所有上司中权威最少的官员。[10]

公民身份成了 19 世纪民族国家稳固和正当化的关键力量。保障民族国家的认同牵涉到提供普及教育，发明各种公共仪式和
成批生产公共纪念物。但是，更为重要的是，如霍布斯鲍恩所注意 39
到的 19 世纪的欧洲，因为自由主义憎恶传统的共同体形式，从而拿不出什么东西来替代公民对民族国家政治生活的积极参与，

> 所以一种替代的“市民宗教”必定会被构建出来……使之变得尤其紧要的是自由主义的宪法制度和自由主义的意识形态两者的统治。前者不是提供理论的屏障，而至多仅仅提供经验的屏障以抗拒选举民主……后者……在体系上未能预备好那些在先前社会中被认为乃是理所当然的权威的社会联结和纽带，而确确实实着手去削弱了它们并取得了成功。[11]

也许个人权利扩张的最具决定性的推动力之所以产生乃是因为 19 世纪的军事现实需要忠心耿耿的公民。来福式步枪、后膛炮和机枪的发明使轻步兵成为费用划算的兵种。[12]在火器设计和制造方面的这些变迁，以及在战场上指挥大批人马的更好方法的发

明，较低的军事训练费用，使战争成了劳动力高度密集的事业。[13]

密集军队的力量和忠诚与战斗力之间紧密联结这两者由世纪之交的法国革命政府生动地展现出来了。芬纳(Samuel Finer)观察到，

> 拿破仑赢得了空前多数战士的欢迎，后者，虽未经训练，却勇敢和忠诚……普鲁士的失败使[其大臣]斯太因(Stein)，哈腾伯格(Hardenburg)和将军沙尔诺斯特(Scharnost)认识到，如果普鲁士军队想要具有战斗力，公民的参与是必要的。[14]

当然，不到它是绝对必需的时候，其他国家不会采取这种军事组织的新形式。但是，它确实经常成为绝对必要的。本迪克斯(Reinhard Bendix)注意到：

> 在一些国家，男公民普选权的要求便与普遍征兵制的需要密切地联结在了一起……在瑞士的普选权争论中，"一个男人，一张选票，一杆枪"的口号反映了公民权和征兵之间的这种联系。[15]

声称自由民主政府的扩张是横廓的忠于国家和爱国主义的唯一源泉，这当是过于牵强附会。希特勒(Hitler)、斯大林(Stalin)和其他许多人已经表明这种观念是一个谎言。但是，在游戏规则
40 将政治权力与选举成功联结起来的地方，以及在政治竞赛受到一般个人权利语言支配的地方，民主和爱国主义就牢不可破地联系在一起了。具有讽刺意味的是，"一个男人，一张选票，一杆枪"或许成了扩大个人权利的口号。

那种关于全体公民的个人权利是从富人那里强取而来的断言很难说是一种严肃的历史争论,就如我们对于历史记录的回顾将要证实的那样。我们关于这种明证的解释却无法这样说。我们关于权力冲突的观点强调各派之间相对于新的工业和商业秩序的冲突,因而跟如下一种标准的解释判然有别:权利的增长乃是对民主的新信誓与对绳索、刀剑和王冠的旧信服之间的竞争。毫无疑问,自由主义民主一度被强加在反抗的自由主义和不情愿的资本主义之上,它曾由两者的解释者吹嘘为他们对社会解放的慷慨贡献。的确,第二次世界大战后的自由主义历史学家由于把一种基本上和谐的结构指派给美国以及欧洲的自由主义民主资本主义,有时比哈茨走得更远。虽然,对这种立场的支持常常(就像弗里德曼那样)是公理化的,历史学家还是贡献出了如下的观点:民主权利和财产权利基本上是没有分歧的。根据这种观点,为民主权利而进行的斗争和为不可让渡的私有财产而进行的斗争一样使新近启蒙的个人主义反对近代等级制的和集权主义的传统。

这种曲解毫无疑问是由如下谬论——马克思主义者至少跟自由主义历史学家一样使之流传久远——培育而成的:封建制度在整个欧洲一直幸存到18世纪。但是到目前为止,对历史记录这种可疑解释的最为重要的源泉,只不过是把产生于一个历史时期的意义投射到另一个历史时期运动上面那种共同的癖好。阿普尔比(Joyce Appleby)在她分析杰弗逊时代共和主义变化的内容时注意到了这种错误。

> 伏尔泰曾经把它描述为今天利用过去的一堆诡计。他没有提到,过去的人民有他们自己伪饰的胡闹。对历

> 史学家来说，最恼人的是不经注明就改变词的意义的倾向。全部新概念都能在一套毫不变化的术语后面形成。[16]

41 然而，混淆常常在另一个方向做手脚，现代习惯用法被打在过去上面。具体地来说，把民主权利和个人权利，即 19 世纪和 20 世纪残酷冲突的产物，与受到自由主义者推动并且为早期工业资本主义各派都接受的“共和主义”、“制宪规则”和现代政府的其他层面混淆起来，是一种几乎不可抗拒的诱惑。

历史学家与任何其他人一样易受这种混淆的影响。例如，帕尔默(R. R. Palmer)就是典型，其颇有价值的《民主革命的时代》(*The Age of Democratic Revolution*)负载了这样一个时期：事实上，在这期间，根本**没有**以民主制度为目标的运动！这个理智戏法的杰作是通过把民主与“对于一种平等的新感觉”等同起来的手段而完成的。下面便是帕尔默的亲笔：

> 人们认为，这四十年的运动(1760～1800)实质上是“民主的”，这些年事实上是民主革命的时代。“民主的”在这里……首先不是在日后的意义上被理解的，在后一种意义上，选举权的普遍化成了民主的主要标准……它指对于一种平等的新感受，或至少指对社会等级化制度和等级身份的旧形式的不舒服。[17]

这类推理的错误是把一组在历史上根本付之阙如的、绝不可能从历史活动者的实际信誓中推论出来的政治信誓投射到一种“感受”和一种“不舒服”里面。如果在将来的某一天，对生产和投资的民主控制被增添到我们种种的基本自由权之中，意见一致的历史学家将涌现出来把奥康的威廉（William of Occam），帕多瓦的玛西格里奥（Marsiglio of Padua）和洛克解释为体现了它们的实质精神——这种情况难道不是不可以避免的吗？

公民权要求和洛克调整的终结

19 世纪的自由主义者大都在个人权利和财产权的共同扩张之中看不到什么和谐，他们清楚，一个推行公民平等和经济不平等的社会面临着社会稳定的新问题。托克维尔十分清楚地表达了这个问题。

> 平等把仆人和主人造就成新人，建立了他们之间的新联系……。然而，为什么后者有权利发命令，而前者服从？……在契约的期限内，一个是仆人，一个是主人；在此之外，他们是两个公民……［仆人］倾向于认为指使他们的人是他们权利的不义的篡夺者。[18] 42

这两种力量在制度上妥协的首次尝试就是我们将称之为**洛克调整**的那种东西。根据洛克调整，确保社会和谐的手段应当是使政治参与局限于有产者和他们在上层阶级中的天然同盟。[19]

19 世纪的自由主义者一般承认三类洛克性质的公民权限制：**有纳税限制的选举制度**（the regime censitaire），以拥有财富或缴纳赋税为选举权的基础；**有文化程度限制的选举制度**（the regime capacitaire），将选举权限制在识字和正规教育的基础上；**家庭责**

任标准(household reponsibility),它使政治参与限于拥有最低程度住房面积或租房的家庭户主。在这些公民权标准之中,根据国家共同体的事务最好让与那些独立的和在社会中有财产和投资方面"实在利害关系"的人士的思想,财产限制受到了嘉纳。

洛克调整通过剥夺最有可能与财富霸权竞争的集团——工人阶级本身——的公民权使代议制政府与资本主义调和一致。正如所可以意料的那样,它是权宜的措施,因为政治代议制成为发源于工业革命的民众运动的中心计划——一个只有诉诸前自由主义的专制主义形式才能抗拒的计划。不过,自由主义思想家和培育了新的工业秩序的资本家雇主以一种直到第一次世界大战才衰萎的占有行动来抗拒那种对洛克调整的挑战。在19世纪,民众扩大选举权的要求受到了诸如俾斯麦(Bismarck)和迪斯雷利(Disraeli)一类保守分子的怂恿,后者期望给依附的农民以公民权,让工人与雇主抗衡从而加强对传统土地利益群体的控制;这是一个历史的讽刺。[20]当然,保守的土地利益群体对扩大的选举权的支持取决于他们对依附的农民所独占的充分权力。因而,英国的第一个"改革法案"(Reform Bill)加强了贵族和上层人士的力量,男人的选举权后来巩固了顾乡村法国的显要人物和乡村普鲁士的财产所有者(Gutsbesitzer)的地位。

43 在农业生产者对他们的社会有产者的忠诚尚存疑问的地方,就没有这类共生现象出现。在美国南方,19世纪后期的种植园主与北方的资本家一起有计划地剥夺黑人农民的公民权。与此相反,在斯堪的纳维亚国家中强大的自由农民与工人阶级一起力争民主改革和议会统治,而与乡村精英的希望和努力正相反。[21]

在整个欧洲扩大选举权的进步是缓慢。整个19世纪在英格兰财产对选举权的限制的程度常常是被低估了的。在18世纪与19世纪之交的英格兰和威尔斯,大约成年男性人口的百分之三能够投票。就在1832年的《改革法案》(Reform Act)之前,这个数字已经下降至百分之二左右。[22]工人阶级壮大的威胁在1831年被中产阶级用做鼓动争取公民权的因素。[23]甚至所谓的扩大选举权的"哲学激进派"支持者如边沁等人也感到需要再次消除他的读者的忧虑:在提倡男性公民普选权之后不久,边沁出版了名为《激进主义不危险》(*Radicalism not Dangerous*)的小册子。[24]拟议中的1832年民主的《改革法案》对劳动人民的影响是灾难性的。它不仅在工人和"中间类型"之间打入了楔子,而且1832年以后扔拥有选举权的工人大概比以前更少了。

自由主义的英格兰最终又踢又叫地被拖进了民主。1832年大约百分之四的成年人口拥有选举权;在1867年的改革之后,这个数字只上升到百分之八左右。1884年的《改革法案》只是在名义上建立了政治民主。甚至到了1911年,联合王国全部成年人口中不到百分之三十的人能够参加选举。[25]男性公民的真正选举权一直拖到1918年才实现。而普选权利则还要等更长的一段时间。

出于各种不同的原因,扩大的选举权在欧洲大陆的遭遇并不更好一些。在自由主义的欧洲,由于巴黎公社和普法战争,洛克调整一直未受触动。在君主政治与欧洲上层人物之间的剧烈对抗(法国大革命对于传统的精英来说,就是其代价最昂贵的结果)经过了一个世纪之后,19世纪上半叶见证了国王和贵族联起手来面对来自新兴工业精英的共同威胁。新兴的有产阶级发现他们自己在外面观望当时的政治权力中心。就如兰格(William Langer)所记录的那样,“甚至菲利浦所设想的法国1830年的‘资产阶级革
44 命’也不是由银行家和商人所控制的,而是由上层人物中的进步分子所控制的……选举出来的官员大部分是土地所有者。”[26]

因而,对于自由主义者来说,与日益组织起来的工人阶级结成联盟是一个强烈的诱惑。在这个时期,许多商人鼓吹立宪的、代议制的政府;法律面前人人平等;思想、言论、结社和契约自由。但是,根据兰格的说法,他们“害怕愚昧的、不识字的、无财产的群众在增长着的数量,在民主的体系之下,他们会推翻现存的社会秩序和没收各种各样的财产。”[27]然而,令人并不奇怪的是,商人、资本主义雇主和专业人员常常发现他们被挤压在惟我独尊的贵族寡头统治集团和被剥夺的黎民百姓两者的中间,由此便产生了他们对财产乃至政治参与的基础之强调。[28]

这种状况在19世纪最后30年发生了质的变化。像它之前的贵族一样,19世纪中叶整个欧洲的自由主义者转向保守——这次是在不断增长的工人阶级要求的压力之下。德国的状况看起来是这种紧张局面的典型。里特柏格(Volker Rittberger)仔细分析说:

> 出于对工人阶级的恐惧,大部分德国资产阶级变得安于他们的传统统治阶级的“新伙伴”的地位……。因而,资产阶级知识分子,资产阶级政治抱负的主要承担者,深深地分裂了。他们中的大部分转向民族主义和帝

国主义。[29]

直到1880年之前，实际上除了俄国外，议会的传统已经在所有欧洲国家中建立了起来。然而，在多数国家中，传统精英的权力依然得到保障，如果不是未受挑战的话，因为议会对行政当局只有名义上的权力，并且因而对国家政策至多只见微弱的影响。[30]沙伊德(Theodor Scheider)用下面这些赤裸裸的但不过分的文字概括了这种状况：

> 在[19]世纪结束之时，欧洲依然是君主政体横行的欧洲；并且很显然……在现在这个时刻，中产阶级无论如何宁愿要君主制形式的政府而不是共和制形式的政府……此外，产业工人联合会和他们的政治组织几乎都支持民主共和国的原则；主要就是他们在第一次世界大战结束时造成了伟大的君主政体的垮台。[31]

的确，工人阶级在这一个时期在扩大权利的活动中发挥了革命作 45
用，而自由主义变成了原状的谨慎的维护者。[32]

接受民主制度对于自由主义者是不容易的，对他们来说，洛克调整越来越显得是一个不可捉摸的理想了。本迪克斯观察到：

> 在人民中间识字的人和投票权的增长，是起解革命宣传之毒药的作用还是起刺激起反抗的危险之作用？几十年来由于这一问题，初级教育和公民权是有争议的。[33]

这种担心不是毫无理由的，阻止民主的要求也并非没有重要的政治意义。在像德国这样一些直到20世纪初期才不抗拒工人阶级选举权的国家里面，那种争取政治代表制而受到阻挠的推动力，产生了强大的即便最终不成功的社会主义革命活动。李普塞(Seymour Martin Lipset)用一些令人联想起哈茨的词语写道：

> 哪里工人阶级绝无经济和政治和权利，哪里他们为收入和地位再分配而进行的斗争就被叠加到一种革命的意识形态上面。哪里经济和地位的斗争在这种境域之外发展出来，哪里它与之连接在一起的那种意识形态就趋向于成为渐进主义改革的意识形态。

在李普塞看来，德国提供了明显的例子：

> 直至1918年革命之前，普鲁士工人……绝无自由平等的选举权，因而依附于革命的马克思主义。当完全的公民权利在19世纪后期就已得到承认的德国南部，改良主义的、民主的和非革命的社会主义便占了上风。[34]

在20世纪头20年间，民主承诺和精英特权之间靠不住的洛克式结合，在一些国家由于不可抗拒的选举权的扩大，在另一些国家由于法西斯的兴起而解体了。而且，这远非欧洲的一般现象。有整个的地区和国家绕过了这个逻辑，俄国和亚平宁半岛便是其中的主要分子。这样一种调整的历史先决条件就是传统贵族秩序的存在，而新兴的中产阶级在遏止人民对于一般政治代表制的要求时能够与这种秩序结成盟友；这种历史先决条件还包括强大到
46 足以使人要求倒退到专制政府——一个必定要由传统的反共和的精英领导的倒退——的工人阶级的付之阙如。这样一些条件相当简单，但它们无论在哪里都没有从19世纪的衰落中幸存下来。[35]

到 20 世纪 20 年代洛克调整在欧洲差不多死亡了。

那些与托克维尔一样相信美国是“生而自由”的读者大概会反对说，至少在美国没有洛克调整。但是，就如在欧洲那样，以财产为基础的共和国的观念构成了早期美国政治思想的中心部分，对大众选举权的普遍抗拒，虽然不如在欧洲那样顽强和有效，却很难说是不存在的。

拥有中等财产的美国殖民地居民从 17 世纪英国反对贵族的热情中领受了好处，获得了他们的英国难友未获得的东西——扩大的选举权。但是，随着斯图亚特王朝的复辟，尽管遭到殖民地许多人的反对，常规的洛克式不动产权的资格还是成了选举权的共同标准。在 18 世纪，更为严厉的资格限定推行了出来，有限制的选举权是从英国独立出来前夕的美国殖民地的共同现象。[36]

美国独立战争本身意义深远地加强了财产资格限制的反对者这一派。由于取得了胜利，那些选择分离的激进分子极大地加强了要求相对平等的宪法的压力：

> 克伦威尔的人要求选举权，如果他们被认为适合于为他们的国家及其自由而战斗的话；与此同时，军事年代的殖民地居民出于同样的理由要求同样的权利……通过革命的途径，民主选举军事长官的要求成了与公民未来选举特权的议题同样重要的议题。[37]

洛克调整让位的故事一直还是针对那种一直持续到美国内战和内战之后的精英拖延战术的复杂战斗。

杰克逊(Jackson)时代美国出现了政党体系，它虽然是精英主义的和反民主的，却还是受到民众的压力被迫去扩张个人权利。的确，在19世纪第二个二十五年间，统治集团，无论自由主义的还是保守主义的，发动了一场反对汹涌而来的民主的、平等主义的和社会改革的运动的后卫战。就如在欧洲一样，美国的自由资本主义在那时看到，精英的和反民主的政党体系置自身于不顾地促进
47 了个人权利的扩大。这第二种政党体系实际上主持了进入大众政治参与的量的飞跃。[38]洛克调整的历史并没有随着美国内战和现代政党体系的形成而终结。为了认识美国的选举权扩大所穿越的漫长历史跨度，我们只需看一下20世纪的妇女选举权运动和黑人民权运动就足够了。

美国例外论和杰弗逊调整

洛克调整在**新世界**从来不具有它在欧洲拥有过的中心地位。美国19世纪后期的诗人预感而其政治家断言：**旧世界**已经远远地落在后面了。与土地所有权已成为几个世纪社会竞逐的焦点的欧洲不同，在北美，对真正普遍的土地所有制的展望打开了一种几乎毋需罹受个人权利和财产权冲突的新自由秩序的远景。美国的政治诺言是我们可以称为杰弗逊调整的东西：通过至少对生来自由的男性家长的财产所有权的普遍化，使个人财产与民主和谐一致。于是，美国例外论主要不是在于它缺乏封建的过去或其民主文化的辉煌，而在于其土地的充裕。

杰弗逊思想植于洛克财产权理论之中的根基当然是世所确认的。[39]他对扩大的选举权的承诺也一样人所共知。[40]

在杰弗逊政治哲学里面,容受民主和财产之间罕有的整合的诸多因素的第一点,乃是后殖民地美国的土地的充裕,其第二点乃是如下的观念:资本主义纤济的成长能够以一小批进步的、商业化的农场主和手艺人为先锋,并且也限于这些人的范围。杰弗逊认为,在民主体制之下经济成长将会使富人与其他人平等,使穷人水平提高,致使两者都达到“那个中间点,在这一点上对秩序、勤奋、正义和理性的热爱自然而然地确立自身”。[41]

实际上,杰弗逊把洛克和平均派成员的观点综合在一个致力 48
于商业和经济发展的框架之内。在弗吉尼亚,他为投票权提出二十五英亩土地的财产资格限定,作为授予每个成年男性以选举权的一般计划的一部分。在其所撰写的1776年弗吉尼亚宪法第三稿的第一部分,他规定道:

> 所有在城镇有(四分之一英亩)土地,或在农村拥有(25)英亩土地不动产的足岁和心智健康的男子……应当有权利投票选举他们所尊重的代表,并且每个有这样的资格参加选举的人应当能够被选举。[42]

但是,在同一文件的后面,我们发现他提议“每个既不拥有也未曾拥有(50)英亩土地的足岁的男人,应当有权得到拨给的(50)英亩土地。”[43]而且,为了试图废除长子继承制,成功地反对土地投机公司,通过大陆议会(Continental Congress)指导第一次土地法令,阿普尔比写道,杰弗逊坚持主张政府

> 的存在不是为保护财产而相反地是为促进财产的获得,或更泛泛地说,为促进机会的获得。正是依照这一独

> 特观点，他一改洛克的“生命、自由和财产”而使《独立宣言》(the Declaration of Independence)肯定“生命、自由和追求幸福”的自然权利。[44]

对于一个由商业化农场主和手工业工人组成的统一的、民主的社会的展望，使得杰弗逊与他那个时代的许多政治精英分道扬镳，但却与民众的美妙想法非常吻合。与联邦主义者不一样，杰弗逊不仅想制衡政府，而且也要限制政府对个人生活和商业生活的干预。[45]与那些怀旧的传统市民美德的保卫者不同，并且与反联邦主义的意识形态正相反，他肯定强大而统一的、虽然受限制的政府的必要性，以及商业资本主义经济关系的中心地位。阿普尔比聪明地强调，杰弗逊对特拉西的支持表明了不仅根本排斥多重代表制的贵族体系和英国式的制衡政府，也排斥反商业的农民地方主义：

> 共和党的构成性质也表明，并不是像宫廷党和乡村党对早期国家政治所作的解释那样，要在杰弗逊的共同体(Gemeinschaft)与汉穆勒顿的社会(Gesellschaft)之间作出选择。一当杰弗逊敲响有关汉穆勒顿纲领的警钟，
> 49 商业化的农场主、小种植主、城市商人和有抱负的专业人员便纷纷涌入杰弗逊的政党。[46]

阿普尔比得出结论说，杰弗逊的哲学代表了美国政治生活中一种独特的赞成民主和赞成商业的立场。这就是杰弗逊调整，它说明了 19 世纪上半叶权利冲突在美国所采取的独特的形式。

但是，在这种形式中为人感触到的美国例外论则被证明是昙

花一现的,因为与缺乏封建阀阅不一样,充裕的土地被证明是一时的福赐。由“免费土地”开启的一系列未来的景观很快就被打断了,具有讽刺意味的是,它正是为杰弗逊曾经促进过的那种辉煌的商业扩张所打断的。

杰弗逊调整的危机是由19世纪最后三十余年的几项发展促成的。第一,杰弗逊调整伊始就是建立在玩戏法的基础上的。美国绝不是没有无财产的工人阶级;虽然,在18世纪后期,或许五个生来自由的男性家长中,只有一个不拥有土地或做生意的本钱,然而奴隶却构成了从事经济活动的全部人口的三分之一左右。无财产的工人——奴隶和生来自由的人——于是便构成了大约一半的劳动力,这个比例毫无疑问比同时除了英国之外的任何欧洲国家的比例都大。[47]废除奴隶制和随后将自由主义政治话语的条款扩展至先前的奴隶的原动力,导致了选举权史无前例地扩大到众多无财产的工人阶级,继之而起的是1877年妥协之后他们的公民权又立遭剥夺,以及南方黑人重建的终止。结果与其说侵蚀了杰弗逊调整,还不如说揭下了其虚假承诺的面具。

第二,在壮大工薪工人的阶级队伍方面,资本主义的积累对奴隶制之废除有所弥补。在由杰弗逊创思的激进再分配计划订入弗吉尼亚宪法之后的那个世纪里,美国阶级结构的演化已使生产资料的所有者的数目减少到大约三分之一的人口。鲍德利(Terrance Powderly),劳动骑士团前任大师傅,辛辣地点出了这种变迁的后果。

> 乡村铁匠铺遭舍弃了,路旁鞋店被丢掉了,木工离开 50
> 了他的工作台,这些手艺人都一起离开了他们乡村的家,

走上了通向城市的路，在那里，大工厂已经建立了起来。工厂的大门早晨打开让他们进去；而在他们日间的劳作完毕之后，在他们晚上离开之后，它又关上了。

鲍德利没有忽视对于正在消失的杰弗逊式宁静的不详后果。

这些人默默而思绪万端地回到他们的家，他们不再怀揣工厂的钥匙，因为工厂、工具和钥匙不属于他们，而属于他们的主人。工业中的泰半工人，就这样偶然地被抛在一起，他们相互熟悉起来，并且常常讨论劳动的对与错的问题。[48]

在资本主义吉兆之下的工业扩张壮大了无财产者队伍的同时，它也削减了小财产所有者的队伍。对于杰弗逊调整的有效性来说，这种结果是灾难性的，即使并非是当下一望而知的；这种转变既是意识形态上的转变，也是数量上的转变。熊彼特写道：

一个国家的政治结构，深刻地受到一批中小型厂商消失的影响，它们的兼任经理的老板，连同他们的家属、心腹、亲戚等数量在投票站上是数得上的……私有财产和自由契约的真正基础在一个国家中消磨掉了，于是这个国家的最有活力的、最具体的、最有意义的典范，也从人民的道德视界中消失了。[49]

杰弗逊调整危机中的第三种因素是农民对19世纪后期经济特权的挑战。经济权力的集中调动了农场主的民主情绪和投票权，以促进国家的干预更有利于少数生产者的农业利益。大多数人民党人自身就是财产所有者这个事实或许使他们免于诉诸社会主义，但是这使他们依然激进地反对铁路和银行。[50]

如果洛克调整在公民权利的扩张逻辑面前已经崩溃，那么杰弗逊调整就已经屈从于资本主义财产的扩张逻辑。

欧洲人，无论他们是否嘉许产业革命，从其开端伊始就理解到
资本主义是一个粗劣的、卑鄙的和无情趣的体系。只有在质朴的 51
和土地丰富的美国，仁慈的、将农业的商业化秩序视为大众百姓的
新时代的杰弗逊观点，才能用作资本主义和民主的可靠的调整。
就在这个过程中，马克思对资本主义疾病的预言，最终看起来于新
世界如于旧世界一样的中肯。

麦迪逊调整的衰退

亚里士多德写道，“民主政体与寡头政体之间的实在区别是财产和财富”，“富人是少数而穷人是多数……在那里穷人统治，这便是民主政体。”[51]大众权力的幽灵，或许在公元前 4 世纪雅典的富人中间激起的关切，与它在 19 世纪后期许多自由资本主义社会中激起的关切是同样的。随着洛克调整和杰弗逊调整在 19 世纪后期的失灵，有利于相对于完全取消自由制度，无财产者的民主看来是唯一选择。

洛克和杰弗逊将政治参与和财产所有制结合起来的尝试最终证明是无法坚持的，在许多人看来：任何较低级方案在开端就注定有其结构上内在矛盾的。马克思在论述 19 世纪中叶法国的自由共和主义时就想到这一点：

> 这个宪法的主要矛盾于下面这点：它通过普选权给予了政治权力的阶级正是它要使它们的社会奴役地位永恒化的那些阶级——无产阶级、农民阶级和小资产阶级，而被它剥夺了维持旧有社会权力的政治保证的阶级正是它批准具有这种权力的那个阶级——资产阶级的政治统治被宪法勉强塞进了民主主义的框子里。而这个框子时时刻刻都在帮助资产阶级的敌人取得胜利，并使资产阶级社会的基础本身成为问题。

马克思认为，结果将会是危险的阶级僵持：

> 宪法要求前者不要从政治的解放前进到社会的解放，要求后者不要从社会的复辟后退到政府的复辟。[52]

在这种局面之下，权利冲突该如何来调整呢？这个答案，无论
52 在欧洲还是在美国，当是日益依赖于我们称之为**麦迪逊调整**的东西，它断定，只要社会标上了许多基本的和横向的罅隙，确保在多数人那一方除了保存自由民主本身之外，缺乏统一性，那么甚至在自由民主的环境里，少数人也可安居于多数人之中。麦迪逊调整依赖于主要生产阶级（农场工人、工薪工人和手艺工人）各不相同的经济和社会境况，依赖于对某些集团（诸如黑人和妇女）的有策略的排斥，以及依赖于种族的、民族的、宗教的和地区的对抗，以先发制人的办法处置由选举权扩大造成的对特权结构的威胁。

虽然在19世纪后期之前，麦迪逊在哪一个主要的国家里都没有成为调整的主导形式，我们却因为麦迪逊或许在就拟定美国宪法框架而作的论证的行文中第一次提出这个论点而称之为“麦迪

逊调整”。的确,当杰弗逊在为他的不动产权者的民主社会奠定基础时,更为现实的麦迪逊正在构设一类政府原则,它们既与扩大了的选举权又与财产占有方面蔓延的不平等相容。马克思认为,那些面对一种借资本之手所行的共同剥削的人易于用一种声音说话:麦迪逊对阶级地位和政治认同之间的复杂关系,有着更为敏锐的感觉。

麦迪逊在其发表于《联邦主义者》(*The Federalist*)第十期上的著名文章中清楚地陈述了这个问题:

> 那些占有财产的人和那些没有财产的人总是形成社会中个别的利害关系……这些各式各样的和相互抵触的利害关系形成了现代立法的主要任务。

的确,他在对制宪会议(Constitutional Convention)的讲话中强调,这个问题解决不了,则必定或者导致财产的消灭,或者导致自由的消灭:

> 在未来的日子里,广大的人民不仅将没有土地,也没有任何其他形式的财产。这些人或将在他们共同境况的影响下结合;在这种情况下,财产权和公共自由权在他们
> 手里将是不可靠的,或者更有可能的是,他们将成为财富 53
> 和野心的工具,在这种情况下,在另一方面亦有同等的危险。[53]

然而,与洛克不同,麦迪逊没有把财产公民权当作政治稳定的关键提出来。与杰弗逊不同,他并不设想对财产的普遍享有。而且与亚当斯不同,他对世袭的特权毫无信念。他想到,少数人的统治可以由多数人永久分裂而得以保证："交往和一致来自政府本身的形式"，他再次向《联邦主义者》第十期的他那篇文章的读者保证，这样，甚至在"大众政府"之下，"在一个派别中的……多数"会"因为他们的数量和地区状况而不能达成一致"或"发现他们的力量并一起行动。"[54]

于是，麦迪逊调整代表了一种民主精英主义的形式，这种形式构成了从殖民时代直至今天的北美和欧洲的政治生活的关键因素。豪(Daniel Walker Howe)在一篇关于最近政治文献的富有思想性的评论中强调：

> 麦迪逊依然相信聪明的和德高的精英，由他们组成的政府将是最好的……扩大共同财富……他希望，使自利的特殊利益和它们在"各种派别"中的政治表达多样化，以至于他们互相抵消，剩下聪明的和德高的人去支配作为整体的共同体的利益。它与其说是自由竞争的哲学，还不如说是分而治之的哲学。[55]

的确，麦迪逊最为担心的是，作为与选举政治密切关联的政府一个部门的立法机构会屏挡政府其他部门的权力，使权力平衡危险地向大众的幻想倾斜。麦迪逊在《联邦主义者》第四十九期上声称，领导人必须小心地避免公开对政府的批判态度，它会剥夺政府的"那种尊严，这种尊严是时间授予每件事物的，而没有这种尊严，或许最聪明的和自由的政府都不会拥有其所需要的稳定性。"

达尔(Robert Dahl)曾经以哈茨的口吻论争说，麦迪逊的担心是毫无根据的，甚至在他所提出的政府与国家之间的缓冲付之阙如的情况下，财产保护实际上也是有保证的：

> 在制宪会议上的人误解了他们自己社会的原动力。……他们没有真正理解，在一个缺乏封建制度和具有开放和扩展的边界的农业社会里，激进的民主几乎肯定会 54
> 成为主导的和惯常的观点，对于财产几乎肯定是保守的。[56]

但是，麦迪逊的担心是有正当理由的，并且虽然达尔勾画的物质力量的确是在杰弗逊调整时期起作用的，它们却被刻画了下个世纪特征的经济扩展有效地抵消了。如果杰弗逊较好地把握了美国的精神，那么从长远的观点来看，麦迪逊的分析较好的预期了在自由民主资本主义发展进程中展开的各种权利之间的冲突。

的确，人们可以争论说，鉴于工人中间以奴隶制为基础的种族分裂，甚至19世纪上半叶至少既出现了麦迪逊调整也出现了杰弗逊调整。种族分裂对这个时代的持久的重要意义揭示了麦迪逊调整一直是切中肯綮的。

在欧洲大陆的许多国家里，麦迪逊调整最为切合肯綮的时期是相当有限的，它处于19世纪70年代至第二次世界大战的经济低迷阶段。为测量分而治之的调整的有效性，我们可以比较一下德国和瑞典工业化时期的城乡关系。在瑞典，正在形成的工人阶级运动与独立的不动产权者之间强有力的联系，导致了普选权，强有力的立法机构，大量的社会财富供给。[57]

相反地，在德国，工人阶级变得在社会中孤立起来和不现实地激进化起来。俾斯麦时期的大萧条肇始了所有上层阶级的联合——著名的铁与血的联姻——它一直到第二次世界大战都是德国政治的标志。如果中产阶级不去做工人阶级的同盟者，农民或许就会占取这个位置。格申克龙（Alexander Gerschenkron）在作出如下陈述时提出了这个问题：

> 民主主义的工人与农民之间的关系，成了民主至高无上的问题。如果容克（Junkers）对农民的领导可能垮台，而工人和农民之间的某种联盟能够建立起来，那么在那个国家对民主体系而言的那个危险和变化无常的时期就会过去。[58]

格申克龙弄清楚了如下一点：单单经济差别不能够解释这种同盟
55 的失败，因为小农场主和工人一样受到谷物价格昂贵的伤害。相反地，文化差异是第一位的；这就是农民的乡土观念和反城市的情绪，以及工人对某种社会视角的依附，这些用格申克龙的话来说，“威胁到土地的社会化，和使那些在其父亲的土地上耕种的自由农民成为社会主义国家的雇佣劳动者的转型。”[59]然而，在德国，分裂的穷人选民不能联合起来反对富人这一麦迪逊观点的成功很难说意味了那种对资本主义和民主的有效调整；相反地，它提供了法西斯主义上台的必要基础。

麦迪逊调整在20世纪前30年的寿终正寝，缘于非工人阶级的生产者的逐渐消失，工人生活条件的同一化的趋向，工人阶级增长着的数量和潜在的选举上的优势，日益明显的对国家控制经济的不稳定和成长的要求等等的联合作用。[60]而且这种分而治之调整的失败是与它先前的成功直接相关的；不停的积累步伐及其相关的行事,手工业工人和小农场主日趋消失,雇佣劳动力量的增长,经济周期对作为整体的社会的增强了的影响。标示工业资本主义早期阶段种种劳动阶级异质特征的罅隙,随着资本主义经济关系进入农业、小企业和独立所有者而不断消失。因而,第一次世界大战之后的时期是自由主义走到十字路口的时刻。其结果便是除了最坚固的以外的欧洲所有民主国家中的共和政府的崩坏,便是自由主义力量和民主力量的两极化,这种两极导致了麦迪逊调整失败的最伟大的纪念碑:第二次世界大战。

偶然的和谐:作为历史的凯恩斯调整

在第二次世界大战结束的那些日子里,几乎无人怀疑欧洲和
美国正处在史无前例的政治安定和经济繁荣时代的前夕。两次世 56
界大战之间那些岁月的喧闹和停滞看来很可能只是暂时的曲折。自由民主和资本主义的危险的权宜之计,要说有什么不同的话,看起来已被削弱了,因为两次战争之间的那些年给实行经济干预的国家不仅带来了成年人的普选权,而且带来了增长的信誓——甚至在企业那一方面也是如此。财产权与个人权利之间的争斗,再也不能够由于有那堵将私人经济与受到严格监督的公共国家隔离开来的自由主义之墙而予以避免了。

但自相矛盾的是,如果可以在历史的基础上为资本主义和自由民主能够持久相容作辩护,那么这种辩护必定会严重依赖的就正是这显然倒运的第二次世界大战之后时期的经验。

如我们在前面关于欧洲姗姗来迟的选举权扩大和美国对黑人

公民权的剥夺的讨论中已经见到的那样，一般与自由民主政治相关联的普选权和公民自由权简直没有在第一次世界大战前的任何国家中存在过。在少数国家里它只是遥遥在望而已。在两次战争期间，经济萧条和政治动乱的一般记录根本没有使人想到，财产权和个人权利会得到某种稳定的调整。不吉祥的是，哪里自由民主政治占上风，哪里的经济就必然恶化：躲过大萧条打击的主要资本主义国家只有日本和德国。[61]

但是，第二次世界大战之后，一个包括二十几个自由民主国家的集团出现了，其数量和内在稳定性都是史无前例的。同样重要的是，这些国家愉快地度过了一个异乎寻常地高速和稳定的经济增长时期：甚至冲销了大萧条和战争岁月的灾难性的经济纪录：在德国、法国、英国和美国，1950 年之后的 20 年间，人均产量以高于 1929 年之前 60 年代两倍多的速度增加。[62]

第二次世界大战刚结束那几年的悲观主义，很快就让位给资本主义财产和民主的公民权之间持久亲和的乐观想法。哈茨的《美国自由主义传统》是关于这种新乐观主义的先见之明的表现。再者，当非殖民化的浪潮先横扫亚洲然后横扫非洲之时，人们就有可能设想民主国家在第三世界也立竿见影地繁盛起来，以及它们的经济在资本主义制度下迅速发达起来。

然而，60 年代早期的乐观主义未能持久。一些不发达国家并
57 没有经历到迅速和持续的资本主义发展——它们都在威权主义者的监护之下。令人同样沮丧的是，在非洲、亚洲和拉丁美洲大约一百多个民族国家里面，那些可以说符合甚至不太严格的自由民主统治标准的国家真是屈指可数。

更为突出的是，发达资本主义国家的经济运行在60年代中期至70年代早期开始蹒跚起来。资本主义经济健康的两种可靠指标的曲线表明第二次世界大战后的经济奇迹已告结束。首先，在所有主要资本主义国家，经营净利润率下降了，平均利率在七个主要国家从60年代中期的百分之十八下降到80年代早期的百分之十一。[63]第二，并且部分也是结果，积累过程放慢了；在大多数国家，投资在总产出中所占的比例在60年代后期或70年代早期达到顶峰，尔后就呈下降之势。

第二次世界大战后大约二十年间，发达国家中的经济迅速发展与政治稳定的共存现在看起来主要是以一系列具体的有利环境为基础的，而不是以两种体系的任何结构共生为基础的。这些环境逐渐地被侵蚀掉了，部分正是缘于它们所促成的经济的和政治的安排的成功。这个时期自由民主资本主义令人印象深刻的记录不是民主与资本主义联盟内在和谐的展现，而是它们之间一种新颖然而短命的联盟的展现，这个联盟我们称之为凯恩斯调整。

洛克调整在政治上排斥无财产的生产者，杰弗逊调整向生产者许以财产，麦迪逊调整分裂生产者，而凯恩斯调整消化无权力的工资和工薪工人阶级。为什么经济上的被剥夺者不使用他们的公民权去剥夺有产者呢？凯恩斯对这个老掉牙的问题的回答是，平均主义的经济政策和国有经济活动的扩展既施惠于资本的利益也施惠于劳动的利益。[64]

与其他调整的情况一样，在欧洲和北美，凯恩斯调整在不同的国家中有很大差异。凯恩斯调整的某些方面只是部分地运行了，而另外一些则在这个时期的最晚阶段巩固了起来。但是，所有这

些都包含了一系列相互的妥协退让。资方同意接受工会进入政治
58 的和经济的过程之中的整合,以及最低限度的生活标准的保障,相对充分就业,认可工人分享生产率的成果。劳方接受资方对生产和投资的控制,并且承认有赢利的准则是资源配置的基本指导和相对无碍的资本流动和国际贸易。

由这些调和所形成的政治经济学,在四个关键方面违背了其前辈的思想。第一,凯恩斯调节包括通过大规模的并且越来越甚的国家部门管理总需求。部分地作为其结果,与第二次世界大战之前的那些年相比,失业率下降了,经济周期相当平稳了。

第二,工人阶级的已经确立的政治存在导致了福利国家的极大的扩展,结果大大地减少了劳动人民在求取物质安全方面对劳动力市场的依赖。在一些主要的资本主义国家中,50 年代早期至 80 年代早期之间,用于公共资助的消费的总产量的平均额增加了一倍。工人生活水平的一部分愈益采取这种某些人称之为社会工资的形式,这就是指明工人之所以有保障地获取物品和服务,简单地就是因其公民权而不是出卖劳动时间。社会工资的增长体现了个人权利的较大的扩展,并且一如我们将要看到的那样,体现了对财产权在经济里面的霸权的侵犯。[65]

第三,一般工人停止质疑雇主控制工作场所的权利,这种权力允许财产权在生产的领域内巩固自身。最后,对相对无拘的资本流动和开放的国际经济的一般信誓加强了资本对投资和增长的控制,使资本转移威胁的能量达到新的高度,而被用作对被认为不利于资本利润的国家政策的检查。

现在,工人和农民凭借他们在干涉越来越甚的国家中提高了

的地位，已经有了正式的权力来侵犯资本主义的特权和积累过程。另一方面，资本家对生产和投资的控制，以及资本的流动又设置了这种大众权力的有效的平衡物。这样，凯恩斯调整促进了在经济领域里面深化和巩固资本主义财产关系对生产和投资的控制的强有力趋势，而民主权利则在政治生活和经济政策的范围内得到深化和巩固。

一种缓和资方和劳方之间分配冲突的经济增长的独特结构，
控制了凯恩斯调整期间各种冲突之间的脆弱平衡。这种新结构有 59
三个层面特别重要。第一，需求—约束增长的凯恩斯逻辑导致一种分配的共生现象：工人阶级的生活水平和利润成为互补的而不是竞争的目标。这种违反直觉的逻辑之所以产生，乃是因为于平均主义的再分配支持不断扩张的对物品和服务总需求的水平，乃是因为高水平的需求有助于相对充分地利用生产力。这转而支持高水平的利润，导致了工资增长、福利国家平均主义再分配和公司利润率之间的积极关系。

第二，随之而来的劳动力需求的快速增长，造成了训练有素的劳动力的短缺，使社会与私人竞相转向教育和其他形式的人类资源发展。教育机会的扩大于是提供了平均主义社会政策和利润率之间的另外一种互惠的关系。此外，战后经济中非体力的和与服务相关的工作的迅速发展，有助于以不断上升的个人的社会流动替代集团之间冲突的焦点，转为游戏规则的改变。既然有一个迅速增大着的馅饼，争论馅饼分配的不平均特点就变得无关紧要了。

第三，世界经济的开放性和资源富集国家软弱的政治和军事，进一步襄助了发达国家在两个各不相同方面的增长。直到 20 世纪60年代后期为止，国际贸易条款日益有利于发达国家，而国际需求的作用减缓与削弱了国内经济周期的变化。这种需求的稳定化本身并不调和各种方配冲突，但是它为（资方、工人阶级和其他集团等）各个阶层之会聚于海外扩张和冷战提供了（对美国和大不列颠尤为有效的）一条基本原理。

凯恩斯调和的政治后果之一是政治视野的收缩：欧洲还有北美劳方的非激进化，以及右翼资方与此不平行的失败。这种发展毫无疑问地受到生活水平提高的襄助。那些赞成在右派或左派之中只择其一的人所身受的是一生记忆中最为持久的繁荣时期。第二个且与第一个并行的后果是劳方—资方冲突的非政治化。20世纪40年代后期与50年代早期，许多国家出现了一系列针对劳工运动，尤其针对其较为左倾的因素的国家干预。这样的冲突没
60 有消除，但企业组织却越来越不需要（或没有能力）求助于政府针对工人的直接干预，以保障有利可图的生产和投资的条件。劳动纪律不是通过国家干预而是通过各种宏观经济条件的力量——资本转移的前景和失业乃是其中的主要因素——来保障的。

然而，凯恩斯调整导致了一系列不断累积的经济困难，它们在1965年至1974年期间终于破溃了。经济学家萨缪尔森（Paul Samuelson）关于凯恩斯经济周期理论会使他们自已丢了饭碗的评论中，有这样一个令人愉快的讽刺：他心里所想的永久充分就业，是与似乎由邮局来刻板地经营的宏观经济管理有关，而不是与在70年代和80年代间已经实施的凯恩斯宏观政策的货币主义路线。但是他在这一点是对的：至少在一定程度上正是凯恩斯模式的成功本身造成了它的让位。我们认为，在凯恩斯调整名义之下

所采纳的各种政策的国际层面和国内层面的有效性，是直接地内含在分配的共生现象和讨人喜欢的利润率条件这两者的消亡之中的，而这两者对于它抑制各种权利争斗的爆炸性潜能的能力乃是至关重要的。

利润受到一把在一定程度上乃是战后调整本身产物的钳子——即由于竞争越来越大的和开放的世界经济而不能转移到消费者身上而来自劳方的成本压力——的榨取。社会工资的增长和总体上低水平的失业这两者的联合作用，极大地增强了劳方通过咽下来自雇主的辞退的某种威胁而讨价还价的力量。[66]然而，劳方新的讨价还价的权力并不容易调整，因为雇主一方的价格增加，在一定程度上由于国际竞争的萌芽，尤其在 60 年代后的年月里，遭受了市场份额的损失。利润榨取在 70 年代中期是相当严重的，因为在大多数国家，劳方强大得足以抵制全额支付日益不利的国际贸易条件的费用，特别是不断上涨的石油价格的费用。其结果是从 50 年代早期直到 70 年代中期这一期间，实际上每一个主要的资本主义国家里的劳方在国民收入中所分享的份额都上升了。

构成利润榨取基础的劳动缺乏的各种条件指点了趋于销蚀凯恩斯调整的第二类发展。当欧洲和北美的经济在 60 年代和 70 年 61
代更加接近于全荷生产时，假手平均主义再分配而实现的总需求的凯恩斯扩张不再支持较高的利润。相反，它趋于增加对劳动的需求，因而进一步加强了劳动讨价还价的地位。当发达的资本主义经济从需求—约束增长的逻辑移入既是需求—约束又是供给—约束的经济增长的局面时，凯恩斯调整那种偶然的分配共生现象

就蒸发了。资本主义经济越来越类似于一场零和(zero-sum)游戏。

在凯恩斯调整之下,既有利于资本家的利润率又有利于公众的平均主义意识形态霸权的条件销蚀掉了,而这就是货币主义在20世纪70年代复兴的背景。但是,货币主义的策略——通过逐渐加剧工作的匮乏和制止或倒转社会工资的增长恢复资本的权力——自身就证明代价是异常昂贵的。部分地作为凯恩斯调整的社会政策的结果,中性的失业率——在这种失业率上,作为对净产量的一种权利要求的劳动工资的份额既不上升也不下降——已经缓慢地上扬了。为了维持资方对于劳方的既有水平的权力更多的失业就是必需的。其结果就是用劳动市场的萧条来控制劳动的成本急剧上升。在这些新的条件之下,只有经过一个较长时期的高失业率本身看来才能够将分配的优势挪移到资本上来。高水平的失业一般是与对产品的疲软需求相关联的,它导致了高水平的闲置资本存量和技术革新率的滞后很——难说是适于保持高利润的药方。[67]

70年代货币主义的复兴旨在于调动市场的逻辑反对劳方上升的权力,改变劳方躺在资本身上而无实质性的直接国家干预的状况。70年代蹒跚的经济增长和为扭转在英国和美国自1979年以来反对劳方的潮流所需要的(甚至对货币主义者来说)令人惊奇的长期的不景气,证明了这种以市场为基础的劳动纪律体系的努力的成本(无论对资方还是对劳方来说)极其高昂。

归根结底,凯恩斯调整只在权利争斗之中提供暂时的喘息,与先前的洛克、杰弗逊和麦迪逊的观点一样,凯恩斯调整描述了一种结构,它规定了财产权和个人权利可以在其中运用的范围。这种权宜之计一时抑制了两者扩张的逻辑。但是,它根本没有动手去消除经济特权和民主权利之间的基础性的矛盾,后者已经构成了 62
有关社会冲突和团结的五花八门的偏见,而这种冲突在新一自由主义民主资本主义国家中持续扩张了两个多世纪。

结论:自由主义、社会主义和民主主义

如果我们要去确认发达资本主义社会的政治史已经受到个人权利和财产权冲突的侵蚀这个观念,那么我们就无法避免其内在意义:社会主义——作为一种语言和计划,如果不是作为一种运动的话——在相当大的程度上是与这种演变不相干的。在工人运动已经动员起不少孤立的好战分子的地方——如在19世纪早期的英国,在19世纪晚期和20世纪早期的德国,或在20世纪的意大利或西班牙——他们所受的感召力和凝聚力更多地是建立在要求民主而非要求社会主义的基础上的。在这些运动的许多领导人乃是马克思主义者的意大利、西班牙和德国,情况都是如此,在前马克思主义者的宪章派从潘恩(Thomas Paine)和其他激进的民主主义者那里取得领导地位的英国,情况也是如此。社会主义运动因而毫无例外地服从如下规则:自由民主资本主义社会中的大众的激进政治力量没有引进新的政治语言:他们利用了自由主义民主话语的种种歧义和矛盾。

人们或者会悲叹自由主义话语那种令人印象深刻的霸权,或者会庆祝此种霸权;但人们无须在上面流连忘返。它不过是政治

演员寄居的一块散漫山水图。我们随心所欲地使用它，如果有能力，我们令其委形于我们自己的目的，但是，我们试图逃避它，其代价便是变成与历史了无关系。

无须惊奇，如果工人对民主规则的要求受到抵制或阻挠，其结果通常是各种要求的一起大众化和激进化。与此相对照的是，在趋向普选权和扩大公民自由权的进步十分明显的地方，社会主义政党则比较软弱无力。列宁富有洞见地把美国工人阶级缺乏基础广泛的激进主义归因于“无产阶级没有面临任何重大的、全国性的
63 民主任务。”[68]克莱尔(Havey Klehr)在诠释科里(Lewis Gorey，20世纪初美国共产党国际书记)时写道：

> 一旦民主权利大大地盛行了……国内政治成了为实现主义目的的斗争，对工人阶级利益的一门心思的强调妨碍了社会主义者成功地求助于其他集团，而后者的支持乃是为取得多数所必需的。[69]

恩格斯也早就勾勒出了哈茨后来使之广为人知的似是而非的解释：没有封建主义，就没有社会主义。[70]

但是，科里对这种见解做了新颖的歪曲：

> 有组织的社会主义从本质上表明了欧洲民主的落后……我们必须在上述事实的基础上承认并确定，美国工人阶级排斥欧洲改良主义的社会主义的各种陈旧类型，不是因为它落后，而是因为它走在了欧洲工人阶级的前头。[71]

虽然科里或许不同意说社会主义和民主主义之间有明显的对立，

却可以赞成巴赫拉齐(Peter Bachrach)的评价：

> 如果从美国工人阶级斗争丰富的历史中能够学点什么东西的话，它便是战斗性和激进主义在现存的统治秩序中被培育起来了……在美国经验的境域中，民主而非社会主义才是有破坏性的；我们的历史表明：民主，从最严肃的意义上来理解，瓦解了现存的权力分配。[72]

尽管所涉及的具体历史极具多样性，我们还是怀疑巴赫拉齐的分析可以推广到其他自由民主资本主义社会。

但是在那些其特征乃是“无产阶级没有面临任何……民主任务”的国家之中，民主如何可以是激进的要求？我们的回答是，民主的个人权利与资本主义财产权的冲突没有随着选举权的扩大和工会联合会权利的得到承认而终结。列宁对 20 世纪初期美国民主程度的过分慷慨的刻画，和英国宪章主义者关于民主的任务可以归结为国家之中的代表制的信誓一样，暴露出了一个共同的缺陷。两者都忽视了资本主义经济的威权主义的政治结构。

第三章　经济:生产和交换的政治基础

64 自由民主资本主义之中的财产权和个人权利之间的对抗,哪里也没有像在有关经济的现行争论和社会冲突中那么昭著。尽管当代主要政治理论家之一的达尔尖锐地质疑,为什么在现代企业里面财产权应当居于工人的民主权利之上,美国的一家地方法院还是支持了一家阻碍联邦指定的对其所属工厂的进行安全检查的企业,其理由是,如果私有财产不是一种排他的权利,那么它就什么也不是。[1] 这两者反映了基本权利的适当运用范围的天生歧义,而基本权利在自由民主资本主义国家里面构成了政治话语,形成了公共政策。第二次世界大战以后凯恩斯调整之受侵蚀,看起来可能加剧了各种权利之间的冲突,并且使经济成为相互竞争的权利和公民要求将在其上冲突的主要战场,因为这种调整的崩坏已经将资本主义经济的冲突性质不仅改编为收入分配体系,也改编为一种指挥的结构。同时,生活水平的停滞不前和经济不稳定范
65 围的扩大已经提高了经济关切在人民日常生活中的突出地位。

经济民主今天已摆上了议事日程,这部分是因为凯恩斯对收入分配的专注的不充分性已日益明显。不论福利国家如何妥善地应和 20 世纪 30 年代经济危机的需要,它的扩大本身并没有对 20

世纪后期的经济问题提出一致的回应。资本的全球流动使如下一点变得非常清楚：对平均主义再分配的进一步追求将会受到资本流动威胁的严厉限制，除非对投资的有效的民主责任与之结伴而行。同样地，如果对工作的社会组织不进行扎实的民主重构的话，给工人的更大的经济保障很可能是与对工作的抵制的加剧，与管理和监督费用的上升联系在一起的，因而是与持久的生产率危机联系在一起的。如果凯恩斯和大萧条使收入分配政治化了，那么20世纪70年代和80年代使作为控制体系的经济政治化了。

达尔有关在现代公司之中民主权利对于财产权的优先性的质疑，乃是缘于他对作为竞技场所的经济的感觉，在那里雇主所挥舞的是生和死的权力。要去赞成说，财产确实是权利，就是冒了对十分明显的东西作过分冗长的分析的危险。譬如，关于世界上最大的一百家跨国公司的执行总裁行使相当大的权力的陈述与关于狗吠这个事实的观察报告，会令人同样程度的惊讶莫名。现代杰出的法学家蔡斯（Abram Chayes）写道：

> 所有文件都同意：现代公司对我们的政体条件挥舞着尚方宝剑般的经济和社会权力。让我们抵制这个结论，或不再没完没了地分析它。让我们将它作为我们的第一前提接受下来吧。[2]

无论对于注重实际的人还是观察敏锐的人来说这种自明之理是多么的明显，它在自由主义的理论中却无一席之地。研究权力的自由主义的政治理论并不研究经济，与此同时，自由主义的经济理论亦无视政治。德高望重的经济学家勒纳（Abba Lerner）以其

得意的观察为其职业辩护说："经济学的事务是已解决的政治问题。经济学由于选择已解决的政治问题为其疆域已经获得了社会科学王后的称号。"[3]

66 自由主义理论这样就使资本的权力变得不见了：民主主义者无法在自由主义理论内部攻击经济权力，因为他们缺乏使这种权力显现出来的手段。然而，当人们从经济的实践世界转移至其理论模式时，权力的消失不见是建立在易于揭穿的自由主义的戏法之上的，因为它正是使权力在经济里面消失不见的私人的—公共的分割，而这种分割，我们将要表明，是完全偶然的。

自由主义的立场可以概括如下。自由主义的原则坚持，个人拥有某些权利，而对这些权利一个公正的社会不应当侵犯。民主的原则坚持，公正的社会必须保障人民主权：在影响他们生活的重大决策上面，人民应当拥有发言权，并且在某种意义上有平等的发言权。自由主义民主理论一般支持将自由主义的原则和民主的原则两者用于国家，但只支持将自由权的原则用于经济。我们认为，自由主义民主理论没有为如此不平衡地对待国家和资本主义经济的做法提供任何内在一致的正当性证明。

在这一章里，我们将寻找蕴涵在自由主义政治理论内部的这种经济原则上的偏差的源泉，追溯这些原则直至它们在新古典经济学理论中的起源，提出一种替代的途径，通过这途径资本主义经济的政治结构会凸现出来。在我们的替代模式里，自由权和民主两者将应用于评价经济制度，然后我们便能够以一种平衡的方式裁决财产权和个人权利之间相互冲突的要求。

让我们先来定义一些术语。我们将把如下一些社会生活的领域称为“公共的”:自由权和民主这两个孪生的规范可以正确地被持以应用于它们之上。很显然,自由主义民主理论将这种意义上的国家看作一个公共的制度。让我们把这样一些领域称为“私人的”:只有自由权的各种条件可以正确地被持以应用于它们之上。个人权利的许多表达方式显然切合这个范畴——良心自由、表达自由、交往自由、选择自由以及其他方面的自由。让我们把下面的命题也看作民主理论的必不可少的假定:一个社会生活的领域的运作牵涉那种引起社会结果的权力的行使,那么这个领域必须被看作是公共的。

“引起社会结果的权力的行使”本身应作一些诠释。所谓“权力的行使”,我们是指一种引起别人以种种方法采取他们原本不会
采取的行动的行为,并且这个行为也超出了单纯维护人们自己消 67
极自由权的范围。比如,拒绝与某人结婚不是权力的行使。所谓引起社会结果的行为,我们是指这种行为既实际地影响他人生活,而其特征又反映了行为者的意志和利益。

我们认为,自由主义的社会理论对国家和经济任意地不对称的论述,根源于一个站不住脚的观念:资本主义经济是一个私人领域——换言之,其运作并不牵涉引起社会结果的权力的行使。大多数自由主义者继续论证说:经济,或许带有适当的国家调节,应当**保持**为私人的。然而,这个说法并不中肯,因为如果我们的论点是正确的,资本主义经济**现在**不是一个私人的领域,而且基本的争论点关涉其作为一个**公共**领域的适当组织。我们相信,认识到这一事实就提供了一种与某些集团的历史密切相关的政治经济学,这些集团为个人权利在经济之中的持续扩大进行了斗争。

我们将要论证，资本主义经济授予资本以三种类型的引起社会结果的权力。[①] 企业所有者行使的第一种权力——通常通过经理和管理人员——是对**生产的控制**，根据这种控制，工作过程的组织和工人的安排都委制于资本的利益。第二，所有者行使对**投资的控制**，造成一种向允许蓬勃发展的工商企业的组织形式范围的系统性的偏向。最后，所有者对**国家经济政策施加影响**，由于这种影响那种对经济生活的民主支配的范围将受到实质性的限制。这些论断甚至对符合自由主义理想的经济和国家来说，也是站得住脚的。我们的论点决不依赖某些对完全竞争的经济原理的垄断式侵犯，它亦不以理想的自由主义民主程序的任何失败为立足点。

毫无疑问，断言资本主义经济的公共性质就是质疑私人的和公共的之间那种自由主义的基本区别。令人奇怪的是，有关这个至关重要的界限的理论详细说明很难从标准教材那里重构起来。对这个界限的辩护在人们所熟悉的政治哲学论题中间也并不突出。然而，支持那种资本主义经济乃私人的观念的一个相当有力的论点，可以在来自新古典经济学的两个中心命题的基础上建立
68 起来。第一个命题断定，资本家与工人之间的交换与其他的并且可能是“私人的”交换具有同样的特征：于是雇主对工人的权力不会大于顾客对店主的权力，或任何买方对于卖方的权力，我们将称之为**劳动商品**命题。

① **资本**这个术语在意向上是模糊的。我们并未揭示这种权力最后确切地落实在何处——所有者、股票持有者、经理、董事会、财富等等，也未揭示它甚至是否最终为个人所拥有。然而，这个问题在我们随后讨论作为“特许自由”的公司时变得重要了。与此同时，我们将简单地谈及所有者、老板、经理或任何看来合适的人物。

第二个命题断定,竞争的资本市场的存在把对商业和金融中的经济活动的实际支配与资产的所有权分离了开来:任何一个具有较好的捕获策略或较好的生意经的企业家,都可以轻易地发现要在生意里面建立必要的信誉。按照这个观点,不是资本的所有者,而是竞争生存的命令决定了经济结果。我们把它称之为资产中立命题。

这两个命题如果是真的,它们就的确会掏空视经济为公共的观点的主要基础。它们包含有如下的意思:经济结果——无论收入水平,工作组织、失业率或环境污染的程度如何——实际上是被财富的原初分配、可应用的技术以及消费者和工人的偏好所决定的。这样,在控制生产和投资时所呈现为(由所有者或他们委派的经理所行使的)实质性权力的东西只是现象而已。决策者仅仅是在进行资源的配置,而资源配置的决定因素绝不包括资本的实质性权力,当然,除非资本对国家的经济政策施加影响。[①] 在竞争的资本主义经济中由此而来的那种权力的不可见性受到熊彼特称赞:

> 生产资料和生产过程一般没有实在的领导人,或不如说实在的领导人是消费者。指导企业厂商的人只是贯

① 严格地说,只有在市场出清保证承带价格和数量的唯一构成的时候,劳动商品和资产中立命题的有效性才会包含着经济权力的缺乏意思。传统经济学的推论广泛地采纳了这种极其站不住脚的唯一性的假定。例如,那些本应更明白些的经济学家们定期地建议,应当允许市场来“决定”价格。然而,市场出清决定了价格和数量的唯一形成的这个观念绝不是来自于传统经济学理论的一般模式,并且只有在种种真是难以置信的条件下它才是真的。毫无疑问,经济权力的理论能够建立在这种市场竞争非唯一性上面,但我们不想这样做。

> 彻由需求对他们所规定的东西。……个人只有在他们是消费者，只有在他们表达了需求的范围内才有影响。……
> 69 再没有其他意义的个人对生产的指导。[4]

在这种推论的基础上，诺齐克（Robert Nozick）在论述工人异化问题时，将这个问题与权力分配完全地分离开来：

> 资本主义如何回应和能够回应工人对有意义工作的要求？如果当一个工厂的工作任务被分割开来以便变得有意义时，工人的生产率提高了，那么追求利润的个人所有者就会这样来重新组织生产过程……（如果这个选择）**没有什么效率**……工厂里的工人本人就会要求有意义的工作……并且他们（或许）会放弃某种东西（部分工资）以求在为了有意义而分割开来的岗位上工作。[5]

根据这种观点，就会得出结论说：假定在称心的工作与所欲得到的目标和服务之间有一种工艺上规定好的交替换位，工作任务分割的性质就是受工人自己的偏好支配的。比之更完善的应用劳动商品命题的例子确实会是难以发现的。

但是，劳动有两个特点，它们使劳动不具有在新古典模式中的商品的一般性质，并且它们一起使劳动商品命题失效。首先，工人无法与所提供的劳动服务分离开来。劳动在人里面得以实现而无法从人那里异化出来。再者，生产技术的优先性将不同工人的劳动置于同一个场所里面，置于直接的相互作用之中。这两种特征一起包含如下的意思：资本主义生产是一种人与人之间的社会关系，一种不可能化简为财产权交换的关系。资本主义企业不仅把为雇主提供的劳动服务,而且把这种服务提供者本身置于社会的和自然的相互作用之中。一如我们将要看到的那样,结果便是,资本家与工人的合同的主要方面——尤其那些涉及所交付的劳动服务的性质和强度方面——未受到合同的正式条款的保证;相反,它们是直接而偶然地取决于资本家对工作过程的控制。从这些前提出发便可以明了,资本对劳动的控制表现了一种具有社会意义的权力的行使。

然而,如果资产中立的命题是真的话,劳动商品命题的失效就没有多大的重要性。在那种情况下,任何以民主的方式建立起来的工人团体,在他们所筹划的企业是健全的情况下,能够获得为他们自己从事与资本家所支配的厂商直接对立的生意所必需的资 70
本。然而这样的厂商几乎不存在,这个事实所蕴涵的意义是,或者以民主的方式控制的生产在技术上或组织上是不健全的,或者工人宁愿要非民主的而不是民主的工作环境。当然,雇主原因不明的权力依旧可以在民主的基础上受到批评的,但是批评者就需要解释,为什么只要匮乏的境况是大势,工人宁要物质奖励而非民主的抉择将不会指裁某种最为合适的工作组织的形式。

我们还将论证,以民主的方式控制的企业无一例外地比他们的资本家支配的对手在经济上更有效率,这就是说,它们能够以较少的投入生产出同样的产品。在这种情况下,正是与工人个人一般地并不富有的事实联系在一起的资产中立命题的失败,说明了工人控制的企业在竞争的市场中不会取得最终的成功。

日常的事实令绝大多数观察者确信了资产中立命题的可疑状态。资金并不是在平等的基础上可以为每个前来申请的人得到的。一批工人可以借钱创业与美国钢铁公司和国际商用机器公司竞争，[①]这样的念头里面有一些荒唐可笑的东西。已经拥有资产的那些人所享有的优先获得资金的特权可能来自于对那些资产不多的人的有目的的歧视。但是可以指出，这简简单单地是由银行和其他出贷者方面的竞争利润极大化的指裁所引起的。

资产中立命题和劳动商品命题共有如下的弱点：实施合同报酬按惯例来看是没有问题的，而事实上实施在一种情况下是劳动买主的**中心关切**，在另一种情况下是资金贷方的**中心关切**。贷方尤其关切违约的可能性并且要避免违约，努力订立一些令**借方**以及**贷方**违约即承受损失的条件，并且因而适当地生出避免违约的动机。在资本借贷的情况下，买方与卖方的对称位置是以**抵押物**的必需条件来正式地予以确保的，而抵押物所代表的是借方所拥有的财富。

71 于是，资本的权力包括贷、借和投资的权力。资本市场与其说是孕育了财产关系与经济权力的分离，不如说在实质上保证了后者将服务于前者的利益。[②] 根据资产所有权优先的信贷配给对于追求利润极大化的、竞争的、非共谋的金融机构来说是唯一合理的

---

① 有一点应当是清楚的，这就是为了论证传统的自由主义对于经济权力的立场的正当性，这种强意义上的资产中立命题就是必需的。如果一个具有新念头或新产品而以民主方式组织起来的工人小团体（例如，“合股人”），设法去吸收资金，那么它正是为他们的利益在扩张过程变换成股份公司的形式，以避免与新工人共享他们的成果。的确，这种现象在当代资本主义里面是司空见惯的。

② 我们在这里尽量简而言之。除了其他机制以外，国家贷款的保证，贷方直接参与经营决策，能够用作贷方所必需的担保物的补充或替代物。对生产和投资的直接控制可能会由所有者委派给经理和其他的团体，对他们来说，解雇的威胁代替了担保物而成为合同执行的手段。公司行为不止需要反映投资者的偏好。

政策——甚至当他们在一般原则方面对以非资本主义方式组织起来的企业不抱偏见的时候，情况亦复如此。

未解决的政治问题的经济学

资本主义不仅仅是一个私人财产和物品与服务的市场交换的体系。它也是一个工资劳动体系，在其中个人（工人）在某种合同和合法限制的范围内把对他们活动的措置权转让给他人（资本家）以换得工资。工资劳动对于资本主义的中心地位是屡屡被忽视的。人们常常假定，关于交换和私人财产的一般思考足以证明资本主义的正当性。诺齐克在其关于财产和国家所做的圆熟的分析里面，只是在确立了他的主要命题之后才考虑工资劳动的议题，因而只是一种过后之思。诺齐克断定如下这个一般原理，“一个人，如果按照转让的公正原理从也拥有某件财产的某人那里获得这件财产，是有权拥有这件财产的”，但他从来没有在哪里讨论过雇用一个工人是否“符合转让的公正原理”。[6] 同样，罗尔斯在他那深刻的《正义论》里面赋予自由权以辞典式的优先性时，从来不追究以工资为回报而交出对某人的服务的支配是否侵犯了自由权？[7]

资本主义甚至在其最纯粹的形式上也不简单地是一种交换体系；它始终也是一种雇佣体系。资本主义与简单的商品生产或一
般的市场经济相反，包含着这样一企业的存在，在这些企业里，生 72
产是根据工资—劳动关系进行的。在这个基础上，资本主义始终不渝地赋予特定的少数（资本拥有者及其代表）以一种有效的控制形式，以用于满足他们的私人目的。或更直截了当地，如霍布斯

(Thomas Hobbes)所说的那样:"有仆人就是有权力。"他陈旧的语言使我们想到,雇员这个一般术语本身不得不期待19世纪资本主义体系的充分繁荣。[8]

过去一个世纪内美国的法律学说在矛盾的两极之间摇摆不定,这两极是由其将劳动当作另一种商品来对待的倾向和其关于劳动大异于教科书商品的日常意识所承带的。1898年美国最高法院解释说:

> 财产所有者和其工人并不居于平等地位……前者自然希望尽可能从其雇工那里得到更多的劳动,而后者常常因害怕解雇而被诱使去遵守一些规则,他们的判断力如果得到公平的运用,则会申言这些规则是有害的。[9]

就此论点而言,尚有少许可交换的热情,跨越了马克思主义经济学家与自由主义经济学家之间的不毛之地。资本主义企业恰恰是作为市场体系内部的权威体系而存在的。我们当下就会看到,马克思主义者和自由主义者关于那些支配企业的人们的权威对比强烈的结论来自一些更微妙的差别。自由主义者断定企业所有者那些假定的权力行为并无实质性的范围,而马克思主义者确认这种权力作为引起社会结果的权力的地位。

企业内部存在着控制结构,这一点是不在话下的。新古典经济学家罗伯逊(D. H. Robertson)将企业内部的控制结构与市场的看不见的手两相对照时特别提到:企业是"这个无意识合作之汪洋中有意识的权力的岛屿"。[10]再者,"如果一个工人从Y部门转到X部门",其著作乃是现代新古典企业理论里面最有权威的文字的科

斯(R. H. Coase)写道："他不是因为相对价格的变动而转换部门，
而是因为他被命令去这样做。……企业的独特标志就是价格机制
的废弃。"[11]科斯继续提示说，企业在资本主义经济中的存在证明： 73
在物品和服务的契约交换的基础上从事经济事务是利润低下和无
效率的。

我们得出如下结论：资本主义经济是不能单单由于市场所起的突出的作用被判断为私人的。企业，即自由主义思想家非常乐于视为权威主义的机构，起着同样重要的作用。

尽管如此，自由主义者会继续争辩说，劳动交换，作为未受强制的个人之间的自愿关系，应有诺齐克称之为"转让的公正"的那种地位。批评者会追问，假定一些为了生活必须工作并且不拥有生产资料的工人，除了与至少一个资本家去进行交换之外别无其他选择，那么这种交换是否确实是自愿的：财产的不平等分配也许是这样一类东西，它们致使"自由选择"徒具形式而已。但是，即使姑且承认交换各方的一般而言的不平等权力，对自由主义立场的这种批评仍然是没有说服力的。比如，我们不会说人们选择某一医生治病是"徒具形式的"，并且因而是不自愿的，因为人们必须至少选择一个医生。[12]这个论点于我们这里的任务也不合用。因为它绝不否定那种认为资本主义经济本质上乃私人领域的观念。它至多暗示了财产或收入的再分配——或用公共财产代替私人财产。

因此，我们的论点并不否定劳动交换的自愿性质。相反地，我们将提出这样的观点：甚至在自由主义民主理论内部并非所有自愿的交换都被认作是公正的；因而，对于一个自由主义者来说，把

劳动交换都被认作是公正的；因而，对一个自由主义者来说，把劳动交换看作那些自愿的但不公正的转让之中的一种，是不会自相矛盾的。先让我们接受如下的命题：如果个人对他们的财产拥有正当的权利，并且如果他们自愿地交换这些财产中的一部分，那么交换结果必定满足自由主义的公正标准。但是结果也必定符合正义的**民主**标准吗？如果在交换的过程中没有任何公共机构被建立起来或经受改革，那么答案看来是肯定的。但是通过自愿协定的私人行为而达到的社会关系因此就取得了作为私人的状态本身了吗？虽然这个设想常常被看作自由主义的假定（有如在诺齐克程序公正的观念里那样），它却无法立得住脚。

第一，自由主义政治哲学一般认为，国家本身可以在某些条件下通过自由而独立的个人之间彼此自愿的协议建立起来。这种国
74 家确实还是一个“公共的”机构，并且是根据其与自由原则以及民主原则的符合与否来作出判断的，而不论导致其建立的契约是私人的和自愿的。

第二，对于自由主义者来说，奴隶地位的不公正并不在于其代表着一种非自愿地进入的奴役状态。的确，人们能够很容易地想象致使一个人**自愿地**接受奴隶身份的各种条件（比如，个人的舒适，对主人的尊敬，或爱人的利益）。人们相信奴隶地位是不公正的，这既因为它包含着对个人权利的侵犯，而不论是如何进入的，又因为它代表了一种公共的、非民主的、并且因而不公正的统治关系。这样，在自由社会里面，奴隶地位成为一种个人**禁止**进入的状态。如果我们接受如下这条自由主义的原则，即以公正的财产为基础的自愿的契约的结果不能侵犯自由权的原则，那么禁止奴隶地位毕竟难以得到正当性证明,除非以其乃“公共的”制度为理由,并且因而能够在符合民主规范这个附加的基础上得到说明。①

这些事例证明,自由主义民主理论承认公共制度可以通过自愿的协议创造出来,并且因而可以是民主政治规范应用的合适的区域。前述例子的要点仅仅在于:从自由地签订的交换所产生的制度安排会暗中破坏这些交换的合法性的条件本身;这就是参与的个人的平等和互惠。于是,我们以为,拒绝根据自由权和民主的混合规范对经济制度进行评价,无法凭借由此所产生的合同的自愿性质而得到正当性证明。

从而为了支持资本主义经济乃私人的观念,自由主义民主理论必须坚持这样一个主张:资本对劳动的支配**事实上**不代表任何引起社会结果的权力的行使。

自由主义经济理论一般认为情况就是如此。根据新古典企业理论,虽然某个个人或某个团体实际地实施支配,但谁实在地实施支配在理论上却是不确定的和没有社会后果的。它之所以在理论 75
上不确定乃是因为在一个竞争市场体系之中,正像资本家能够雇用工人一样,工人也能够雇用资本(这就是说,获得贷款和租用生产设备)。用萨缪尔森的话来说,“在一个完全竞争的市场里面,谁雇用谁实在是无关紧要的:所以就让劳动雇用‘资本’吧。”[13]再者,支配的地点之所以无社会后果是因为在企业内部资源的合理配置

① 人们也许会争辩说,传统自由主义的远非任意的论述仅仅包含如下未经阐述的假定:私人的协议只有在其认可在参与者中间使用武力时才产生公共的机构。然而,看起来清楚的是,(至少当代)自由主义者依然不满意奴隶制,即使主人只是依据认可奴隶制的国家的司法和刑法制度,被要求将他的权利强加于他的奴隶的。

将产生同样的生产组织，而无论控制的地点如何，并且市场竞争将确保那些不合理地配置资源的企业将被排除出去。

这个推论很清楚是诺齐克断定劳动商品命题的基础。它确实是一个强有力的论点：如果正确的话，它将证明那个关于企业中明显的权力关系并不引起社会后果的论述是正当的。然而，这个推论潜在地假定了劳动商品命题：从以劳动易工资的交换中产生出来的“资方”(management)与工人之间的契约，与教科书中关于物品和服务在它们所有者中间的市场交换的说法，并无本质的不同；在这种交换中，契约实施的费用如此之低以至于可以忽略不计。但是，情况并非如此。

劳动专一性

为什么谁雇用谁**是**有关紧要的？它之所以有关紧要是因为劳动契约并不实施自身，它也并非主要是由国家来实施的；它由雇主来实施，而实施的费用依赖于生产的社会组织，或更直接地说，依赖于谁雇用谁。

新古典经济理论一般无视契约实施的费用，当市场交换的条款或缔结的协议被违反时，受损害的一方简单的地求助于法院寻求赔偿。与此相对照，雇主和雇员之间契约的实施问题的特殊性质是马克思的中心关切，他把它视为从“劳动—力”(labor-power)中抽取“劳动”的问题。资本家购买工人从事生产的**能力**(劳动—
76 力)，并且接着就面临实际地获致适当的工作(劳动)水平的问题。[14]

我们可以通过指明雇员和向企业提供服务的独立人员之间的实质差别来阐明这一点。雇用一个工人，雇主就得支付工资或薪水，以及履行其他一起签订好的条款。但是，雇员一般并不反过来同意以任何特定标准提供任何特定的服务。如果这类特定的服务是在契约上完全规定了的，那么提供者就不是雇员，而是独立的订约人，就比如在由独立的自为者向企业所提供的电工、水暖工、垃圾搬运等服务那里的情况一样。[15]与此相反，工人只是形式上同意在契约期限内加入企业和遵守企业的规章制度。自为者是按所做的工作取酬，而与做这件工作所费的时间无关：工人是照花在工作上的时间数量取酬，而与所做的工作数量无关。

于是，在雇用工人时，资本主义企业并不实施先前已协定好的交换，而是相反规定了交换本身的内容。在这个意义上，由雇员所完成的工作的数量和质量就不是勒纳称之为“解决了的政治问题”的东西，而支配的地点必定被认为是具有重人的社会后果的。[16]

近些年来，契约实施的一般问题已经由某些新古典经济学家着手处理了，他们已经论证了它在市场行为的逻辑本身之中的中心地位。[17]这种主张的根据包括以下四点。契约很少（如果有的话）为所有可能的突发事件做好准备，而买方会仔细考虑“卖方”以公平的和平等的手段解决有争议的问题的“声誉”。[18]契约需要解释，而受侵害的买方在法律诉讼中并非保证会成功的。某些侵犯契约的后果会如此严重，以致侵犯者没有赔偿的财政手段。最后，对契约条款的监督本身会花销检查和信息收集的费用，它甚至在契约受到侵犯的情况下也是收不回来的。

很清楚，劳动契约以严峻的形式包含着所有这些问题。在同

意为资本家工作时,工人没有就究竟要做些什么,以何等的紧张程序,或做得多好立下信誓。而且,万一工作的数量和质量被认为是
77 不可接受,雇主也无法求助于民法以补偿损失。工人通常没有财政手段来为其懒惰、疏忽和故意的破坏补偿雇主。最后,为监督工作而做的监视、检查和信息收集的费用,在正常情况下一般远远高于为监督资本家已经为之签约的一般货物的支付和服务提供而做的同样事情的费用。

但是,劳动交换不单单是契约实施这个较为一般问题里面的棘手情况。两个特殊的特征使之有别于其他情形。[19]第一,由工人提供的服务不能与工人的人身分离开来。这样,惯常的商品交换模式,即买方与卖方见面,交换,尔后带着各自的新财物离开,在劳动交换的情况下并不通行;在这里,卖方既保持对于所提供的服务的继续控制,又要持续地受到买方为确保契约的实施而实行的监督。第二,由于将工人集中在同一个房顶之下,生产过程在劳动的卖方中间建立了直接的社会关系网络。在竞争的商品市场的情形下,每一个为企业提供服务的人与任何另外一个服务提供者是毫不相干的,并且服务提供者之间一般确实是互不认识的,与之相反,生产的社会性质继续地导致劳动服务的卖方的面对面的接触。这就意味着他们能够针对他们的服务的买方(资本家)至少部分地协调他们的行为,从而提高或降低服务的水平以及获致这种服务水平所需要的监督的程度和费用。

劳动交换的特定性质可以由一个资本主义企业的简单模式来阐明,这个企业购买劳动和其他投入,卖出在完全竞争的市场里生产的商品。[20]为了简单起见,我们可以假定:劳动是同质的并且资

本家掌握了有关工人品质的全部信息。资本家支配工人的有效性最终依赖于资本家终止劳动契约的权力。对资本家来说，问题是设计一个使所完成的实际工作单位的（花费在工资和监督上面的）成本极小化的控制策略。如果所有其他条件都是同等的，不工作被查出来的概率越高，以及因解雇而遭到的收入损失越大，工人就会越努力地工作。

一般而言，对于实际完成的既定工作量，雇主需要在两种选择之中做出权衡：或付给工人更高的工资，或者将工人置于更为严格的（因而费用更高的）监督之下。这个推理过程如下。为了简单起见，假定以一种低于资方所指定的紧张水平工作时被抓住的惩罚 78
是契约的中止（解雇工人）。于是，工资的增长将提高对被解雇的工人而言的成本，而监督水平的提高会提高查出的概率。工资率下降将必然需要监督的增强以维持既定的"在标准强度之下工作所预期的成本"，并获致同样单位的所完成的工作。从标准的经济推论可以得出如下结论，资本家会通过选择一定的工资率和一定水平的监督成本来使这些成本与工作强度中的综合所得相平衡，从而使利润极大化。

尚待说明的一点是，在企业内的支配的场所将影响资源配置，因而在资本主义企业中权力的行使必定被看作是具有重大的社会后果的。为什么我们可以预期情况就是这样呢？

无论支配的场所如何，监督的成本总是存在的：不管谁雇用谁，为了使人不敢自私自利地在工作时怠工，某种控制系统乃是必要的。但是，我们可以提出两种理由来说明为什么当支配场所位于工人自身之中时，这类成本就会比较低。当个人参与一个机构管理，当他们觉得它是为了他们的利益运作时，他们就会更完全地认同这个机构的目的。经验的明证支持了这一见解。[21]支配场所之挪移到工人之中很可能会降低他们抗拒工作的欲望。因为在一个工人控制的企业里，每一个工人都会因另一个工人在工作时小睡而受到损害，所以工人中间目的在于提高监督成本的联盟就会较为软弱和不那么稳定，从而减少个别工人不受惩罚地浪费时间的机会。一般来说监督成本在这种局面下将比较低，因为阻止其他工人的低标准的工作强度关系到每一个工人的利益。

换言之，从资本到劳动的支配场所的变迁可以预期会减少用于产生一种既定水平的完成了的工作的工资和监督成本。甚至假定监督的单位成本没有变化，假定工资不变（对每一个工人来说代表被解雇的成本），单单因为所需的监督减少，就能够在监督成本方面有实质性的节约。（如果让工作损失的成本保持不变，单单监
79 督的减少一般来说将不是工人控制的企业要依循的最佳的策略。）上述讨论的意图不是要说明资本主义的生产是浪费的（尽管它的确暗示这一点），而相反是要说明，它是公共的，或者更为具体地说，因为企业里面支配的场所并非无关紧要，所以它表现了引起社会结果的权力的行使。劳动商品命题必须予以拒绝，因为它包含这样的意思：支配的场所是没有社会后果的。

不过我们必须措置一个针对我们的分析的合理反驳。如果民主生产降低获致劳动的成本，那么为什么资本家不愿意将支配权转让给工人以使利润极大化？如果资本家应该维持对于企业的净收入的支配权的话，这样一种转让会使工人凭借他们对于生产过程更为彻底的控制而提高他们抗拒工作的**能力**，而同时并不减低

个人或集体抗拒工作的动机，因为这些动机是以他们分享所增长的产量的收益为依凭的。实际上，获致劳动的成本在这种情况下会增长而不是降低，那种工人管理而资本家所有的企业比之于常规的资本主义企业，可能会赢得更低的利润。

权力、生产和竞争

劳动商品命题的影响远远不止于它对掩盖资本权力的贡献。它也例行公事地且有效地被用来提供各种论点，后者掏空对于资本主义经济的民主批判的基础。劳动商品命题以经济效率为根据证明非民主的和等级制的工作组织是正当的；它否认种族的、性别的或其他形式的歧视是可以与市场竞争相容的；它将失业解释为工人的自愿选择，他们不愿接受市场对其服务的估价。但是，这些正当性证明在理论上是无效的；它们包含了在实质性的断言上面与经验的明证大相径庭的传统经济理论。我们将看到，我们对劳动交换的政治层面的关注避免了这些问题。

工作的民主形式必定在经济上是无效率的这个论点是建立在下述的逻辑之上的。资本家迫于竞争的压力要使成本极小化。如果劳动商品命题是真的，那么劳动服务的实在价格和数量就会在 80
市场交换的范围内被决定，成本极小化就会清楚地承带对最适宜的技术和技术上有效的生产组织的利用。如果民主决策是高效率的，那么单单市场力量就会选中它。再者，它会得出如下的结论：生产过程的某个层面会由于企业的所有关系或决策结构的变化而改变，当且仅当这种变化改变了投入或产出的价格。于是由政治

原因导致的向民主决策的转换可能只以较低生产率的代价改变生产的社会组织。但是，它当然**恰恰**通过**同一个推理**得出如下的结论：资本所有者没有兴趣来关心对生产的控制！然而，实际上在所有资本主义国家里，财富的控制和生产的控制之间存在着一种紧密的和不可否认的联系。新古典理论的论点必定是不正确的，我们接着就将看到其原因所在。

当转向歧视问题时，劳动商品命题包含着这样的意思：趋向成本极小化的竞争压力致使资本家为一吨煤只付与保证供应相关的最低价格，这同一个压力迫使雇主去寻求最低价的一小时的等量劳动，从而宁愿雇用妇女而不是男子，或者雇用黑人而非白人，如果他们的工资（对于同等水平的生产活动而言）可能比较低的话。那些出于种族主义、性别歧视或其他理由坚持雇用高工资男性白人劳动的人将被竞争排除出去（这是对第二章所引证的弗里德曼观点的重申）。然而，有一个令人确信无疑的明证是，种族中间和两性之间的工资差异持续了很长时间，也尚不能以生产能力方面的差异予以适当的说明。劳动商品命题的含义又与经济生活的事实大相径庭。

劳动商品命题负载着进一步的含义：任何未售出的劳动单位都必须被看作是自愿地不投入市场。比如，当服装市场衬衫出现过剩时，如果卖方愿意降低价格，过剩的供给一般是能够推销出去的。根据这个推论，失业必须被看作是自愿的，其立足点是拒绝低工资的工作。非自愿的失业依然可能作为劳动市场调整过程中的磨擦结果发生，但是，从长远的观点来看，我们预期劳动市场过量
81 供给的理由不会比预期过量需求的理由更充分。甚至在那些限制

工资下降的制度软弱或失败的情形里，对资本主义经济来说也还有经受严重失业的持续不变的趋势。

通过指明生产过程可以表现为两种关系这一点，我们的劳动交换模式论述了劳动商品命题的这些缺点。第一种是拨款的关系：劳动与非劳动投入的结合生产既定的产出。第二种是分配的关系：雇主为获致一种程度升高了的劳动强度，并且为取得由企业创造出来的纯收入的适当部分而配置资源的努力。新古典经济学的生产理论在生产函数的标题下论述拨款关系，但它显然无视分配关系。

我们应当强调，劳动强度的问题之所以产生不是因为如自斯密起直至当代的"劳动负效用"理论可能会认为的那样，劳动正确处理是不愉快的。相反地，工人体验工作的方式，由此形成的动机、愤怒和抗拒主要来自于生产过程本身的社会组织。的确，资本主义生产过程的社会结构——尤其是它的权威的和剥削的形式——招致了在工作的组织和强度上面的冲突。

在劳动方面的市场用来决定的不是市场—出清的工资，而相反是雇主实施其利润极大化策略的权力。请回想一下：雇主对工人权力的主要的形式是解雇权。工人的适当行为必须首先由解雇的威胁强制出来，后者很清楚依赖于工作的匮乏，并且因而依赖于市场的状况。（雇主也有提拔或不提拔员工的特权。用不提拔的威胁代替解雇的威胁也可以造成同样的论点。）

雇主可以通过下面三条对策的任何一条来提高工人实施不工作策略的成本：(1)提高失去工作的预期成本；(2)如果查出实施不工作策略的话，提高解雇的概率；(3)如果实行不工作的策略的话，提高查出的概率。通过考察这些策略的运用，我们可以理解为什么把劳动看作生产——有效率的生产、无歧视和无非自愿的失业——商品的观点的三层含义是错误的。让我们一个一个来检视。

82 不工作策略将被雇主查出的概率依赖于工作的组织和资本家监督系统的功效。资本家能够，比如通过使用诸如装配线一类的生产技术，将工作组织得使每一个工人的操作都是一目了然的和可以衡量的。甚至当这些技术在投入—产出的意义上效率不高时，由于能够保证高水平的劳动投入（努力），它们仍是有利可图的。同样地，资本家能够将资源以细致的清账、电子设备和监督人员诸如此类的形式从生产转移到监督上面。在上述两种情况中，降低成本的压力使资本主义生产变得有效率的主张是必定要予以排斥的。如果较低效率的生产方法竟然允许较为有效的或成本较低的控制体系达到这样的地步，即其单位成本低于效率较高的但不太易于控制的工序，那么资本家将采用成本最低和效率不高的工序。凡在资本家实施高成本的劳动榨取策略的地方，成本极小化和高效率之间的连接就断裂了。

其次，检视在不工作策略若被查出的情况下被解雇的概率。为了简单起见，我们把这种概率描述为依赖于劳动力量的团结；如果解雇一个工人会导致全体工人的罢工或怠工，资本家将三思而行。一般来说，劳动力量的团结依赖于其种族、性别、年龄、教育和其他划分——包括工资差别和企业内部的等级状况。[22]推行歧视的资本家会通过鼓励划分，不公平的区分和等级制使无障碍地解雇工人变得便利一些，要不然就削弱工人讨价还价的力量，甚至在因为这种政策不管用，因为，比如说，它们承带使用与工人的生产能力无关的种族标准来安排工作时，情况亦是如此。歧视这样便是与竞争环境中合理的利润极大化符合一致的。

最后检视雇主提高工人被解雇的成本的策略。因为预期的工人失业持续时间和失业津贴的标准这两者是企业控制不了的，所以雇主能够借以提高工人被辞退的成本的唯一办法就是付他这样一份工资，它高得使工人不再对被解雇的可能性漠不关心。但是，如果那个使利润极大化的工资高于工人下一个最好的选择，当下没有工作的其他工人也就会宁愿要一份那种工资的工作而不再继续失业。如果情况就是如此，根据非自愿这个名词的任何一种合
理的意义，这样一些工人是非自愿地失业的。工作匮乏蕴涵着非 83
自愿的失业，反之亦然。

利润极大化和劳动市场的均衡，甚至在最为严格的原子主义竞争假定之下，并不导致市场出清。这样，凯恩斯“非自愿失业”的概念和马克思关于在劳动与资本的阶级战争中“后备军”角色的概念两者的微观经济学基础由一个模式阐明了，在这个模式里，劳动交换的独有的特征，特别是其所包含的实施成本和动机形成因素的性质得到了谛视。

尽管有这个由我们关于劳动交换模式所提供的解释性的洞见，这个模式看来还是遭受它自身的异常性之苦。它预言，工人所拥有的民主企业凭借它们较低的监督成本应该能够比资本家的企业更有效率地进行生产。因而它们应当在竞争市场上胜过资本家企业。这个论点的第一部分是正确的。诚然，工人控制的企业比之于资本家控制的企业具有更高的生产率，产生了工人更高程度

的满意，这两者都是有大明证的。[23]然而什么东西遏制了工作组织的民主形式的自发的出现呢？在论述这个问题时，我们碰到了资本权力的第二维度：对投资的支配。我们将看到，对投资的支配和对生产的支配有一种共生的关系。

金钱的权力

正是财产和权力的明显分离才证明了自由主义视资本主义经济为私人的指称的正当性。这种关于财产的非政治的概念的新颖性是不能够被过分地强调的。它确实已经使俄国贵族大吃一惊，他们的财产迟至 19 世纪是可以漠不相关地从亩数或从心灵上来衡量的。它或许甚至使今天那些未浸淫于自由主义社会理论的人迷惑不解，因为在许多欧洲语言里，**地主**(landlod)一词(比如，padrone)既指老板(boss)亦指户主。自由主义的社会思想还是把财富的影响限制在它们卓越的购买力或者可能限制在它们对国家的影响上面。

84 熊彼特在写于第一次世界大战之前的一篇文章里为这种自由主义的观点提供了一个雅致的证明。[24]他指出，在生产过程所涉及的人们中间，“指挥的和被指挥的”都服从同样的一些规则，谁也不在任何实在的意义上支配生产。熊彼特继续论证说，新技术和社会组织新形式的进步遵循同样的逻辑。新设计——无论是技术的或是组织的——将根据它们有效地满足市场需求的能力如花怒放。那些符合这个标准的新设计将容易得到由经济的财政机构提供的支付开始阶段费用的信用贷款。由于银行可以看作无非是另一种资本家的企业,熊彼特早年有关支配结构无相关性的论点也就适用于这里。以有效成本方式满足消费者需求的设计将急剧增加,那些不从事新设计的人将被挤走。于是,既非财富亦非对现存在产企业或银行的控制授予支配权。发明者确实在行使权力,因为他或她的行动——如果成功的话——改变经济结构;然而,这样做的能力不是发源于财富或等级地位,而是发源于创造性的发明活动和发明本身的市场价值。熊彼特的论点因而是资产中立命题的扩展。

按照这个逻辑,任何已经形成一个以民主方式运行的企业的工人集团,在从事经营时都无须因为他们缺乏财富遭受特殊的无能为力之苦。在发达的资本主义国家中,欣欣向荣的工人合作的部门付之阙如,这在自由主义经济学家看来乃是其效率低下的明证。但是,这个论点在逻辑上是有罅隙的,并且它甚至是与自由主义经济理论的其他方面不一致的。①

第一,在竞争市场中的生存是以利润而非效率为基础的,并且一如我们所揭示的那样,这两者是不同的。注意到如下这一点就可以理解它们的差别:对于既定的工资率来说,利润依赖所雇用的

---

① 后面随之而来的两个考察很难说是有关这个题目的穷尽无遗的论述。我们还可以补充道,就民主的生产形式的生存力由于长期的学习过程——既在民主决策的技能方面又更为基本地在新价值的演进方面——而得到增强这个范围而论,工人合作的生产形式目前的生存力没有充分实在地展现出其长期的生存力。而任何生产形式的生存都更依赖于其目前的运作而非其未来的前景。合乎民主的工作场所的技能和价值是在工厂本身以外——在家庭、学校和其他地方——学得的,就此而言,如果生产的民主形式在总体上为其他社会制度所采纳或所支持,那么它也可以高效率的,如果孤立地运作,那么它就会是低效率的或者甚至是完全无效率的。

85 劳动每小时所生产的纯产出的数量。这依次依赖两种数量，实际完成的每单位工作所生产的净产出的数量，和所雇用的劳动每小时所完成的工作的数量。所完成的每个单位的工作似乎可以说是衡量效率的，但每小时所完成的工作数量（或可以称作劳动强度的那种东西）是雇主控制的较好指标。如果工人控制的企业选择推行一种不那么紧张的工作节奏，但做到比它们的资本家竞争者更有效地组织生产过程，它们依然会因其较低的利润，因而较少用于长期竞争的资源而收场，而不论它们有如何上乘的效率。

第二，工人控制的企业的利润依赖这家企业必须偿付多少为启动生产所必须筹借的钱（排除独立的工人财富团体的异常情况！）。正是因为工人不具有开张的资本，他们将不得不为贷到他们所需的款项而付出更多，这样就使竞争游戏之中的工人合作处于更加不利的境地。

这一点非常重要，因而需要较长的篇幅来阐发。银行和其他有向工商企业提供资金的手段的人或团体，或者要求以直接地控制经营或者要求以担保品作为贷款的回报。在这两种情况下，权力是容纳在财富所有者的圈子之内的。民主的工作组织形式通常得不到财富拥有者提供的资金，因为贷方的控制是预先规定了的，并且由于绝大多数劳动人民无财产的状况，适当的担保品付之阙如。

财产所有权和经营控制之间的联合是如此的普遍，以致许多人奇怪为什么我们对这一点多费唇舌。但是，对这种联合的承认正是传统的新古典经济学所缺乏的。根据资产中立命题，资本市场实质上是“完善的”：所有个人都具有获得信用贷款的同等权利，而不论他们的社会地位和个人财产如何。情况如果是这样,我们就会期望产业界首领由资本家、受过训练的经理、技术人员和工人的任意结合体组成。鉴于排除富有者的某些遗传的优越地位,我们确实不会期望对经济生活的支配权被授予有产者。这种情况也是很清楚的。为什么?

资本家作为资金供应者的问题显然类似雇主作为工资的提供者的问题。在这两种情况下,“预先”付钱是为了取得某种预期的但不总是能够实施的等价的服务。在这两种情况下,资金的提供者都必定担心受贷者支付这些服务的能力和意愿。而且资金的贷 86
方像雇主一样,主要通过监控以及提高受贷者违约成本来保证其遵守契约。因而,贷方要求在控制借方的活动方面直接地或通过代理人具有某种发言权。所有权和控制之间的连接恰恰就是在这一点上实现的。

在工人控制的企业的那种情况下,出于两个原因,由贷方控制的机会是极小的。工人缺乏抵押品蕴涵着贷方和借方在风险经营方面具有迥然相异的利益。并且工人的民主决策颇有影响地排除了任何支配。

追求利润极大化的银行或其他贷方因而将拒绝贷款给工作场所的民主机构——或者他将只以较高的利率贷出。持怀疑态度的人会怀疑,借贷成本方面的差别能否承担这样一种至关重要的解释的重任:即民主的企业无法胜过资本家企业。我们并不指望财政的论证单独有效,因为如果无视由如下一些方面表现出来的困难这个论证就会受到误解:工人缺乏市场网络,在等级制经济组织中的终生工作所造成的民主决策经验的缺乏,甚至那样一种技术结构，其在两个多世纪（如果不是更长的话）里的发展已经弄得适应于在一个集权化的和独裁的经济权力金字塔之内得到采纳。

但是，在我们把财政的论点放在一旁之前，先来检视下面的算术。一个新的工人经营的合作企业可能预期要支付超过住宅抵押的利息率，因为用贷款购进的财产（工业设备和建筑物），与住宅不一样，如果企业倒闭和其财产由银行接收的话，只有非常有限的转售的价值。工人企业和它的法人竞争者（以美国的经验为基础）在借贷成本方面的差别大概在利息的四个百分点左右，同时在两种企业的净利润率上面造成等量的差别（在支付了利息之后）。如果这两种企业——法人的和民主的——以同样的资本股份开张，按一定规则地把它们的所有利润用于投资，净利润上面四个百分点的差别在不到二十年的时间内将导致法人企业比工人合作企业大两倍的结果。很可能早在这个结果之前，规模的优势——技术的和其他方面的——就会被证明在竞争中是决定性的。

87 我们的论点包含着工人控制的企业黯然失色的意思——即使银行家与我们一样相信这些企业至少与它们的资本家竞争者一样有效率。大多数银行并不持这样的看法这一点仅仅提高了工作组织的民主形式必须跨越的障碍。我们在下一节将会看到，甚至贷方对于经营组织两种可选择的形式的相对效率以及这些形式本身的效率程度的感觉也受到，虽然是间接地，第三维资本权力即对于国家政策的权力的影响。

自 由 转 移

老板和富人两者实质的经济权力看来甚至在为自由主义经济学家所共同使用的完全竞争模式之内也是无可否认的。在现实世界之中没有什么东西有可能消除我们关于资本是权力的怀疑。对任何资本主义经济里面日常生活的审视很快就揭明:一个人数相对有限的集团——尚不足以坐满大学的一个大讲堂——行使着对影响所有生活即生产、定价、投资、产品发明、工厂位置等等的主要决定的广泛控制权。

然而,在资本主义维护者的武库里看来还保有一个有效的论点。有人会提出看法说,即使资本授予实质性权力这一点是真的,也不会由此得出如下结论:在一个具备自由民主政治的社会中这样的权力是无责任的。假定存在着国家的法律主权,倘若民主的大多数发现自己不同意由资本主义经济所带来的经济行为或社会特征的一般趋向,这个大多数始终可以推翻在"私人"经济中做出的决定,或者甚至完全消除资本的特权。比如,如果无所有权妨碍共同体和工人组织从事经营,通过民主方式得到授权的公民就保留有使信用贷款变得可为其利用的选择权,或者保留有甚至重新分配财产本身的选择权。因此,把自由民主社会中资本的权力看作是取决于人民的意志,难道是不合理的吗?

这个论点的前提当然是可以挑剔的,因为很难看出:在涉及资 88
本特权的一些重要问题上面,任何今天的自由民主政治的政治体系符合理想化的民主原则,而这些原则假定"公民的多数"能够简单地否决商业利益。资本所有者资助竞选和公民投票运动，通过政治广告塑造公共意见和维持有效的游说成果的巨大而优越的能力，在大多数情况下足以将前述的辩护辞当作聊胜于空洞的辩解而予以拒绝。

但是这个论点不仅仅在经验上是错误的。我们将看到，甚至在一个其政府符合自由民主理想的社会里面，资本仍有一种独立于其直接地干预选举或国家决策的能力而否决公共政策的权力。这种权力来自于已被称作资本罢工(capital strke)的那种东西的效力。

人们可以很容易将这个论点概括为一种简单的说法。现任政府的竞选前景依赖选举之前一段时间的总体的经济成绩，尤其是就业和个人收入的水平和增长。总体的经济成绩转而依赖投资水平。任何国家的投资水平都依赖那种与世界其他地方的预期回报相比较的预期的国内利润率。[25]因此，采取降低预期利润率的公共政策也就往往使现任政府选举前景不妙。

这样，资本的权力——它对国家政策的支配——大都不是得自于它做些什么，而是得自于它可能不做些什么。如在许多情形中那样，权力的居停在于能够有效地(和成本较低地)撤离资源，因而使对手承受大量成本的政党之中。撤走投资并不假定一些资本家的集体行动:每一个资本家都会单独以对预期利润率的每天的和总体的自动计算为根据决定不投资。资本罢工的论点也不假定资本家们力图影响政府的政策。[26]

资本权力的大部分是以它自由转移这个事实为基础的。在这个方面，就如在资本罢工的奏效无需集体的组织甚或意图这个事实里一样，资本与劳动是非常不一样的。资本为人所拥有，也可以与人相分离；它能够仅仅通过敲击电脑的键盘而被投资，被撤走或转移到世界各地。劳动是在人身上实现出来的。劳动服务从雇主 89
那里的撤回需要一种替代的收入来源，而后者工人一般是缺乏的。劳动从整个经济中的撤回需要工人本身那种昂贵的、常常不和谐的、在政治上或文化上受到阻碍的物理运动。

但是，我们那些顽固地维护资本家的权力确实是负责的这个主张的人将回应说，主权国家会改变各种规则。如果公民的大多数觉得生产的另一种可选择的形式是合乎需要的，并且发现它们的实现受到商业上的反对派和资本罢工的阻挠，他们的确可以限制资本外逃至世界其他地方，着手进行为弥补私人投资的撤出所必需的公共投资。

这种民主革命所面临的实践障碍是不应当低估的：资本罢工的可能性提供了朝向易受分裂伤害的替代的经济体系的渐进运动，但是，冒进地创立一种新经济体系也肯定将承带巨大的成本。其中主要的成本当是必不可少的学习过程，即学习如何在新的生产体系中进行组织和运行。但是，我们从发达资本主义国家中——如在今天的贫穷国家中一样——工人阶级形成的历史中认识到：与新颖的经济体系符合一致的技能、态度、价值的发展不是几年的事情，而是几十年乃至几代的事情。学习如何使新的经济体系运转顺利不仅需要时间，而且需要实验。

通过资本罢工，可投资资源的所有者就有了扰乱这些为肇始一种根本上全新的经济体系所必需的学习和实验过程。凯恩斯在大萧条谷底时所写的文章中充分地理解了这一点。在题为《国家的自足》的文章中他写道：

> 一年比一年更加明显的事实是，世界正置身于多种多样的政治—经济实验之上，各种不同的实验投合不同的国民性情和历史环境……谁也不能说出哪一种新体系将被证明是最好的。但是……我们每人都有我们自己的想象……

凯恩斯承认，物品、服务和投资在全世界的流动性将严厉地限制国家的实验：

> 90 因此，我们不希望听任某些世界力量按照——如果它们仍然能够被称作——放任自流(laisser faire)的资本主义的理想原则制定或试图制定某种一致的均衡……我们希望——在一段至少长达目前过渡的实验阶级所持续的时间内——成为我们自己的主人……为了从事我们所喜欢的走向未来理想的社会共和国的实验，我们都需要尽可能地免受其他地方的经济变化的干预。[27]

那种假定的全体民主公民的主权在资本罢工面前失效了。责任性论点的谬误是有启发性的，我们还会回到这个问题上。由于抽掉了学习过程而专注选择过程，自由主义社会理论重新肯定权力的责任性。但是，一旦明白了学习是选择的不可分离的层面，就如我们在第五章将要坚决主张的那样，这个论点就变得站不住脚了。简而言之，资本主义经济不仅培育了无责任的权力的行使，它也阻挠那类政治上经由选择而学习(political learning through-choosing)的形式，而借助这些形式民主社会可以逐渐地深化它们的基本政治信誓和能力。

结论:权力和自为

自由主义政治哲学如此令人奇怪地与自由主义经济理论格格不入。前者宣称个人是被赋予了改革他或她的世界的权力的自为者;后者则赞成这样一种经济体制,在那里自为是如此地折中妥协以至于对绝大部分人来说仅比错误的前者略胜一点而已。桑德尔(Michael Sandel)抓住了自由主义理论中自为的这种脆弱性,他写道:"自由主义……使自为成为信念的条款而非继续注意和关切的对象,政治学的一种前提而非其摇摇欲坠的成就。"[28] 通过令资本权力销匿不见,自由主义经济理论贡献良多的是无权力的正当性,而非实现其普遍自为的主张。

经济权力的民主责任性不可能由一种经济结构的改革——无
论多么彻底——单独来保证。我们也并不打算把我们对自由民主 91
资本主义社会的民主批判限于这样一种手段:资本的权力以这种手段掏空了个人和集团的自主与有效行动这个自由主义前提的基础。民主有如统治一样分辨不出单个家庭,而具有那种组成社会的社会关系之整体的特征。我们现在就转向这些更加广泛的关切。

92 第四章　结构:统治的马赛克

掌握权力的方式有许许多多。从历史上来说，武装力量是权力的支柱，就如自由主义理论正确地强调的那样。但是统治的武库不仅仅是枪炮。对我们借以创造我们生活的工具和给我们的生活和忠诚以其意义的词语的控制也一样就是权力行使的中心。

马克思主义理论家和自由主义理论家之间关于统治根基的争论已经趋向于采纳一种硗狭的权力概念。自由主义对于专制国家的关切就其狭义而言与马克思主义对于阶级统治的关切相互较量。每方都无视另一方无可否认的洞见;两者对能够归结为国家专制主义和阶级的各种权力形式都未予以理论上的足够重视。这些受排斥的权力形式之中最为普遍存在的乃是男人对妇女的统治。

同样重要的是，自由主义的与马克思主义的政治传统之间的巨大争论绕开了民主理论的中心关切:权力和自由之间的关系。民主允诺权力的集体责任。但它也允诺另外一种更具建设性的概念，即人民有效地实施他们个人的和共同的计划而未受任意限制的妨碍的能力。对于自由主义者而言，权力这个积极方面——自为——是在最低限度上提供出来的，作为政治自由权、与人们愿意的任何一个人签订契约的自由。这两种自由的自由主义形式表现了限制的缺乏,而非个人或集体的授权的缺乏。用柏林(Isiah Berlin)爱用的术语来说,它们是“消极的自由”。对于古典马克思主义者来说,自为是新兴阶级完成由社会生产力的向前发展所指裁的历史计划的能力。无论自由主义的定义还是马克思主义的定 93
义,都没有包纳人民的展望,一种可以成为他们自己个人的和社会的历史设计师的人民的展望。

我们将要论述这些由本章和第五章里由偏颇的权力概念向民主理论提出来的问题。第五章考察了个人和自为的问题。这里我们要阐发关于权力的一种概念,社会统治的结构和对统治的抵抗,它们能够映澈各种不同形式的权力——父权制的、国家的、阶级的或其他的——的历史原动力。我们将分析父权制统治的再生产,后者既是就其自身性质而言的民主的中心论题,又是我们研究之阐明。

这个研究将提供一个透镜,借此各种权利对抗(第二章)和经济的政治性质(第三章)可以被引导到一个共同的焦点上去。第二章把自由民主资本主义社会的历史轨迹不是描述为由一套受经济决定的运动规律表述出来的统一的逻辑的产物,不是描述为由启蒙运动富有魅力的人物推动的现代化的目的论运动,而相反描述为两种相互冲突的趋势,即个人权利的扩张和财产权的扩张之间种种矛盾的可能性的结果。第三章证明了在其日常的意义上的经济是一个政治的竞技场,在这个竞技场内,一个社会的生产资料授予了一种无民主责任的权力形式。我们得出结论说,有关民主的个人权利概念扩展到经济之中的冲突的不断升级,如果不是不可避免的话,很可能便是现在很好地建立起来的历史轨迹的下一个阶段。

我们论点的基础逻辑在两个重要的方面与社会理论中的统治概念形成鲜明的对照。第一，虽然我们肯定历史变迁是有结构的，系统的，因而是可以不单单从经验上面来理解的，我们却排斥稳定或变迁遵从单一逻辑的观念，无论是启蒙的逻辑，现代化的逻辑，还是生产力进步的逻辑。构成这个否定的基础是我
94 们的第二个信誓，即拒绝权力是一元的概念；正是权力发源于社会中的单一源泉的观念提供了那种被称为一元的历史概念的东西的基石。

我们相信，权力的替代概念，社会结构和历史，能够更好地把握自由民主资本主义之中的权力的历史冲突和经济的政治性质。接下来的两节依照如下五个命题来阐发这样一种权力概念。

第一，权力是异质的，它使用各种不同的武器，产生了许多反向的压力，并不遵从单一的逻辑。这里我们专注以阶级、国家和性别为基础的各个不同的统治和团结形式。

第二，权力不是对行动的散漫无形的限制，而相反是以变动不居的程度授予行动者以权利或限制行动者的种种规则的结构。这一套套各不相同的规则可以体现在具体的结构（比如，世界银行），语言习惯（就如在类名词**男人**那里）、不成文的习惯（比如，长子身份）、法律实践（就如形式上承认为工资进行的集体的讨价还价的情形一样）之中，并且如我们已经看到的那样，体现在更为一般的财产权和个人权利的概念之中。

第三，任何权力结构的永恒性一般是成问题的。再者，权力结构不仅是由造就历史的集体斗争来保障或推翻的，而且更为平凡

地由一种复杂的、遍布社会的日常个人行动和顺从来保障或推翻的。

第四，不同的权力结构——无论它们是自由民主的国家，父权制的家庭，还是资本主义经济或其他东西——不仅是并列的，它们也在社会再生产的共同过程之中连接在了一起。每一种权力结构都会对另一种权力结构的生存做出贡献；或者可以培养彼此腐蚀的和颠覆的推动力。

第五，因为人民的生活一般受到一个以上各别的权力结构——比如，一个人可以是工人、妻子和公民——的支配，我们经验到权力是异质的，并且我们常常能够将我们在一种为了追求我
们的计划而承受的权力系统之内的经验带到另一种系统中去。以 95
同样地将权利从社会的一个领域扩展到另一个领域的令人印象深刻的精英能力和民主运动为基础的权利的对抗，是这种从一个社会畛畔到另一个畛畔的实践的输送的最为重要的历史事例。

我们把我们的途径称为权力的历史的—结构的模式。因为我们否定一般权力及其再生产理论的用处，所以我们将寻求在一个特殊的历史场景中阐发这五个命题。这个场景就是过去两个多世纪的欧洲和北美的自由资本主义国家。[1]

家庭、国家和经济的政治概念

现在流行的做法是在反对传统的一元的权力概念时，宣布一个结构复杂的替代——一种就如武装力量和财产的观念一样，能够由词语研究和符号研究来阐明的权力观念。例如，富柯（Michel

Foucault)写道：

> 就权力而做的分析不必假定国家的主权、法律的形式和统治的总体统一性一开始就会给出……权力无处不在……。[2]

然而，对权力无处不在的这种敏锐的和受人欢迎的敏感性可能很容易滑入将权力本身当作统治来处置，用权威对民主社会运动无特殊用处的散漫批判来代替对统治的批判的做法。因而瓦腾贝格(Thomas Warterberg)对富柯解构权力的尝试做了鞭辟入里的分析，他指出：

> 在政治学的标准上，这个问题因富柯未能区分不同类型的压制社会而维护了自己……虽然所有社会体系的存在都凭借符合那种体系需要的人类的结构，我们却需要有一种方法来谈论这样一种为了这些造物而存在的结构使这些造物遭受了多大的痛苦。[3]

我们可以补充说，我们还需要一种谈论权力**结构**的方法，以评价它的**责任**。

我们的权力概念当下便是统治的理论和从对统治的集体抗拒而来的结构变迁的理论。它同时是结构理论和社会行动理论。马克思在批判费尔巴哈(Ludwig Feuerbach)时浩叹唯物主义思想趋向于毁损有利于结构的行动的事实："所以，结果竟是这样，和唯物
96 主义相反，唯心主义却发展了能动的方面。"[4] 与此相类似，权力的结构理论常常或者支持一种不成问题的、坚如磐石的、未受挑战的统治概念，或者支持一种统治崩溃的机械论式的不避免性的

概念。[①] 结构并不再生或毁灭它自身,但通过人民的所作所为得以长久存在或被推翻这种庸常的理解,在大多数结构理论里面没有一席之地。权力的能动方面由选择理论做了较为充分的阐发。

然而——出于我们将在下一章谈及的理由——选择理论一般未能提供对于能动的和历史的权力概念极为重要的各种形式的集体行动的适当说明。通过阐发统治和团结之间的关系,我们力图既避免选择理论的个人主义又避免在结构理论中假定预先给定的稳定或危机的逻辑。更为积极的是,我们将把结构理论的基本信条——个人行动是高度地受支配的——包纳在一个框架之中,这个框架主张,支配选择的结构之历史原动力本身,不论如何间接和未受注意,乃是个人行动的结果。

上级对下级、雇主对工人、男人对女人、国民对臣民、白人对黑人的垂直关系提供了一些原材料,人民用它们构造了相应的社会结合——阶级意识,民主的民族主义,种族统一体和类似的东西——的水平结构。(关于集体行动条件的这些初步的陈述简单地概括了马克思的洞见:剥削的结构可以提供被剥削者团结起来的条件。我们将在第六章较为详细地论述这个题目。)社会结合的这些结构允许人民从他们个人的受压迫经验(和其他人民的受压迫经验)之中锻造出一个文化的和组织的工具的整体,而集体行动

① 许多强调权力中心性的人(马克思主义者、政府主义者、人文主义者以及其他人物)已经招致了这样一种危险:最终将历史归结为一种权力的预定逻辑系统的机械展开。结果,解放的前景常常或者是从不屈不挠的和热爱自由的人类精神中去寻找的。然而,我们看到无须把我们的民主希望或者钉在人类本性之上,或者钉在那个统治我们生活的结构的特别易出事故的特点之上。无责任权力的无所不在并不意味着它是不可战胜的。

可以立足于这个整体之上。

权力的能动方面肯定包括有权力者对统治的实施和被压迫者
97 在这种压迫中的共谋。但是，它也包括革命的集体行动：锻造了来自于统治的马赛克所产生而使各种话语的不和谐音调结合起来的交往的和组织的工具，并且把这些工具运用于改革权力结构。特别是，自由民主资本主义社会之中的权利对抗，已经经历了被剥夺者以个人权利反对财富、种族和性别的特权的集体斗争，已经领略了拥有特权者支持家长权利、财产权和“肤色特权”的对策。

承认权力的异质性引起了对于一种方式的更加彻底的分析，依据这种方式，社会生活各异的领域以产生种种统治体系和消除它们的可能性这样一种手段调控社会行动。

权力是使社会行动有效的能力，它既不是与国家，也不是与物理力量，与面对面的命令共同扩展的。[5] 权力可以通过那种克服他人抗拒的能力——如在韦伯的概念里那样——得以行使，但它同样可以通过避免抗拒能力，或者通过控制那些变得有争议的问题或通过影响他人的要求、情绪、欲望，或更为一般地，目的得以行使。[6]

权力是通过社会行动得以行使的。但什么是行动？所谓行动或实践，我们理解为个人或集团方面的能动的干预，并且具有改革社会实在的某一方面的计划，亦即行动对象。行动可以从各种不同的层面来考虑。当对象（需要改革的事情）是自然世界的一部分时，我们便谈及了占用(appropriate)的实践：劳动就是一种占用的实践。然而，当实践的对象包括那种游戏规则本身时——这就是各种社会关系结构的稳定化或改革——我们便谈及了作为政治的行动。占用和政治没有穷尽社会行动。比如,我们将在这样一个范围内考虑一种分配的实践,即这种实践的对象包括在一个既定的游戏规则之内的地位和特权的分配与再分配。最后,当实践的对象包括社会话语工具的改革或巩固时,我们将把这个行动称为文化的(从这个观点来看,第六章论述了对文化实践的扩展的分析。)

政治实践因而是力图操纵社会生活领域之中的游戏规则的行动,以取得某种所欲求的目的。比如,政治行动可能并不寻求变更国家的规则,但变更支配性或种族关系的规则。而且非常明显的是,政治行动可以寻求变更一套规则以作为走向改革其他结构的
一步,工人使国家民主化以便具有变更经济结构的权力这种由来 98
已久的要求就是这样的情形。

我们专注权力不对称行使的三种一般形式:通过压制手段的垄断的统治,通过财产权的行使的统治,通过以性别为基础的特权运作的统治,这些确实不是现代社会中所观察到的仅有的统治形式。种族、族类(ethnicity)、宗教、语言、地区以及其他方面已经成为社会压迫的主要基础和残酷冲突的地点。我们之所以专注这三种统治形式不是因为其他形式的统治在其所发生的地方不那么重要,而是因为它们的一般性不足.以悬殊的程度和极为不同的方式作用于具体的自由民主资本主义社会。①

① 我们关于自由民主资本主义社会中统治的分析,是处于一般"资本主义社会"或"一般父权制社会"与诸如第二次世界大战之后时期美国那样特定具体的社会之间的抽象水平之上。更为具体的研究将会要求注意其他的统治轴心,在美国这个个案里,尤其要求注意种族和帝国主义。

这三种统治形式的每一种都可以被看作是调控社会行动的手段。这样，以三种各别的方式，行动由一套特殊的游戏规则构建了起来：(1)个人参与实践的形式和报酬是在社会之中受到调控的；(2)实践的易于替代的形式的范围是在社会之中划定的；(3)各种类型的实践的潜在有效性是在社会之中传递的。

我们把这几套各别的游戏规则的每一套称为社会实践的**场域**。我们认为，在自由民主资本主义社会中，自由民主国家、资本主义经济和父权制家庭是场域，每一个都拥有支配在其中发生的占用的、政治的、文化的和分配的实践一套不同的游戏规则。

场域是具有一套内在一致的独特游戏规则的社会生活区域。它不是以在那里所做的什么(占用自然、政治、文化、再生产)来划分的，而是通过一套社会规则借以支配在那里所做的任何事情的手段来划分的。我们把经济与社会生活的其他领域划分开来所凭借的事实是，它的游戏规则授予了以财产权为基础的引起社会后果的权力，认可参与和分配报酬。奴隶的、封建的、资本主义的和国家社会主义的经济体现了财产关系的各种不同形式，这些形式
99 规定参与占用的、政治的和其他社会实践的各种规则。某些可以被称为公社制社会的和假定的无阶级社会的东西的形式被人认为缺乏我们意义上的经济，恰如某些以亲属关系为基础的社会体系缺乏国家一样。虽然这可能显得有点奇怪，它却反映了一个实质性的信誓，后者必须仍旧被当作一个假设：各种以财产为基础而构建了社会实践(经济)的体系共有某些共同的特征和历史逻辑，而后者未由构建占用的和其他的实践的其他手段展现

出来。

我们已经把资本主义经济形式定义为这样一种体系:使用工资劳动和生产工具的私人所有制以调控用于交换的商品的生产。资本主义经济的这些结构特征产生了许多相对地得到很好定义的规则,后者指裁了具体的活动形式的衰退和扩张,可行的和不可行的个人和集团策略的范围。从明显的——消费者可能一般不使消费超出他们的收入,或遭受损失的企业的倒闭——到诸如就业水平与利润之间关系这类不怎么透明的宏观经济关系有各种不同的例子。根据我们关于场域的定义,像“资本主义的”经济这样的经济状态依赖于这些规则的性质;至于生产过程是否生产产品或服务,农业产品或工业产品,日托中心或核能,对它则是无关紧要的。

国家也一样要服从这样一种结构的定义。我们一般性地,如同韦伯一样,根据其在结构中垄断强制手段的位置定义国家。[7] 自由民主形式的国家特征是一般化了的公民自由权和成人的普选权,是国家与对劳动配置和剩余产品投资的控制的实质性分离,是政党的公开的和竞争的体系,是事实上赋予所有公民以权利的参与的形式规则。这些基础原则造就了自由民主国家之中的行动规则:未赢得选举的政党不可以继续执政,选票不可以购买或卖出等等。[8]

我们以同样的方法将父权制家庭视为这样一种规则体系,在这种体系里,种种社会地位是根据性别、年龄和亲属关系以授予成年男性以特权这样一种方式来组织的。[9]

100 **表 4.1　场域和实践:一些事例**

场　域	实　践			
	占用的	分配的	政治的	文化的
资本主义经济	工人把矿石炼成钢	雇主降低实际工资	工会赢得对监督工作安全的控制	工厂管理人员系领带穿西服
自由民主国家	地方自治的工人焕发出热情	政府堵上税收漏洞	妇女为自由堕胎而斗争	总统任命一名妇女任职于最高法院
父权制家庭	妻子做饭	儿童要求更多的零用钱	妻子要求分享家庭预算的决定权	妻子反对被称为“约翰·多伊太太”

表 4.1 所显示的是场域和实践之间联系的图解。这幅图表描述了我们基本的论断:一般而言,社会中的每一个场域以一种不同于这个场域的方法构建了的社会实践的全部变体。场域是由规则而非功能定义的观念,不应当被诠释为包含着如下的意思:规则的性质没有在相当大的程度上详细说明在一个既定的场域发生的各种活动的类型。自由主义国家的规则指裁它既拥有对强制工具的垄断权而又不控制资本的积累。亲属关系的性质和对人民以及性关系的市场买卖的广泛禁止(比如奴隶是被禁止的,卖淫是有限制的)蕴涵着家庭将很可能是抚育儿童和性关系的地点。这毫不削弱我们关于政治、生产和文化不是场域特定的活动的观点。我们关于经济乃至政治的概念因而是如下更为一般的命题的特殊事例:每一个场域拥有其唯一的结构,这就是说,每一个场域以一种实质上不同的方式组织了发生在其中的政治实践的布局。

与表 4.1 所图解的概念相对照的是,许多当代的社会理论身受那种我们称之为**场域和实践同型性**的那种东西之害。按照这种观点,一种特殊的**实践**是唯一地与一种特殊的**场域**结合在一起的,而前者明显地具有后者的特征:经济是与占用和分配结合在一起的,国家是和政治结合在一起的,家庭是和教堂结合在一起的,而媒体是和文化结合在一起的,这种把结构和功能等同起来的做法受到当代社会科学的任意的学术界线的鼓励,它也受到社会现象 101
的培育。戈德里埃(Maurice Godelier)写道:

> 正是只在一定的社会之中,尤其是在资本主义社会之中,各种功能之间的区别逐渐地与各种制度之间的区别符合一致了……资本主义的生产模式第一次将经济、政治、宗教、亲属关系、艺术等等分离了开来,就如将许多各别的体制分离开来那样。[10]

但是我们坚持认为,戈德利埃的评论是自由主义社会理论和学术惯例的贴切描述而不是资本主义之下的社会生活性质的贴切描述。[11]

当一个场域的结构及其借以与其他场所相互作用的方法系统地赋予其计划以优于其他集团的特权时,我们说这个集团使用了引起社会结果的权力。①

---

① 我们没有最大限度地缩小运用这个——或任何其他——统治定义的困难。第三章构造了一个包含对结构原则考察的如此使用的事例:这种结构原则控制资本主义经济之中资本和劳动的实践有效性。在许多情况下,统治在社会关系中的存在可能是很难觉察出来的,对它们肯定的认同预期了一种为阐明其最为基本的原则而对游戏规则的公开挑战。然而,我们并不认为统治的这种定义是比通常使用的社会平等、剥削或就此而言的国民生产净值等概念更成问题。

统治关系是这样一种关系，在那里一种结构允许产生社会结果的权力被用来反对那些因此而受影响的人的意志和努力。更加简明地说，统治是一种引起社会结果而无民主责任的权力。在资本主义经济之中的资本权力凭据这个推理是一种阶级统治的形式。甚至在形式上自由民主的社会里，国家精英的权力，在支配社会中各种不同场域的社会制度的整个联结并不保障国家权力的责任的范围内，也可以是一种统治形式。男人而非妇女的获致所欲的工作的优先进路，体力的保障和社会尊重也同样地构成了父权制统治的明证。

试图将某种统治形式的源泉追溯至任何特定的场域将会是徒劳无功的。父权制权力当然在如下的名义上是与家庭相关联的，而这个名义的意义就是，以家庭为基础的亲属关系、年龄和性别等项为描述诸如妻子、男性家长、小孩等诸如此类父权制结构的结构
102 配置提供了语义工具。但是在缺乏关于成年男性权力是如何、在何处、朝向什么目的得以行使及其结构得以再生产的分析时，并没有多少话可以说。因此，父权制家庭无须是男性权力行使的主要地点或其再生产的关键性的竞技场。

资本的权力扎根于经济之中这个陈述所指申的无非是资本作为那种由生产工具所有权来规定的阶级的性质。这个陈述或许提示性地指向这种形式的统治的再生产的中心层面——制止剩余产品投资的能力——但它是不完全的。这种形式的权力的有效性和它可以借以被行使的方式主要依赖国家结构而非经济的结构。

我们的结论是，如果各个有别的权力形式将改造成为负责任的，甚或变得可以理解了，那么它们必定是如其本来那样被一起置

于社会整体之中。只有到那时,我们才能够理解权力是如何运作的,权力是如何相互补充和对抗的,统治的结构是如何得到巩固,遭到根除和经受改革的。

再生产、矛盾和变迁

共时性的结构分析可以把不同形式的统治描述为根本上不同的东西,极像在城市高大建筑物天空轮廓上面的摩天楼那样的简单相邻的垂直形式。历史性的结构分析尚不能避免它们整合的动态关系,因为每一种权力结构都是包含在其他结构的历史里面的。财产权和公民权以有时互补有时矛盾的方法共同地扩张所采取的那种方式是这种一般现象的一个重要例子。

一个包含各种互相作用的场域的社会体系得以再生产或经受改革的方法,是理解社会整体统一性的钥匙。如果一如我们所提示的那样,那种组成社会的场域是由它们的规则来定义的,那么那个作为整体的社会的统一性是通过其独特的变迁和窒滞过程,或马克思所夸张地称之为社会"运动规律"的东西来定义的。我们认为,社会是再生产的统一体:社会内部的每一个场域,无论它构造 103
的各种权力形式如何的大相异趣,为了其自身的继续的存在,依赖其邻近的各种场域。

资本主义经济并不是再生产自身。这个观察结论远远地逾越了常常被注意到的资本主义经济结构的再生产对国家的依赖。需要在资本主义生产体系之外的国家来实施契约关系,提供以经济活动的原子主义特征为前奏的社会基础结构,这一点并不引起争论。未被充分理解的是资本主义经济再生产对显然非资本主义的家庭的依赖。资本主义经济的所有投入中最为核心的东西即劳动力本身的生产,从逻辑上来说必定在资本主义生产之外进行。为什么是这样?与奴隶经济形成鲜明对照,在资本主义经济中,劳动—力是不可分离的——一个人的劳动能力不能为别人所有——它不可能由资本主义生产者当作商品卖出去。它只能为体现它的个人卖出去,或者更确切地说,租出去。但是,在这种情况下,父母、妻子、或其他劳动—力的生产者不能够对工人拥有财产权,因而必定有与通过交换使利润极大化不同的理由来生产劳动—力。[12]其他场域——国家和家庭——为了它们的再生产也同样地依赖各种场域的整体的共同作用。

我们对再生产的专注并没有传达一种窒滞的假定:我们没有把理论状态并且确实没有把因果的或解释的权力归于任何结构的"再生产的需要"。[13]更直接地说,没有任何理由推断说那些力图巩固一套规则的人的实践将具有所意向的结果,将掌握那些力图改变它们的人。我们有关一个再生产整体的概念只是揭示说,规定社会的各种结构可以被再生产出来,而不是它们将被再生产出来。

社会体系也展示出了特殊的结构脆弱性,后者常常标示了它们的历史动力。出于这个原因,我们把社会描述为再生产和矛盾的总体。换言之,令社会成为一个再生产统一性的结构本身常常趋向于要求它们相互之间动力结构上的适应和错位。

一个结构的再生产绝不是自动的;它是人民所从事的集体的和个人的规划的结果——并非总是有意向的。统治关系的再生产能够通过有利于一些规则的趋势来说明,这些规则非常突出地襄

助一个集团而为这个集团提供为保障其再生产所必需的种种资源。专用于规则再生产的资源可以采取警察费用和支配生产过程 104
的形式,以及采取专用于促进与现存秩序的永恒化符合一致的理解和情绪的资源的形式。我们称这些资源为结构的**实施成本**。[14]实施成本的大小既依赖抗拒的机会,也依赖各种形式的团结和联盟,而这些团结和联盟是由组成社会的各种场域的异质的集合支持的。

当然,统治集团支配为规则的实施所必需的各种资源力的能力部分地依赖这些规则本身。第一,规则通过它们用以构建占用的实践的方式影响物品和服务的一般可用性,同时维持生产过程中各种不同程度的浪费或效力。第二,这些规则组织这样一些分配实践,后者决定社会产品中的多大部分将受社会统治集团的有效支配。第三,这些规则构建了这样一些政治和文化实践,后者影响到对于这些规则所作抗拒的范围和效力。

因为规则既调控占用的实践又调控分配的实践,因为正是为统治集团所支配的资源的数量,而不是社会总产量的规模,在一个集团再生产或更动规则的能力之中才是至关重要的,所以不存在这样一种假定:规则乃是在通常的意义上有效率的。这是因为在构建有效率的或技术动力的占用实践时非常有效的规则,却可能会腐蚀社会统治集团支配随之而来的产量增长的能力。比如,凯恩斯的需求管理被证明在保证充分利用生产中的劳动投入和迅速的技术变化上面是非常有效的。但是,随之而来的劳动缺乏掏空了资本讨价还价的能力,榨取了利润,危及了资本主义阶级结构的再生产过程。

结构生存的原则不是最适者最有效率，而是最适者最有把握借那些受惠于现状的人之手搞到适当的资源来支付这个特殊的结构所承带的实施的成本。[15]

与马克思一样，我们相信我们社会中最为基本的结构变迁来自于在这个社会的结构构成里面所内含的种种矛盾。但是我们也相信，传统马克思主义的或“辩证法的”社会矛盾概念是不适当的。按照辩证法的概念，一个新社会的形成是作为一个结构的统一体出现的，而这个统一体的社会关系是既适宜于社会的起规定作用
105 的制度的再生产，也适宜社会的统治集团的地位的再生产。这样一个社会随着其发展，必然地产生作为其对立面而致使其瓦解的各种条件。按照常规，这些条件被认为反映在一些社会集团（阶级）的存在和力量里面，而这些集团（阶级）居于一种将从新的社会秩序的创立中得益的地位。再者，在社会成熟时，这些条件明显地聚积力量，并且最终导致社会的崩溃。

这种黑格尔式的范式受到成熟和变化的生物学概念的启发，后者只有在我们接受社会进化的线性概念时才能够被运用于社会。它进一步与机械论的历史观点纠缠在一起，因为它把实践归结为结构的作用，并且因而把人类行动几乎看作社会原动力的最切近的原因，而这种原动力的本质上的决定作用是预先给定的。

不过，矛盾概念对理解社会原动力来说依然是有价值的。的确，我们在第二章关于权利冲突的分析中已经含蓄地运用了**结构**矛盾的概念。我们看到，一个既定社会内部的各别的场域趋向于——凭借场域据以被规定的游戏规则——产生掏空社会再生产或其一个或多个场域的基础的社会实践。使一个既定的结构永存

不朽的必要条件可以说简直就是前后矛盾的,比如当一个结构的再生产需要 A 和 B 两者时,但 B 却需要 C 而非 A,就是如此。我们把这称为**结构的矛盾**。

当社会出现了受到争夺的权力的各种异质的中心,而这些中心包含了多种形式的社会统治时,结构的矛盾是尤其可能发生的。在这种情况下,在不同场域中各种支配不同类型的社会对称的规则,如果不是局限于它们滥觞的场域的话,不可能是相互支持的。出于这个理由,无论统治集团还是服从集团都常常寻求把具有一个场域特征的实践转移到另一个场域,他们力图在后一个场域里掏空统治的权力形式的基础。民主选举工厂经理的要求或午餐柜台静坐的要求便是这种情形的例子,而 19 世纪后期美国企业集团成功地扩大了自由权的司法概念以包括不受政府干预妨碍的自由契约(free contract)权利,也属此例。

当近几年来女权主义者向父权制特权挑战时,有关在何处应当运用哪些规则的社会冲突的戏剧性例子已经出现。女权主义者不是调动有关一个良好社会的独特的女权主义概念反对男性统治,而是经常运用自由民主规则甚或资本主义规则的极端潜能反对男性统治。

性——性别体系和统治的再生产

富尔布瑞写道:"家庭像一副扑克一样,有花色和等级制度。 106
它们的成员大都总是按照性别和年龄区别开来的。"[16] 让我们接着做富尔布瑞的类比,虽然扑克要不断地洗牌,等级制度和花色却保持不变。要理解父权制，就要解释附属于家庭的花色和等级制度的特权、权力和意义是如何以不同的方式不仅在家庭，而且在整个社会里面得以永久存在和经受改革的。

作为社会理论关切的父权制再生产的中心地位当然在起始就会受到质疑，但是质疑所诉诸的只是几个世纪以来保守思想的许多比较含糊的主题中的两个。在那些将父权制统治解释为“自然的”统治的人中间，以及在那些将父权制家庭描述为一种利他主义和互惠的结构的人中间，作为在社会中发明出来的安排的父权制统治问题消散了，随之消散的还有它是如何得以永久存在的问题。

相反，承认父权制结构是统治形式，造成了双重的问题。特定的父权制形式是如何出现、演化和消失的？如果父权制采取了各别的形式，我们有什么理由能够假定其超越时空的统一性？我们首先将采用当代女权主义理论尝试回答第二个问题，然后转向第一个问题，并不提出父权制再生产的一般理论，而是提出对它在当代社会里几种主要形式中的一种的再生产的解释。

回答伊始我们的结论就可能概括出来。父权制是一种不同于阶级权力和国家权力这两者的统治体系。男性的优势是一种事实上发生在社会生活每个领域之中的社会关系的形式。父权制家庭是构成当代自由民主资本主义社会的各种社会实践的基本场域中的一种。这个场域有其自己的游戏规则，它们调控亲属关系，性关系和以性别为基础的家务劳动分工。

父权制家庭和全社会的男性优势两者——它们合在一起可以称为父权制体系——的再生产是通过那样一些人的行动得到保障的，
107 这些人力图使这个体系的结合在一起的特权和性别认同永久

存在和深入化。在当代自由民主资本主义社会里,这种再生产过程的两个基本层面显得尤其重要。第一,在抚养孩子事务上劳动的性别分工,在男人和女人那里创造了迥然不同的个人发展模式。第二,劳动市场对妇女的歧视和抚养孩子的劳动酬劳主要通过夫妻间的再分配而实现的事实,令妇女在经济上依赖男人。

然而在国家和经济之中的个人权力和财产权孪生的扩张逻辑向这种再生产过程发出了挑战,因为个人权力和财产权所提供的只不过是对作为游戏规则的男性特权的最为任意的承认。这样,与抚养孩子时的劳动性别分工联系在一起的手段和人格发展受到那种可以被称为自由主义话语的"消解性别"的潜力的反击。同样地,虽然劳动市场对妇女的歧视看起来没展现出由市场力量的自主作用造成的下降趋势,它却是很脆弱的,其理由与种族歧视和个人权利方面的其他不对称的脆弱性是一样的,并且因而在个人权利扩张的逻辑内极其容易遭受政治上的反对。

我们把父权制家庭描述为一套以性别、年龄和亲属关系为基础的规则,这大大归功于鲁宾(Gayle Rubin)、哈特曼(Heidi Hartmann)和那些效法他们的人的工作。[17]这个研究途经的第一个信誓是排斥把家庭看作一个单位,或看作一个具有共同目标的同质的行动者的观点。就如在早期的自由主义理论里那样,在当代的新古典经济学里面,家庭和个人这两个术语经常是可交替使用的。弗里德曼写道:"作为自由主义者,在我们判断各种社会安排时,我们把个人的,或者也许家庭的自由当作终极目的。"[18]

弗里德曼显然不经意的并置远非是无害的。它确实取消了自由主义社会理论里面各种最为深刻的矛盾中的一种。把个人看作有意向地实施达到他们所选定的目的的策略的行动者这样一个自由主义信誓，在关于国家以及至少关于经济消费领域的部分范围的各种描述中大为盛行。但是它并未扩展至厨房、育儿室或卧室。家庭在自由主义思想里享有一种特殊地位：一个有机整体的地位。
108 家庭在政治竞技场上由家长“代表”，在市场上由主妇“代表”；两者以推测的方式做出体现家庭成员的要求和需要总体平衡的选择。

这个有机整体的统一性或者是由自然的依赖（在早期的论述中）来保障的，或者是由利他主义的家长所授予的抚育的秩序（在“新家庭经济学”中）来保障的。家庭利他主义和自由主义对工具行动的信誓如何能够调和起来？家长对利他主义的有效行使提出了人们熟悉的“搭便车”的问题：为什么家庭成员不是简单地利用家长的利他主义？贝克尔（Gary Becker）在其受人称赞的“非自立的孩子”（Rotten Kid）定理中提出了一种解答。非自立的孩子定理之于新古典家庭理论有如看不见的手之于新古典市场经济理论。贝克尔的定理认为，如果家长是仁爱的，那么在某种条件下甚至自私的家庭成员出于自身的利益也会以仿佛他们也是仁爱的方式去行动。但是，贝克尔的解答难以被认为是恰当的；富尔布瑞写道：

> 在试图解释为什么个别家庭成员没有免费乘坐他人的仁爱时，贝克尔诉诸仁爱的独裁者的概念……共同效用功能假定，只有家庭中的掌权者是利他主义者，只有非自立的家庭成员是一些运用无效力权力的人。换言之，贝克尔考虑到了非自立的孩子，但没有考虑到非自立的父母，非自立的丈夫和非自立的妻子。[19]

除了被视作利他主义者的家长的专制主义含义之外,自由主义理论关于家庭的特殊论述看起来与关于经济是跟公共国家截然有别的私人领域的自由主义描述一样,是任意为之的。富尔布瑞写道:“把假定导致了市场资源高效率配置的赤裸裸的自私自利,也假定导致了家庭资源平等配置的完善的利他主义并列起来,是有点自相矛盾的。”[20]

与之相反,当代女权主义理论把家庭不是描述为统一的行动者,而是一个场地,或借用哈特曼的术语——“一个性别、阶级和政治斗争的场所”。我们认为,我们关于父权制家庭乃是具有独特游戏规则的场域,并且这个场域与具有各别的和异质的规则的其他场域是交叠的描述深化了这个洞见。这个模式允许那种马克思在阶段剥削的个案中肇端的反对统治的集体斗争的理论来充实父权制分析,同时并未将性别关系归结为阶级的一种结果。[21]

父权制家庭调控年龄、性别和亲属关系的方式不是预先给定 109
的,而相反是持续地、部分通过家庭内外的政治的和文化的实践得到更新和改革的。行动者本身也不是预先给定的:由父权制家庭构建的形形色色的实践——从家务劳动到费古森所称的“性—有效的生产”(sex-affective production)——都主要地包括在对从我们的体格到我们的能力、身份和情绪的每一样东西的塑造之中。

我们并不相信父权制能够被适当地描述为“生产方式”,我们也认为,专注“劳动”、“生产”而以之为理解性别、年龄和亲属关系的分析关键的尝试将被证明是太过局限的。这些可以选择的论述公式的吸引力在于它们强调妇女和儿童的生产活动的重要性(譬如,富尔布瑞关于家务劳动和人口统计学的阐释工作),在于它们阐明由家长制关系构建的各具特色的实践层面（例如，费古森对于性关系的洞见）的能力，在于它调动诸如剩余劳动时间和剥削这样一类概念工具的能力，以上这些在其他的行文中已被证明是格外有价值的。

我们还发现劳动和生产是受限制的概念框架，它招致过分地注意剥削和以经济方式设想的利益问题，趋向于偏好工具的而非构成的行动概念。在这方面我们同意鲁宾的观点，他倡言性—性别体系的概念乃是洞明古典马克思主义未论述以性别为基础的统治形式这个缺陷所必需的理论发明：

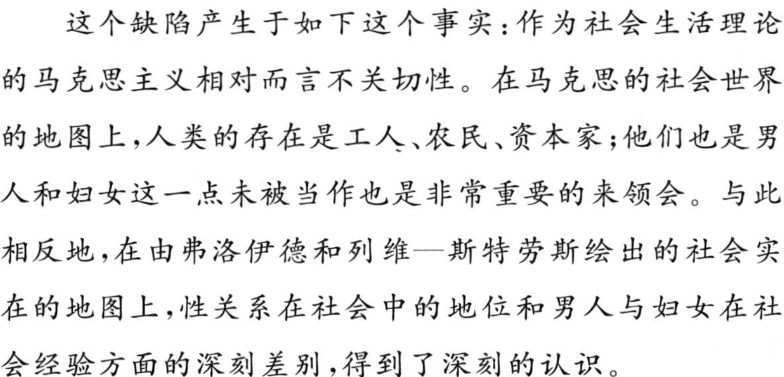

> 这个缺陷产生于如下这个事实：作为社会生活理论的马克思主义相对而言不关切性。在马克思的社会世界的地图上，人类的存在是工人、农民、资本家；他们也是男人和妇女这一点未被当作也是非常重要的来领会。与此相反地，在由弗洛伊德和列维—斯特劳斯绘出的社会实在的地图上，性关系在社会中的地位和男人与妇女在社会经验方面的深刻差别，得到了深刻的认识。

鲁宾后面补充说：

> 妇女的从属性可以看作是性和性别借以组织起来和生产出来的那种关系的产物。对妇女的经济压迫是衍生的和第二位的。但是有一种性和性别的经济学，并且我们所需要的是性关系体系的政治经济学。[22]

110 在把父权制家庭定义为一套规则时，我们显然意指某种与日常把家庭视作一套亲属之间个人关系的规则的观念不同的东西。

父权制,像阶级一样,的确包含着种种面对面的关系。男人与妇女之间的相互作用,像老板与工人之间的相互作用一样,常常被体验为“一个人在一个人之上”的争斗。但是,父权制家庭是一套以调控作为集团的男人和妇女之间的关系,并且为男人之间和妇女之间的团结和竞争提供材料。[23]于是,父权制家庭是一套规则,它不仅支配通常被称为“家庭”的东西的成员,也支配单身人群的成员,男同性恋和女同性恋伴侣的成员,以及其他情形的成员。

这些以年龄、性别和亲属关系为基础的规则的无所不在的历史重要性和独特的性质激发了我们关于家庭乃是一个独特的场域的类概念。但是,并非所有这样的规则都可以合理地被称为父权制的。甚至那些明显地以一种或另一种形式的成年男性优势为特征的规则也展示了其他方面令人惊叹的差异。因此,“父权制社会”这个表述与“阶级社会”这个表述是有血缘关系的。[24]它指称一种特定的统治形式而没在细节上详细论述它的结构,没有指明它再生产和改革的特殊过程。的确,各种不同形式的父权制是可以彼此不同,有如资本主义、封建主义和其他不同形式的阶级社会是可以彼此不同的一样。

同样重要的是,各种不同形式的家庭结构在每一个社会里面同时存在。例如,它们借以被再生产和得到变更的游戏规则和方式在白人与黑人家庭之间以及在处于不同阶级地位的家庭之间大相径庭。

适合于理解各种特定形式父权制的概念的发展尚处于摇篮阶段。比如,弗古森曾提示说,在美国,我们至少可以区分出与或多或少各具特色的历史时期相应的三种形式:父亲父权制,丈夫父权制和公共父权制。不同形式的父权制各具特色的性质可以用不同方式描述出来，但是我们相信，最具洞察力的方法之一是做出每一种形式的再生产过程的模型。比如，用弗古森的术语说，父亲父权制可以设想为基本上是通过财产的父权制继承得以永久存在的，丈夫父权制可以考虑为是通过成年男性在劳动市场上的特权再生产出来的。[25]

注意，后一个陈述虽然就其本身的特点而言足以令人信服，但
111 在面对自由主义的和古典马克思主义的经济理论时就消散了。正如我们已看到的那样，两种理论都假定，在追求成本极小化的资本家中间的竞争过程将趋向于排除劳动市场的歧视，因而会使父权制统治成为一个小小的但摇摇欲坠的时代错误。父亲父权制可以通过财产继承很好地再生产出来；相应地，财产继承可以由对妇女性关系的父权制控制再生产出来，就如恩格斯在其论家庭的著作中所提示的那样。然而，当父亲不是土地、工具和其他家庭成员的生活手段的所有者时，同样的再生产的连锁关系就不是显而易见的了。并且正如马克思和恩格斯所认识到的那样，资本主义时代本身独有的特征是大多数家庭与生产手段所有权的分离，这样便从根本上削弱了由恩格斯确定的再生产机制。正是由于这个理由，马克思和恩格斯预言了无产阶级家庭的“消亡”。

如果资本主义时代的父权制统治是通过经济的依赖性再生产出来的，那么它必定在劳动市场里找到了类似于女性依赖性这类形式的东西，而这种依赖性的可能性在早期是由生产资料的父权制继承权造成的。但是，马克思主义的劳动市场理论与新古典劳动市场理论一样向来敌视这种方案。[26]正是部分地出于这个理由，

当代父权制永久存在的问题在马克思主义的传统中已提出了这样一些问题,并且尤其在马克思主义女权主义者中间激励了这样一些理论革新。[27]

但是,如我们已经看到的那样,认为资本主义竞争会趋向于排除对妇女的歧视(新古典主义的说法)或使工人同质化(马克思主义的说法)的观点,是建立在对于经济的非政治表述的基础之上的,而这种表述来自于如下的做法,即把劳动当作不仅实现占用的实践,而且当作实现政治的、分配的以及文化的实践的社会行动的对象来对待,而非当作这种社会行动的形式来对待。我们在前面一章里对生产和交换的政治基础的重新构造提供了一个根本不同的结论:对妇女的歧视对于资本主义雇主来说是可行的分化和统治策略的一个部分,并且出于这个原因,各个追求利润的资本家企业之间的竞争是既可能强化也可能消除这种歧视。

因此,我们并没有得出结论说,资本主义**必定**再生产父权制,而是说它**或许会**再生产父权制。若无对父权制统治再生产过程较为详尽的解释,更为实质性的陈述是不可能做出来的。

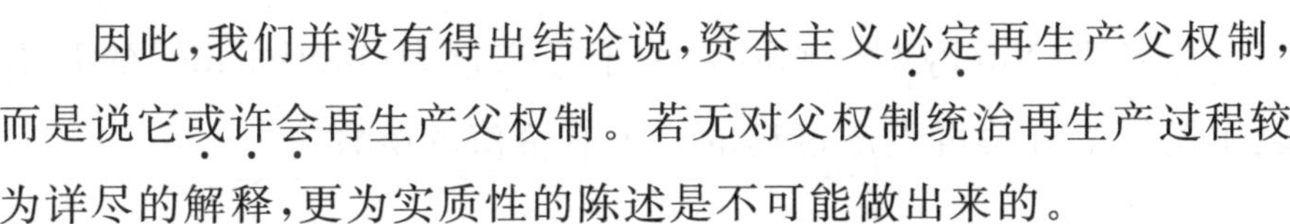

我们把父权制描述为几个包含相互映衬的游戏规则和异质权力的交叠的场域中的一个;利用这个做法,近来关于父权制再生产 112
文献中的许多洞见可以搭出框架来。父权制规则不是由那些仅仅演出由其社会角色写就的剧本的行动者再生产出来的。它们是由一些实施目标明确的计划的人的集团来巩固和更动的。父权制之再生产部分原因是那些从中受益的人有权力防止这些规则的改变。再者,父权制家庭一般并不保障其自身生存下去的条件。父权制的再生产既依赖在国家和经济之中采取的行动,也同样依赖

在家庭里面采取的行动。

但是,最为核心的东西远不是上述的结论,而是任何形式的父权制再生产始终是有疑问的,并一直由于社会中异质权力结构促成的各种形式的团结和干预变得成问题了。诚然,自由资本主义内部的父权制体系是一个尚处在活动之中的矛盾结构体系的绝妙例子。在资本主义经济里面的家庭关系的法律结构,男人和妇女就业的不同途径,直接稳定了父权制家庭。但是这些邻接的场域也间接地为掏空父权制威权的种种基本形式的基础提供了原材料。

我们相信,当代父权制的再生产和改革过程在这个框架之内是一望而知的了。一个全面的论述可能需要注意不同种族和阶级之间父权制结构的差异——我们将通过检视两条重要的论点,即精神分析的论点和另一个主要是经济的论点来阐明我们的研究途径。

乔多罗(Nancy Chodolow)关于母亲行为(mothering)的开山之作提供了有关再生产过程的一个有价值的解释。

> 所有性—性别体系把性、性别和孩子组织了起来。妇女借以做母亲的劳动性别分工组织了孩子,分离了家庭的与公共的领域。通常在妇女的性关系和再生产能力方面赋予男人以权利和在儿童那里赋予别人以形式权利的异性婚姻组织了性活动。两者一起组织和再生产了作为不平等的社会关系的性别。[28]

乔多罗论证说,成年期性人格的表达使男人和妇女一样地承担起维护和再生产这种人格借以养成的家庭结构本身的义务。这解释了在人格之间关系方面社会持续性的趋势,而人格之间的关系构成父权制家庭的基础和再生产父权制家庭。乔多罗说,性人格形成的核心之点是这样一个事实,即父母行为主要就是母亲行为。 113

> 作为在一个妇女做母亲的家庭中成长的结果,女孩和男孩发展了不同的关系能力和自我意识。这些性别人格由于男孩和女孩的认同过程之中的差异增强了,而这种差异也是妇女的母亲行为的结果。认同过程中不同的关系能力和形式为妇女和男人接受成人的性别角色做了准备,在一个性不平等的社会里,这类角色将妇女首先置于再生产的范围之内。[29]

支持这种观点的精神分析的基础是“从妇女的母亲行为中生长起来的家庭经历的种种不对称,后者影响了女性心灵和男性心灵的不同发展。”[30]在一个最主要的父母行为由妇女完成的社会中发展男性的心灵时,男孩所面临的较大的困难具有特别的重要性:“一个男性,为了觉得自己是正常的男性,必须以一种女孩所不需要的方法把自己与他人区别开来,显出自己的特点——必须将自己陶铸为与众人不同的人。”[31]

尽管几乎情有独钟地专注父母行为,乔多罗却没有提出一套以家庭为基础的自主的再生产理论。[32]乔多罗论点中处于中心地位的解释性术语——父母行为中的劳动性别分工——本身由资本主义经济里对妇女的歧视大大强化了。只要在体系上妇女拿比男人低的报酬,只要兼职工作的报酬太过低微,那么男人承揽大部分父母行为的工作,甚至平摊父母行为的工作,就没有什么经济意义。

一个明显的含义是，在父母行为之中的劳动性别分工主要是包含在整个社会里面的性别不平等的再生产之中的，反之亦然。乔多罗的论点首先是用于解释儿童抚养方面劳动性别分工的再分生产，而不是用于阐释为什么这是不平等的劳动分工，而这种分工不仅反映了任务的性别分工，而且也反映了权力的等级制。男人在公共领域发挥作用这个事实本身并不提供所需的解释，除非公共领域对私人领域的统治得到解释。类似地，资本对国家的权力首先不是通过大企业的所有者在国家范围内发挥作用这个事实，而相反是通过所有制和国家政策之间的那种联系得到解释的。

父权制统治再生产理论中的其他一些部分更为直接地讨论了这个问题。这些部分包括支持一些加强男人对妇女的权力的公共
114 政策，对再生产权利和性偏好权利这两者的限制。对妇女的暴力，对强奸、殴打妻子、性折磨的事实上的容忍，以及普遍地把这些罪行当作或者许可的，或者不像其他形式的暴行作为极端恶劣的罪行来对待，毫无疑义在使性别不平等永久化方面起到了实际的和象征性的作用。由于国家往往小心翼翼地保护其对暴力使用权的垄断，因而高度容忍针对妇女的暴行，也就特别出乎意外。[33]然而，这里我们将专注经济依赖和当代父权制再生产之间的关系。

我们在一开始就提到，马克思主义者对妇女经济依赖性的研究路数简直起不了什么作用：妇女的从属地位是一种明确的、不能简化为剩余劳动时间转让的统治实例，因而是无法从剥削理论的视界来理解的。妇女的从属地位，无论是父权制形式，妇女财产形式，还是简单的一般性—性别从属体系，存在于大多数社会之中，存在于这些社会内部多种多样的社会生活区域里面。在它不相称地以男人之手来安置有效的权力这个确切的意义上,它描述了一种统治体系。但是,这种统治体系与男人在那里不享有特殊的经济特权是完全不相容的。男人和妇女可以工作同样长短的小时和享受同样的生活水平。男性的权力还可以通过诸如男性对当兵的垄断,或禁止女性的流动性,甚或禁止(就如在殖民地新英格兰那样)女性的财产所有权等各种不同的手段再生产出来。

这并不是要论证说,妇女剩余劳动时间向男人的转让并不相当普遍地发生。[34]相反,统治体系的再生产或许不是依赖于这样的转让的,于是,这个过程本身在只指申剥削的框架之内是不可以领会的。

我们认为,比男人和妇女之间的经济转让更为重要的是由单身妇女和已婚妇女所体验到的不同境况。妇女进入资本主义劳动市场的有限路数,与作为当代社会最有效的收入再分配体系的异性夫妇的境况一起,把妇女置于一个经济上依赖男人的地位上。在理解男性统治的永久存在时,这种依赖性的至关重要的层面不 115
是经济特权——较多的消费或较少的工作——它可能向男人只是提供了在他们与女人关系中的优越的权力。

妇女经济依赖性的这种模式已由麦克拉特(Elaine Mc-Crate)做了最为充分的发挥:

> 女权主义者以典型的方式论证说,妇女依赖男人以获得身体的保护,情感和理智的认可和经济的资助。如果我们专注女性依赖性的经济维度,我们很快就观察到,"得到一个丈夫"在有关妇女压迫的女权主义理论之中所

占据的位置类似“得到一个工作”在马克思主义的资本主义理论之中所占据的位置。[35]

从这个模式得出的结论是，那种可以被称作为自由婚姻市场的东西，像它的劳动市场的对应物一样，是一种有效地保证签约双方中的一方依赖性的结构。麦克拉特论证说，婚姻是：

一种制度，在这种制度里因为个体的男人对于他们妻子的权力，家庭冲突是非民主地并且常常不平等地解决的。他们的权力在相当大的程度上得自于他们在谋生方面以性别为基础的有利条件，这就是说，得自于强加在独立于男人而生活的妇女身上那种相应的经济惩罚。[36]

很清楚，每一方独立于这种双边关系的程度依赖每一方，如果这种关系终结的话，将会承担的相关的费用。相应地，男人和妇女考虑进入一种关系的相关权力，受到每一方通过从单身转入结婚状态将会承受的相关所得的强烈影响。这些费用的经济层面依赖形形色色的影响，其中有公共政策，年龄对可感觉到的性吸引力的影响，家务劳动的方针（包括家庭内部的消费和家务劳动的分配），男人和妇女的相关工资或他们获得收入的途径，男人和妇女得到有酬工作的可能性，孩子人数和在夫妇离婚的情况下父母付给孩子的有效抚养费的多少，政府儿童补助费和其他公共收入资助的可得性以及后配偶的可得性。如果妇女的工作机会增加了，或者如果国家提供的儿童补助费的款项提高了，妇女的相对独立性就会上升到平均水平。[37]

像乔多罗的抚育理论一样，麦克拉特的经济依赖模式指出了

对父权制再生产极其关键的劳动性别分工和妇女在劳动市场中从 116
属地位的重要性。麦克拉特模式将注意力特别集中在这种再生产过程的多面性上面,不仅采用了家庭中的各种实践,而且也采用了国家和经济中各种实践。[38]富尔布瑞评论在国家在父权制统治再生产中所发挥的整合作用说:

> 在当代美国,人们偶尔听到一个论点:女权主义通过促使国家干预家庭生活对女性当家的家庭的出现做出了贡献。国家在美国历史伊始就曾干涉过家庭生活,不是加强家庭本身,而且加强家庭中年长男人的权力(只有黑人男人例外)……在雇主和国家被证明是自愿地帮助儿童的意义上,如果不是比个别的男人更自愿的话,父权制已经变成"公共的"了。[39]

但是,国家的干预和经济的作用无须发挥再生产权父权制的作用。一如父权制是在异质权力体系境域之中发生的那样,破坏其再生产过程的行为可以从形形色色的源泉之中形成——常常是出乎意料和无目的性的。比如,付给妇女的低工资作为歧视性就业的结果在以利润为指向的经济中,也有扩大了可为妇女所得的工作范围这种直接的作用。当低工资继续成为妇女经济依赖性的源泉时,不断扩大的工作机会增强了她们讨价还价的能力。相应地,当国家的精英扩大收入补助计划以期平息公众对于经济不平等的关切和减低社会动乱的威胁时,社会福利计划便有了不仅促进贫困妇女的经济独立性的作用,而且促进所有妇女独立性的作用。[40]

自由资本主义社会是由各种交叠的场域规则构成的，这些规则迥异的性质使父权制大厦可能出现上述种种裂罅。这些规则的结构和与它们关联的话语并不通过它们本身威胁父权制的再生产。但是它们确实提供了可以调动来反对父权制的充分工具。反对父权制特权以及它再生产的逻辑可以这样来阐明，即把社会描述为社会实践的各种场域的集合，而这些场域体现了权力的异质性。

结论：市场、戏剧和竞赛

117 在用于社会的诸多较有强制性的隐喻中，有一个就是市场。国家被看作是货物交易的屏障和税赋的公正原则，社会的相互作用被称为交换，社会被认为是一种社会的契约，并且甚至诸如婚姻这种亲密的制度也被看作是契约性的。或许这种隐喻的普及性归功于市场在日常生活之中的无孔不入。无论出于何种理由，社会被描述成了一套经双方同意的契约性的责任，由最低限度的法律结构和诸如语言、钱和衣服一类惯常的符号形式连接在了一起。

这个观点令人敬佩地抓住了反映在选择行为之中的人类活动有意向的层面，但它无视结构的决定作用；无视游戏规则在其中独立于活动者本身的意志产生社会结果的系统的方式。弗里德曼写道，“自由私人企业交换经济”可以被看作是“鲁滨孙的集合”，“在这里，由于家庭始终有直接为自己而生产的选择权，除非它从交换中得益，它无须进入任何交换……合作因此是无强制地达成的。”[41]我们感到，他的这段话有点不对。我们在前面一章已经论证说,有关交换的惯常的观点甚至是不适合于解释劳动市场和信用市场的。展开来说,我们怀疑把社会看作一个宏大的交换体系能够有什么启发。

一种可供选择的结构主义的说法反对交换隐喻:社会是一场戏,我们在里面表演一出可以说是由“幕后操纵者”写就的剧本。演员依附于角色(这就是说,他们占据了社会地位),他们已经掌握了这个角色(通过社会化);或多或少(正规地或异常地)演熟了这个角色。等级制和从属制的关系是写入剧本的,公正取决于骰子是否扔得公正(能者统治的或任意的)。自由,在这种观点看来,实际上是一个错觉。[①]

这种观点虽然精心地对准了常常模糊不清的我们意向的起源以及对人类计划效力的看不见的限制,却无法提供对社会关系令人印象深刻的原动力的使人信服的说明。戏剧表演本身是一个剧 118
本不断改革的过程。并没有一种与演出本身不同的分离的排演场地,在这个场地上演员不是在情节之中斗争,而是在情节之上斗争。这个演出及其改革在同一时间,同一个舞台上进行;如果社会是一场戏剧演出,它就是一场受到皮兰德娄(Luigi Pirandello)的《六个寻找作者的剧中人》(*Six Characters in Search of an Author*)激悟的演出。

我们提出一个内涵更丰富的隐喻:社会是一种竞赛,或者更好

① 我们用帕森(Parson)的语言描述了戏剧隐喻,但是也存在着一种马克思主义的变种:社会由生产者和非生产者的关系,以及证明这种关系为正当的种种文化形式的上层建筑一起组成的;于是个人和集团出演他们占据的阶级地位。我们在第五章回到这种马克思主义的“行动表达理论”上来。

一点，一个各种游戏的整体。由于游戏的类比引出行动和结构两者，因而具有直接的吸引力；比如弈棋的游戏既是活动（下棋），又是结构（弈棋规则）。然而，与日常语言所指的游戏不同，我们不是经由选择而是不由自主地参与了大多数组成社会的游戏。

通过把社会行动的畛域设想为规则和游戏者在其中不断受改变的游戏，我们整合了选择、结构规定和历史。在把游戏采纳为我们的隐喻时，我们令自己把社会关系当作统治那种相对自主的社会个体和集团的有策略的行为的规则来对待。

各种不同游戏的规则界定游戏者这一方的行动的意义和效力，但这些规则转而为游戏者本人所变更。因为它不断地被玩弄和再被玩弄，我们把游戏的这一层面指申为递归的，游戏规则本身是游戏的一个赌注。

因为游戏规则的递归性质，历史便有了价值。当游戏者不仅改变规则，而且也改变他们自身时，社会选择是决定性的，展现了契约理论和戏剧理论中未理解的某种程度的终极性。历史的时间，与大多数社会理论的逻辑时间不一样，是根本不可逆的。在历史时间的世界——我们所居住的世界——里，说你不能够回去并不真确，但要回到你行止曾在的地方，你不可能简单地回溯你的足迹，相反地，常常需要一条新路线。

第一，社会行为一般不能被倒转，因为行动的结果是游戏规则的改革，并且因而是社会选择条件的本身的改革。但或许更重要的是，社会行动的构成的特征——社会行动者通过他们的行动本身而受改变这个事实——承带如下一点：社会选择不仅改革游戏规则也改革社会生活主体本身。

其次,我们观点的根本之处在于,社会不是一个单一的游戏,而是一系列整合着的游戏,每一个都有与众不同的规则。正是游 119
戏规则的多数性最为明显地把我们的历史结构的权力概念与马克思的生产方式区别开来。马克思主义的研究路数给一种结构——阶级——以特权,而把其他方面基本上解释为阶级存在的结果或条件。我们承认一个特定结构的统治的可能性——比如,16 世纪法国的专制国家的结构,20 世纪早期英国的阶级结构,殖民地新英格兰的父权制结构——但是各种结构之间的关系不能在研究它们每一个的再生产过程之前就予以设定。

因为个人是一个以上的游戏——比如家庭、国家、经济——中不变的游戏者,所以我们说各种游戏是**交叠的**,常常导致各种冲突的策略以及涉及运用无法公度(incommènsurable)的规则的界限的司法问题。(当然一个社会偶尔可能会只展示一套规则:前述的以亲属关系为基础的社会或某种形式的绝对独裁便浮上心头。然而,我们怀疑这种可能性是否具有实际的重要性。)构成一个社会的各种游戏也可以在另外一种意义上被看作是交叠的;任何一个游戏的种种规则的长久存在都依赖各种游戏整体的结构。

最后,构成社会的各种递归的、交叠的、构成的游戏是**不对称的**,弈棋规则使得谁执白谁执黑无关紧要;然而组成社会的那个游戏的规则一般授予一个游戏者集团或另一个集团以体系上的优势。我们当然能够设想由对称的游戏构建的社会;我们并不认为统治是人类的境况的表达。游戏的不对称是我们理解统治的钥匙。

不对称的、递归的、构造的、交叠的游戏隐喻允许我们肯定统治的中心地位而不同时断定它的不可避免性和永久性。[42]

社会游戏的递归和不对称的特征支持了一个政治观点，这个观点与跟本特利(Arthur Bentley)，杜鲁门(David Truman)，达尔和其他人的著作相关联的美国政治科学的多元主义统治概念大不相同。根据我们的理解，规则一般依照定义明确的集团的优势和其他集团的劣势起作用。部分出于这个原因，规则的持久生存始终是成问题的。与此形成对照，多元主义理论家趋向于这样理解社会相互作用的种种基础结构：它们是在受到如此广泛同意或至少未遭到有效反对的情况下被提出来的。达尔在其受到称赞的
120《何人统治》最后一章里表达了这种确信。关于自由民主规则的稳定性，他指出：

> 长期以来绝大部分公民拥有一套显然稳定而高度抽象的民主信念……大部分公民承认美国的政治体系是与民主信条符合一致的……拒绝民主信条实际上就是拒绝做一个美国人。[43]

毫不令人惊奇的是，如果规则被看作是给予的，政治就被归结为一场围绕资源分配的斗争。美国多元主义学说之父本特利很好地表达了这个观点："我对政治的兴趣不是原有的，而是得自于我对经济生活的兴趣，和……我希望从研究路数的这一点出发最终获致对经济生活比我们迄今已成功地获致的更好的理解。"[44]与此相反，按照我们的理解，政治实践的目的在于改变或稳定那些支配资源分配和人类发展的规则。多元主义者常常叫做"政治"的东西——用拉斯韦尔(Harold Lasswell)的术语来说，决定"谁、何

时、如何得到什么”的过程——我们称之为分配的实践。按归多元主义的观点,政治活动者们趋向于成为利益集团;按照我们的观点,他们是从那些分享共同压迫的人的团结纽带中创造出来的。我们的要点不是说利益集团是不重要的,而是说多元主义者对于它们相互作用的专注提供了关于社会结构历史进化的一个狭隘而封闭的视野,甚至会从根本上误解它所选择的分析对象,诸如围绕收入分配的冲突。

使社会更加民主的活动牵涉到比持续地排除各种熟悉的统治形式更多的东西:它意味着使人民的政治实践有效,并且更加接近平等的有效,从而使得结构改变的过程服从于民主的责任。结构之所以改变乃是因为人民改变它们。履行社会变迁的民主责任的诺言要求理解人民为什么和如何改变或无法改变支配他们生活的那些规则。这种理解转而需要更为透彻地诠证个人选择和集体行动。

第五章　行动:学习和选择

121 自由主义各种经久的贡献之一就是其内容丰富的个人行动概念。不论它有什么缺陷,自由主义的个人选择观点将继续充当民主理论的主要出发点。但是,我们注意到自由主义自为理论的难以理解的妥协状况。我们将看到:自由主义理论的这个缺陷的根源不在于简单地忽视了父权制的特权、资本的权力和其他形式的统治,而在于更为基本的信誓。

简要地检视一下自由主义政治哲学中为一般人所忽视的两个插曲,其一出自边沁,另一出自霍布斯,这些信誓就被揭示出来了。这两个插曲都可以作为只不过反映了天才癖性的怪事而略去不论,但我们认为它们对于揭示自由主义范式的性质本身是相当有启发性的。

1787 年,杰里米·边沁,功利自由主义之父,提出了一种别出心裁的圆形建筑的计划,他称之为圆形监狱。边沁相信,这个结构能够成为监狱、工厂、学校、教养院、受遗弃青年妇女庇护所、育儿院、精神病院甚至养鸡场的模型。他说,“这个结构迄今尚无先例的在数量上获得心灵对于心灵的权力的一种方式。”这种建筑物同
122 时造成囚徒的隔离,实施对他们的持续监视。边沁没有忽视照明、墙壁颜色和材料等细节,他这样来设计这座大楼:使中央监视亭能

够从每一个房间屋顶(还有一个监听管道与连接在一起)观察,而不让囚徒见到狱吏。边沁暗示,他的设计会非常适用于后宫,因为它会将所需的太监数减到最低限度。然而,这个念头起初是发源于一个很庸常的目的的,他弟弟把它设计出来作为为俄国皇子波特金(Potemkin)而建的工厂模型。[1] 艾文斯(Robin Evans)评论说:

> 从操作方面说,最为接近边沁原则的东西可以在某些为大型鸟舍和兽笼而建造的建筑类型里找到……他的囚犯计划与动物园的建筑设计极其类似。[2]

自由主义是一种秩序的和自由的理论这一点很难被用来反对上述观念,自由主义的一个主要思想家将他的精力花在控制和教养的体系上面,显示了一种健康的实在主义,而不是一条理论的裂罅。但是边沁的计划所揭示的不止是对于秩序的兴趣,它暗示了一个分裂的世界,在那里理性的和道德的自为者实施对非理性者和依赖者的公正的和侵犯性的监护。它不仅唤起启蒙运动对人类完善性的远见,而且也唤起了后维多利亚时代“白人的重任”是去开化世界上殖民地人民的观念。

人们在这里感觉到的,不单是有关少数几个选出来的人的那种浩居(pretension)的粗野暗示,而且是一种关于人类情感和能力发展过程的相当原始的概念。霍布斯一段不正当地模糊的文字使人联想到这一点。在发挥自然状态概念时,霍布斯要我们“这样考虑男人,仿佛……突然地从地里冒出来的,像蘑菇一样突然成熟,而无彼此间的任何约定。”斯蒂芬诺(Christins Di Stefano)评论说：

> 霍布斯运用他的自然构成的状态来排除诸如社会化、教育和其他“开化”人类存在的手段……蘑菇看起来确实是一夜之间冒出来的；它们在森林里迅速成长，无需任何特定的倾向……（蘑菇）静静地和显然无性地再生产……这个隐喻式想象的特征允许我们去接受霍布斯的自然状态里一个最不可信的和最成问题的特征。这便是，就此而言，男人不是妇女或任何其他人生的，更不是妇女或任何其他人抚育的。[3]

123 其他一些女权主义理论家已经注意到，妇女在自由主义政治和哲学传统的名著中付之阙如——或不可见。[4] 假定这种缺乏只是简单的忽视，或许归因于这些著作产生于由男人比今天更恶劣地进行统治的时代，并且在我们这个比较开明的时代容易得以纠正，这是错误的。相反地，它反映了自由主义理论的一个基本的信誓，不是对性别本身的信誓，而是对一种有关自为、选择和人类主体形成的令人难以容忍地狭窄的观点的信誓。我们早先把这个概念等同于学习和选择的划分。在把有助于一个发育良好的虚构主体的那种人类发展过程置于不顾这一点上，霍布斯与后期的自由主义理论家没有差别。古特曼（Amy Gutmann）观察到“教育看来向所有的自由主义理论提出了特殊的困难”时，她偏向谨慎的说法。[5]

结果，现代自由主义的个人概念有了一个使得它的选择模型无法与民主理论相容的缺点。这就是如下这个假定：个人以外在地构成的目的——新古典经济学的“偏爱”和政治科学的“利益”——进入选择。自为问题无论何时产生,并且因而关于自由权和民主责任的考虑无论何时适用,个人都能够被看作是既定的。这种方便的虚构使得支持个人自由权的论点极其简单和雅致——比如,考虑一下穆勒《论自由》中的如下一段著名文字:

> 权力能够正确地、违反本身意志地行使于文明共同体的任何一个成员的唯一目的是防范他伤害他人。他自己的善……不是充分的理由。[6]

但是凭借同一个托辞,这个虚构掏空了维护人民主权论的基础。把偏好看作是既定的,这允许我们去承认民主对于通过计算选票适当地聚集各种要求的贡献,但它遮蔽了各种民主制度对人类发展的贡献——它们在人民之中培养了理智地和创造性地控制他们生活的才能的独一无二的能力。自由主义告诉我们,人民做出决定。但是自由主义的行动概念必须予以重新构造以承认:决定也造就人民。[7]

当然,自由主义的个人模式承认,偏好和能力是在某处形成的。它的错误是假定,当个人处于成长过程时,自为和选择的问题付之阙如。比如,前面所引的穆勒关于个人偏好不可侵犯的。著 124
名宣言后面紧跟一段少为人引的但书:

> 或许几乎没有必要说……我们没有谈及在法律所规定的成年男子或成年妇女的年龄之下的儿童或青年人……(他)……必须受到保护以防范他们自己的行动……出于同样的理由我们也不考虑社会中那些落后国家,在那里种族本身可以被看作处于其少年时期……假如目的

> 是他们的开化，专制主义就是对待野蛮人的合法政府形式。[8]

穆勒在这里树起了以“选择者”为一方和以“学习者”为另一方的对立，并且证明前者和后者之间的统治和从属关系的体系的正当性。（穆勒论点的逻辑绝不依赖他所选择的特定的例子——“儿童”和“野蛮人”——并且几乎不会因其在明显指涉非欧洲社会时那种我们认为乃是以种族主义来选择术语的东西而名声扫地。）这种对立具有一般自由主义话语的特征。选择者是披着耀眼的自由主义盔甲的骑士，而学习者代表了零余者一类——其身份不包括、其行为不支持（无论这是暂时的还是永久的）自由选择的权利；简而言之，学习者是那些未被视作理性自为者的人。选择者的身份在自由主义的话语里一直适用于受过教育的、拥有财产的白种男性家长，并且通过历史发展以不同方式适用于其他人。学习者的身份在自由主义的话语里始终适用于儿童、犯人、“精神病人”和未开化的人。它也曾以不同的方式适用于妇女、奴仆、工人、特定的种族和文化，后者由于他们的生物结构或社会行动被认为或多或少永久地剥夺了理性自为者的身份。

学习—选择的对立，除了渗透着自由主义意识之外，还反映在传统社会科学的分类本身里面。经济学和政治科学措置选择者，但对意志的形成缺乏关切；社会学，人类学和心理学措置处于意志形成过程中的学习者，这个过程居于选择的逻辑之外。或许正是出于这个原因，经济学的极大化模型立即受到政治科学的欢迎，但尚未大举侵入其他社会科学。

表 5.1　自由主义的划分和受优待的社会机构 125

行　　动	社会领域	
	私人的	公共的
学习	父权制家庭	等级制学校
选择	竞争的市场	民主的选择

如果我们把学习—选择的划分与第三章所分析的私人—公共的区别结合起来,我们就得到了自由主义理论能接受的四种基本的行动类型:私人领域的学习,私人领域的选择,公共领域的学习,公共领域的选择。当代自由主义者为调控每一种类型的行动开列出了一套受优待的社会机构,其中的一些如表 5.1 所示。

自由主义的学习—选择划分的关键可以参照表 5.1 而予以概括。第一,各种被认为是教育的或教养的机构根据理性的自为、自由和选择的原则免受检视。在自由主义话语内部,比如人们不问学校是否民主的。因为诸如家庭和学校这种受优待的学习机构是无需对其参与者负责的,支配个人发展的核心的统治形式是隐而不露的。第二,自由主义把选择驱入显然缺乏发展的潜能的个人自主的竞技场。虽然受到优待的自由主义机构——市场和投票箱——被赞扬为灵敏地适应于表达消费者和公民的意志,这种灵敏性却没有扩展到最中心的个人控制区域;这就是这样一些选择,它们决定个人应如何发展他们的偏好,他们的社会参与的能力,和他们做出明智决策的能力。自由主义声称,市场和投票箱允许人民得到他们所要的东西。但是,自由主义对于人民可以如何成为他们所想成为的人,他们如何可以得到他们想要得到的东西,则缄默不言了。

自由主义行动模式中的这个缺陷帮助我们理解自由贸易和“民主革命”的黄金时代为何也是见证义务教育、征兵和殖民主义诞生的年代，是其他各种机构依赖性和社会控制体系以一种人类
126 历史上无与伦比的规模产生的年代。我们这里的要点不是在于人民的力量将自由的和民主的个人发展结构嵌刻在社会上面时，悲叹某种虚构的田园般的畴昔。统治的各种形式（阶级的、族类的、父权制的、宗教的和其他的）明白地处于前资本主义欧洲和美国之中个人成长的基底。的确，个人权利扩张的倾向已经毫无疑问地掏空了许多这类古代压迫形式的基础。相反，我们知道，正是学习—选择划分的性质从体系上搅浑了人类发展之中的统治议题；自由主义国家不能说明它自己强制推行偏好的方式，简直就是正中肯綮的例子。

按照我们的观点，学习和选择代表一种较为一般的社会行动形式的两极范畴。我们说通过社会中的行动个人构造了偏好和发展了个人的权力，以替代自由主义理论那种原型的“儿童”和“成人”。这样，这个模型以马克思的形成的行动权力概念补充穆勒的理性选择者的见解。在《资本论》里面，马克思强调说，劳动是“人与自然之间的一种过程，是人借以……作用外部世界和改变它，和以这种方法同时改变自身性质的一种过程。”[9]

我们把学习和选择统一起来，这个做法在排斥传统的儿童身份时也因此排斥成人身份。这些以个人偏好神圣不可侵犯为基础的对自由权的传统自由主义的维护因而便做了很大的让步。当个人同时是选择者和学习者时，自由权、人民主权和合法威权之间的界限变得模糊不清了。某些简单的例子阐明了我们的要点。生产

者或消费者应不应该规定所提供的服务的性质?如果消费者被看作是选择者,那么服务则被叫作商品,并且消费者的主权被认为是有效的。如果相反,消费者被看作是学习者(比如,儿童),那么其他人的偏好则被算了进来。比如,学校教授儿童应该知道的东西,而不是他们想要知道的东西。然而,如果我们排斥学习—选择的二分法,我们就必寻求新的原则以解决这个问题。比如,我们如何处理有关这样一种技巧的情况,它不仅考虑什么是消费者所要的,而且考虑什么是将有助于消费者鉴别能力发展的东西?完全接受学习的概念、甚或敬畏其老师的绝顶聪明却想要参与制定教育政策的学生又将如何?我们承认,这些并非异常的情况。他们是通例,而非例外。

使用由行动而成为(becoming-by-acting)的个人选择模式,提 127
供了一种后自由主义民主理论,它没有一套既成的政治口号,而具有挑战性的理智事业;个人选择的中心地位和对自由权和人民主权的信誓如何可以保存下来,而同时那些自主的个人的神话和完善的选择者的神话又被排斥掉?

我们论述这个问题,所由途径是承认个人发展一般是通过两种策略的相互作用而得到最好的襄助的。这两个策略是独立于集体的情绪行使人们的选择自由,进入与其他人相互的、互惠的和参与的行动之中以达至共同确定的目标。它们确切地说就是赫希曼(Albert Hirschman)的“退出”和“发言”(exit and voice)这对孪生概念。[10]这里简单陈述一下根据退出和发言对自由主义的行动模式所做的批判。通过把偏爱和利益理解为预先给定的,自由主义把自为等同于退出。个人通过市场和投票箱行使他们的权力。两者都提呈了一份可供选择的“单子”，其中受到偏好的东西可能是由处于社会孤立之中的个人所选择的。选择者的权力被限制在他或她放弃产品或政党的能力——这就是说“退出”的能力上面。于是，市场经济和自由民主国家强调退出而从实质上排除发言，强调代表制而从实质上排除参与。个人发展所依赖的退出和发言的平衡因而就不允许得到发展。

工具行动理论当然简单地回避这些关切，因为它不能够容纳这样一个洞见：我们部分是通过我们的所作所为成为我们之所是。因为经济活动大都是我们的所作所为，所以它对我们之所是具有强有力的影响，而这种影响在自由主义理论中几乎完全被忽视了。但是只有在冒着与历史风马牛不相及的风险时，幸存的民主理论才能清除经济组织与种种情绪和能力的演化之间盘根错节的关系，而这种情绪和能力是偏爱或危及民主自治的。

退出、发言和市场

市场配置资源。市场体系可以根据它们如何高效率地实施这
128 种功能得到评价。市场也是一种生活方式；它们也可以根据这是何种生活和尤其它培育何种类型的人类发展得到评价。对于市场的民主批判于是必须询问市场如何促进或腐蚀民主文化。这样做需要重新考虑交换理论，而这与我们在第三章对生产理论的重新考虑是相平行的。

在市场上交换物品和服务并非与交换问候、亲吻和打击全然不同。物品和服务的确是通过市场交换来配置的，但是交换双方本身在过程中经受改变或被再生产出来。由行动而成为的模式把交换当作塑造人类发展的诸多主体内部的相互作用。交换和语言之间确有非常类似之处,因为两者都代表塑造我们之所是和我们可以成为何种人的社会话语的形式。[11]这个观点是人类学家所熟悉的观点。萨赫林(Marshcall Sahlins)写道:

> 如果朋友造就礼物,那么礼物造就朋友……物质流动和社会关系之间的联系是互惠的。一种特殊的社会关系会限制一种既定的商品运动,但是一种特定的交易——“出于同样的缘故”——暗示了一种特定的社会关系……物质流动签发和肇始了社会关系。[12]

我们可以补充说——与“贸易和交易”乃是我们的天性这句斯密的格言相反——如果贸易者造就贸易,那么贸易造成贸易者。

前资本主义社会中交换的构造层面已被看作乃是社会内聚力和冲突和平解决所必不可少的。鲁宾效法列—斯特劳斯(Claude Levi-Strauss)而写道:

> 人种学文献中所记录的婚礼是一种无休止而有秩序的行列之中的一刻,在这个行列中妇女、儿童、贝壳、言辞、牛、名称、鱼、祖宗、鲸鱼牙齿、猪、薯类、符咒、舞蹈、席子等等从一只手的传到另一只手,留下了从事联结的纽带以为其轨迹。[13]

交换显然不止于配置物品和服务。它们确实甚至可以完全不发挥那种作用。萨赫林又说道:

> 有时(交换)造就和平的层面是如此的根本,以致恰是同一种类和同一数量的材料变换了人手:这种方式象征放弃对方的利益。按照一种严格的形式观点,交易浪费时间和工夫……然而,它们向社会提供了决定性供应:它们维持社会关系,社会的结构。[14]

129 然而交换过程不必黏合社会的统一性。它也可以是爆炸性的离心力,腐蚀社会关系和招致社会解体。波兰尼(Karl Polanyi)采取这种他称之为19世纪欧洲资本主义国家的"剥出的"市场经济的观点:

> 19世纪剥出的经济疏离社会其他部分,尤其疏离政治的和政府的体系。在市场经济里,物质产品的生产和交换原则是……受所谓的供求规律……支配的,是由对饥饿的恐惧和收益的希望所促动的。不是血缘的纽带、法律的强制、宗教的义务、效忠或魔力创造了使个人参与经济生活的社会学境况……这样一种体制如不削减人类和社会的自然实体便不能存在多长时间。[15]

恰恰就是市场的匿名性给了它以如此的吸引力,如果从工具行动的立场来考虑的话,并且使得它如此的不祥,如果它被看作一种对于人类发展的具有成形作用的影响的话。自由主义经济学家舒尔茨(Charles Schultze)发现市场是"人类取得的最为重要的发明",部分因为它导致了一种令人钦佩的分离:"像市场一样的安排……减少了对于温情、爱国主义、兄弟友爱和文化凝聚的需要。"[16]另一位新古典经济学家布坎南(James Buchanan)通过把市场类比于

“布莱克斯伯格(Blacksburg)外面的路边”来描写它的作用:

> 我不认识果贩个人,我对他的福祉没有特殊的兴趣。他持有同样的态度。我不知道,并且无须知道他是否处于贫困之中,或极端豪富,或处于两者中间的某一位置……我们两人仍然能够完成快捷的交换,一种我们两人都以为“公正”的交换。……我们高效地做成交换,因为双方对与他们有关的财产权取得了一致意见。[17]

但是如果自利的和匿名的相互作用的市场竞技场不仅减少了对于温情的需要,而且减低情绪本身,又会如何呢?资本主义的交易造就了何种类型的交易者呢?就如我们即将看到的那样,更为重要的是,资本主义经济培养何种类型的公民呢?

简而言之,交换远远不止于所有权的简单转让。它们是复杂的社会关系,而这种社会关系的特征依赖交换中的各方是个人还是集团,并且在后一种情况下,依赖这些集团是如何通过交换过程被构成的;依赖涉及所交换的对象的程度、性质和信息结构;依赖 130
各方之间交往、合作的和共商的程度;依赖交换的项目在多大程度上受到外在的强制而不是由交换各方的社会关系来确定;依赖参与交换的各方对彼此分离的行为的关切程度,以及他们能够影响这种行为的程度;最后依赖那些为参与交换的各方所拥有而能够用于确保所喜欢的交换项目的资源。

与此相反,在自由主义经济理论里面,社会交换被归结为一种抽象的契约互换:双方之间完全特殊的财产权的转让,其费用(价格)在参与者看来是外在地决定的。前面的思考表明这个概念只是一个特例，虽然它适用于许多交换，却不代表最为关键的交换。传统的经济学教科书往往是用超级市场中在苹果和坚果之间选择的购物者作为例子，这是毫不令人惊奇的。现代经济生活中更为复杂的交换和尚可争论的最为核心的交换，诸如那些决定老板与工人之间、贷方和借方之间，或不同国家的买方与卖方之间交易项目的交换，已经破除了自由主义政治学和经济学的范式性的界线以及学习—选择划分的那些界线。

因而，交换的构成概念必须排斥由来已久的生产力论本体论。根据那种观点，经济生活**所从事**的是物的生产——它是如何，由谁，为谁而生产的，谁分享其成果。相反地，构成的经济理论不仅必须论述谁、为什么获得什么的问题，而且必须询问谁以及为什么逐渐成为什么的问题。一种排他地专注生产的理论冒有那种把经济活动视为简单的**获得**的过程，而不是也视为**成为**的过程的风险。民主经济理论的本体论必须包容劳动和学习，物的生产以及人民的生产和再生产。[18]

经济生产人民

131 一旦偏好那种预先给定的性质受到排斥，而当人民决定的权利和个人选择没有扩展到偏好本身借以形成的那些社会关系时，把一个社会看作民主的显然是自相矛盾的。这个原则在自由主义学说之中当然是得到承认的，但只是以学习—选择二分法形式得以承认的。比如，强制教育是由民主的政府特征来负责的，并且诸如教会、各种交往媒体和私人所有的教育机构这样一类“私人的”

偏好形成机构则是由市场选择的自由和自愿的协和负责的。

从哲学上批判自由主义对经济的措置,已经理由充足地集中到分配公正和配置效率的问题上来。然而,学习—选择划分使自由主义对资本主义的正当性证明的缺点格外清楚地显示了出来。自由主义话语显然不仅令经济呈现为一套私人机构,而且呈现为“选择”而非“学习”在其中发生的社会生活的一个领域。这个观念在自由主义经济理论里被奉若神明,效法自由主义经济学家罗宾斯(Lionel Robbins),这种理论把经济学定义为,“研究作为种种既定的目的与种种匮乏手段之间关系的人类行为的科学,而这些目的和手段有其可供选择的几种用法。”这是认为经济乃是根据其参与者的**偏好**生产**物**的场所的常识观念的源泉。[19]

但是,经济生产人民。作为经济活动者的个人的经验是他们个人的能力、态度、选择、人际关系和社会哲学的主要决定因素。个人部分地通过他们改变和占用自然环境的方式发展他们的需要、权力、能力、意识和个人态度。再者,个人和集团部分地在他们成功地控制他们自己劳动的范围内调控他们自己的发展。这样,在理想的环境下,发展的实践形成了生产本身本质的和意向性的因素。在这方面我们对资本主义经济的批判是,它使得工人在生
产中的发展实践相对地无效和受到严格的限制,而同时给雇主的 132
教育实践以宽广的空间,这些安排的结果,无论是有意的还是无意的,都是与民主文化的发展对立的。

在生产经验构成了重要的学习环境的范围内,资本主义经济的专制特征束阨了自由民主资本主义培育人民普遍地控制个人发展的能力。如果,一如我们在第三章所论证的那样,经济是一个对

其参与者一般来说无责任的公共领域，这些参与者将掌握不了控制他们自己发展的社会权力，无论他们是作为工人，还是在发展通过工作充塞他们的个性和能力的范围内，作为公民和家庭成员，情况都是一样。这个问题不仅涉及作为民主社会的自由资本主义社会的可疑地位。而且涉及这种社会从长远的观点来看支持和再生产甚至最低限度的自由民主的国家决策体系的能力。这个牵涉甚广的断定需要对资本主义经济和民主文化之间关系的持久观察。

我们所谓的民主文化是指与政治相关的信息、技能和对政治效力的态度的广泛传播，以及有助于民主制度有效地发挥功能的话语形式的可利用性。自由民主资本主义维护者的一个经常性的声言是它恰恰促进了这样一种民主文化。这些声言以自托克维尔(Tocqueville)，杰弗逊(Jefferson)和哈林顿(James Harrington)而来的论点为基础，它们是不能简单地打发掉的。个人权力的话语，近乎普及的识字率，社会相互作用扩展到更为广大的交际圈子，随之而来的多种形式的父权制、教区制度和政治顺从的消解，全都整合进民主文化，并且至少在某种程度上它们受到资本主义经济扩张的推动。

但是，我们发现资本主义支持民主文化的生成和再生成的声言并不完全有说服力。我们支持批判性重新思考这个声言的论点涉及资本主义企业和市场内部的劳动分工。

首先，考虑一下生产的经验，因为它可以影响人民和共同体的形成，我们对资本主义企业内部劳动过程的组织的分析揭示，它可能是一种对人类发展极有力的影响，而这种影响是与民主文化的生产对立的。[20]托克维尔、斯密,甚至斯密的良师益友费古森,都在马克思主义传统诞生之前清楚地预见到了这些危险。[21]

现代对这个论点的重新措置可能发轫于注意到在资本主义生 133
产的条件下,内部的劳动分工一般展示了四个相关的特征。它们是工作任务的精细分解,工作概念的形成与实施的分离,对劳动过程的等级性控制,以种族、性、年龄和学术证书为基础的人员职务任命。这四个特征看起来可能促进了民主文化的**反面**,因为它们将信息、信息处理和决策技能集合在一个金字塔结构狭窄的顶峰之上。同时,资本主义生产结构激发了政治无效力的感觉,将一套等级制的意义赋予种族的、性的和其他的差别,而等级制的意义与宽容和尊重是不一致的,因为他们是与为有效的政治行动所必需的团结和合作形式敌对的。

但是这些反民主的结果能够被追溯到特定的资本主义生产结构上去吗?这四个特征的每一个都很可以被看作是各种在技术上和遗传上已决定了的高效生产必要条件的可悲宣示。这样,这些特征可以推测会出现在任何一个体系之中,并且因而给民主责任提出各种自然的而非社会的限制。

如果劳动像新古典经济学教科书翻版中的任何其他投入一样,它的使用简单地受到无需成本地实施的契约关系的支配,那么自由主义的对立主张就会是有说服力的。但是如我们在第三章所见到的那样,新古典主义所描述的劳动是支离破碎的:它无法使人理解一些甚至最基本的事实和诸如失业一类资本主义经济的持久倾向。正是老板与工人之间关系的非契约的层面(从工人那里抽取劳动)同时解释了上述劳动过程的四个特征,和强致了甚至在竞争条件下效率和利润之间的歧义。通过限制涉及高水平技能和操作经验的生产范围，工作的精细分解和想法形成与实施的分离使个别工人变得无足轻重（并且因而易受解雇的威胁）；分解使得工人的活动非常易于衡量和监督。对劳动过程的等级制控制，无论
134 其技术性质如何，是实施劳动服务的交付所必需的，以种族、性、年龄或学术证书为基础的人员职务任命有助于使等级制的劳动分工正当化和把工人彼此划分开来。正是在这个基础上我们能够声言，劳动过程的等级制结构是与非共谋地追求利润极大化的资本家们的竞争均衡符合一致的，但是它不能归结为生产之中的技术效率的绝对命令。[22]我们因而便可以说，企业内部劳动分工的这些特征不是技术要求或遗传的结果，它们是（至少部分）甚至以其理想的竞争形式出现的特定资本主义生产结构的结果。

如果生产过程反民主的性质几乎为自由主义民主论点的拥护者视而不见，那么资本主义社会中劳动分工协作的其他主要层面——通过市场中介，各种不同商品生产者的活动实行私人的和分散的协作——已提供了它的基础。自托克维尔之后，自由主义理论家几乎都不重视市场和文化之间的关系，这一点诚然是真实无疑的。凡在这个问题被提出来的地方，比如在弗里德曼对市场的经典辩护里，人们都要断定市场禁止偏见、检查制度、滥用权力。如赫希曼在《激情和利益》中所指出的，这个论点可以追溯到孟德斯鸠（Montesquieu），它是使人非信不可的。但是它如此片面以致从根本上导致误解。[23]

这个论点的力量在于市场所提供的匿名性和选择范围，它解释了——回到弗里德曼的例子——为什么面包的消费者不知道它

是否由“黑人，基督徒或犹太人”生产的。论点的缺点在于忽视了市场、政治参与和民主文化形成之间的关系。

对这个缺点的证明是相当直截了当的。民主文化是通过人民所从事的种种活动生产和再生产出来的。这些活动之中最重要的因素或许就是民主政治本身。在什么条件下，人民将借从事民主政治而投身学习民主文化？很显然，答案是在这种机会存在的地方和有参与的动机的地方。凡在某种重要的东西处在危急之中的地方，或者换言之，凡在不参与的机会成本很高的地方，参与的动机就将比较大。

市场使那些不参与民主政治实践的人的成本极小化，因为市场鼓励退出而不是发言，并且因而提供政治参与的替代方式以作 135
为达到所欲目的的手段。对市场的广泛依赖就这样掏空了各种有利于高度参与和活泼的民主文化的条件。如果说最重要的社会结果由市场过程生成，那么民主地构成的决策过程的标桩是严格地圈定了的。市场可以通过限制标桩和降低不参与的机会成本掏空民主政治参与的基础，这或许并不令人惊奇。因为恰恰就是这种对集体决策“需要”的降低才在自由主义的社会理论里面如此地受欢迎。

有一个例子或许将说明我们的观点。考虑一下一位心怀不满的小学生家长，他或她试图纠正附近公立学校不合适的课程安排。假定这位家长的建议未被理睬，他或她可以组织其他人选举新的校董会，或威胁要这样做。或者他或她可以让孩子离开这所学校，在可能的情况下削减参与竞争的支出，把孩子送到课程中意的私立学校。可供这位家长利用的机会是退出或发言。市场通过确保退出的选择始终存在来抑制参与，这样连根拔掉了发言的信誓。

这个例子看起来是有局限性的，然而并非如此。某个强烈地感受到街头犯罪和空气污染的人能够或者组织人去改善社会和自然环境，或者“购买”一个具有许多称心如意的特点的共同体。资源有限和搬迁可能性不大的心怀不满的个人可以买一台空调机或买一支枪。

简而言之，市场决策对非市场决策的问题，传统上被看作一种应根据配置效率来决定的“经济”争论，必定也是政治的和文化的争论。一种合理的政治哲学不在自由权和人民主权之间进行选择，我们出于同样的理由承认这个问题不能够以赞成市场或赞成计划而得到解决。

于是，资本主义经济生产人民；并且它所生产的人民远没有合乎理想地具备了民主的情绪和能力。在评价经济结构时将自由主义的注意力从这个问题引开的工具的行动概念，不比一种特殊的政治行动理论的基础更吉祥一些。

代议制政府和利益构成

136 工具的政治概念是霍布斯为君主制政府辩护和洛克关于共和制政府论点的先决条件，它发轫于马基雅维利，发轫于斯金纳(Quentin Skinner)恰切地称之为“在追求善和取得政治事务的成功之间的决定性分离”。[24]但是，与工具的政治观点相反，政治行动——像经济行动一样——创造的需要与它满足的需要一样多。个人按照这种假定行动，集团按照这个假定构建起来。这样，理解政治行动就需要我们排斥工具概念而嘉许由行动而成为的概念。

我们反对工具的政治概念与我们保留经济理论中的工具主义是并行不悖的。第一,通过撇开意志的形成和人类发展的过程,这个概念赞许退出,贬低发言,因而把民主政府化简为代议制政府。通过贬低政治参与的价值(或更准确地说,把参与简化为登记某人的选择的行动——投票),它反对居于个人与国家本身之间的共同体联盟的政治授权形式。

自由主义的路数因此有效地把社会生活领域(诸如经济)的民主化或者等同于它的依循无碍退出原则的组织过程,或者等同于它同化于自由民主国家的过程。结果,自由主义的思路难以使民主选择的清单超出对市场和社会民主安排的保守依赖,而推进到一个扩大了的状态。确认各种受退出和发言的相互作用支配的异质社会权力形式的称心如意,因而是以工具的政治行动概念为前导的。

第二,工具的政治行动概念未能说明政治行为,因为它没有提供有关集体行动的内在一致的说明。综观全部历史,种种集团联结在一起为社会变迁提供共同规划,而常常反对社会统治机构的成就。工具的行动理论不能解释这种最为基础的政治现象。或许正是出于这个原因,麦克纳马拉(Robert McNamara),这个把成本一收益分析的边际计算引进美国汽车制造业的人,在20世纪60年代就任美国国防部长时,无法理解当他提高了大规模轰炸的费用时,在自己国家抗击美国入侵的越南人为什么不简单地放弃战斗。 137

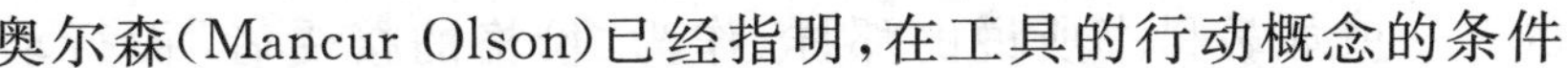

奥尔森(Mancur Olson)已经指明,在工具的行动概念的条件

之内，未受强制而自顾自的个人将只在最为紧急的状况下才进入共同的关系以应付共同的目的。参与需要费用。并且假定每一个人都将从项目的成功中受益而不论他或她是否对此成功做出过贡献，就此而言，每一个人都宜于不参与。用奥尔森的话来说，

> 除非在一个集团中人数非常少，或者除非存在着强制或某种其他的特殊机制……合理的、自私自利的个人将不会为获取共同的或集团的利益而行动……甚至在集团中关于共同的善和获取它的方法的意见一致时，这些观点仍然是正确的。[25]

从这个论点自然得出如下的结论：自私自利的个人将不参加诸如从事革命，为民主而斗争或投身非暴力反抗以确保公民权这样一类威胁到生活的行动。有人会回应说，这些英雄式的行为或许回避了对自由主义的政治行动模式的把握，而大多数常规的政治活动是经得起自由主义分析的检验的。然而，根据奥尔森的逻辑，“搭车者”(free rider)的问题甚至常常游荡到诸如选举政治这类世俗的竞技场：一般来说，工具行动将诱使自由民主社会里的个人甚至避免投票。很显然，花在投票过程中的时间和精力方面的投票成本，以及在获取为合理的选择所必需的信息时所耗费的成本，一般将超出每一个人的一票对中意的选举结果概率所期望的贡献。

当代自由主义政治理论家依然满足于假定投票是合理的，这与当代自由主义经济理论的基本命题形成了鲜明的对比。按照竞争市场的理论，每一个行动者都被设想成将价格看作是给定的——就如教科书所说的那样，作为“价格的接受者”而行动。居

于这个假定之后的逻辑是，虽然行动者的决定（比如说，倘若行动者是企业的资方，要生产大量的产品）将通过经济而有某些影响，并且一般地将影响到所有的价格，但在一个有许多买者和卖者的市场上，这些影响却是如此之小，以致它们可以不受理睬而无危险。（毫不夸张地说，它们是如此之小，以致去考虑它们就是不合理的——在我们的例子里，则是毫无益处的。）但是，根据同样的推 138
理，这些行动者就绝不会去投票，因为在有许多投票者的全体选民之中，每一张选票的影响微弱到不足以证明这个行动的成本是正当的。

当然，人们可以反驳说，在工具的政治概念中并不要求个人的目标是自顾自的。的确，**公民**一词在自由主义的话语里暗示一种超越自我关联的关切的个人状态。人们可以这样来思考：在个人利他主义地与社会集团的关切符合一致的范围内——无论它是特殊的利益集团、社会阶级、国家，甚或全人类——奥尔森设定的“搭车者”的两难推理就消失不见了。

然而，上述反驳未击中这个靶子：奥尔森的悖论并不依赖个人偏好的自私的特征。因为从搭车者论点的逻辑来看，非常清楚的是，只要参与的费用是很高的，个人偏好的确切内容是无关紧要的。无论参与的收益采取个人所得的形式，满足个人乃其成员的集团需要的形式，还是对他或她乃非其成员的其他集团福利的同情的形式，个人都将以一种平行的方法计算参与的收益和成本，并且一般地回避不参与。

但是，出于自我相关和利他的两种动机，个人自愿地参与了各色各样的社会实践，包括投票、游行、罢工和促进博爱。去追问甚至利他主义的个人是否考虑他们自己的参与成本是没有理由的；比如，一名自愿执行战斗任务的战士一般不受贬低他或她的生命的指责。我们坚持认为，解释这类行为最有成效的方法包括放弃工具的行动概念本身——尤其要抛弃那种预先构成的或外在给定的偏好的观念。

与此相反，按照通过选择而学习的原则（the principle of learning through choosing），个人和集团一般不仅参与达到既有目的的活动，而且也参与把它们自身构造成或重新肯定为具有特定的和所欲性质的个人或集团的活动。[26]由此可知，偏好既在进行选择的过程中形成，也在其中显露出来。个人为了成为而选择，为表达选择而被给予的各种机会的性质影响意志的形成。

139 人们不单单在献出博爱或投票时表露出其偏好；毋宁说人们把其自身构成和重新肯定为一个博爱的人或一个好公民。同样地，在自愿参与战斗时，那个战士不止是表露对于胜利的偏好，甚至也不是表现勇敢的本能，自愿参加战斗构造和重新肯定了这个战士的勇敢特征。参加反对国内暴力游行的妇女不单单或者甚至可能主要不是寻求更大程度的人身安全；她是在参与重新定义“妇女”的活动，并因此重新构造自身。最后，与其他工人一起去推翻阶级压迫的工人不单单是在选择与另一种社会结果相对的一种社会结果；他或她此外还在肯定其在社会生活中的地位，肯定他和她凭借那种地位而应享有的尊严，或尽管地位不高而应享有的尊严。

与哲学家就意向、行动和个人的最为恰当的表述的长期关切相比，这里所讨论的东西更为丰富一些。工具的政治概念使自由主义者对于那些忠诚和社会联结的形式无动于衷或持有敌意，而活生生的民主却必须依赖它们。在自由主义贬低各种分散的自治的共同体时,这一点最为清楚。

学习、忠诚和政治共同体

杰弗逊认为,共和制政府需要国家内部"许多小共和国"的繁衍,在这类小共和国里面,每一个公民都会成为"共同政府的积极成员"。杰弗逊希望,"这些小共和国会成为大共和国的主要力量。"[27]阿伦特(Hannah Arendt)评论说:

> 如果革命的最终目的是自由和自由能在其中出现的公共空间的构成,……那么,各种受保护的人的初级共和国,这唯一每人都能在其中自由地活动的有形空间,是大共和国的目的,后者在国内事务方面的主要目标应当是为人民提供这类空间和保护他们。[28]

今天,人们可以再进一步,坚决要求这些民主共同体不应当是国家的造物:一个民主的社会必须培育各种居于个人和国家之间的生机勃勃和自主的自治共同体。[29]这一点是正确的,其理由有如下三个方面。第一,就如我们已经注意到的那样,参与自治政府是民主学习的一种形式。第二,一个甚至民主地选举出来的国家的扩张 140
着的权力始终是一种潜在的威胁,不仅是针对个人自治的威胁,而且也是针对人民主权的威胁。孤立的个人——作为投票者,或作为商品的购买者——是相对地无权抗拒国家的要求的,他的权力大都是由民主社会行动集体形式的丰富的可选择性授予的,而这

些形式并不受惠于国家。正如资本已经兢兢业业地树立起防止国家干预经济的篱笆——其中最为主要的就是保障资本的流动性和资本罢工的权力的各种制度——那样，民主主义者也必须依赖部分篱笆的构成以防止甚至最为民主的国家的干预。组成这些篱笆的民主共同体——无论它们是工厂、街道，还是教育机构——构成了自由权的集体形式，后者与表达了马基雅维利所在的佛罗伦萨城市国家集体主权的自由权(libertas)概念并无多大差别。

第三，因为民主政治依赖自愿的妥协和深入，它要求公民至少最低限度地认同公共生活和某种集体利益的观念。这些认同的性质对民主功能的发挥当然是至关重要的，因为从某人对邻居的爱，或厂友的承诺直至恶毒的种族主义或好战的民族主义都居此列。我们不怎么同意泰勒(Charles Taylor)的观点，他说："现代社会所需要的……是对于相关的人民富有意义的分化的根据，但后者同时并不建立彼此反对的片面的共同体，而相反地把它们联结在一个更大的整体里面。"[30]在我们看来，相对于民主多元主义的另一种选择是空洞的普世主义(universalism)，它招致社会的反常状态和它的孪生兄弟，极权主义。

与培育这种民主多元主义相距甚远的是，自由资本主义已经生产出一片横亘于个人和国家之间的政治荒原。按照阿伦特的见解，这个问题不是社会生活的范围，而是社会生活的实体："使大众社会如此难以承受的东西不是所包含的人民的数量，而是他们之间的世界已经失去了将他们集合在一起……和将他们分离开来……的力量。"[31]但是，投票箱和市场的时代与其说摧毁了各种进行干预的共同体，还不如说没收了它们的权力，使它们非政治化。结果,国家逐渐垄断政治。

自由资本主义时代之前的政治生活根本是非民主的。但是, 141
就如梯利(Charles Tilly)所指明的那样,它展示了丰富多彩的共同体的政治活动。梯利在论述法国时观察到:

> 18 世纪有其自己的保留剧目。抗税叛乱,反征兵运动,闹宴,一致侵用田地和森林都是最具特色的反抗形式。……大量的……集体行动得以进行,或者是通过对所有集团的精心(虽然是未经准许的)调集,它产生了宣言,要求,请愿和诉讼,或者是借助官方准许的节日和庆典,在其过程中平民百姓以象征的方式表达他们的不满。[32]

政治行动常常是以高度整合的共同体为基础的。它没有被唯一地集中在国家上面,并且它常常采取我们今天会认为更多的是文化而非政治的形式。梯利特别提到,作为这些"前现代"政治形式的特征,

> 身受委屈的人民聚集在做坏事者的住宅前面和做坏事的场所前面而非权力所在地前面的趋势……与所有共同体和组织起来的法人集团相比,围绕特殊利益自愿地组织起来的人民是不常发生的现象;一再使用街头剧,形象化的比喻,塑像,象征的对象和其他戏剧性的设计,来陈述参与者的要求和抱怨;频频借用官方正式的活动形式……常常等于群众几乎从字面上把法律掌握在自己的手里。[33]

19 世纪出现了新的以国家为中心的政治保留节目:以高度政

治的且地方的共同体为基础的敲敲打打和闹宴让位于全国投票和在法院前面的游行示威。旧的政治活动形式黯然失色恰恰与选举权的扩大在同一时空里发生，它毫无疑义归因于作为活动形式的全国选举政治的效力。但是，它也大大得益于新兴资本主义经济里面的市场，尤其是劳动的流动性发挥腐蚀传统社团和居住地共同体作用时所凭借的手段，而这些传统的共同体形成了先前保留节目的基础。

然而，前资本主义社团共同体的让位并不简单是市场逻辑的毫不留情的结果；在某些竞技场内，它是自由主义国家政策的深思熟虑的目标。这在弗鲁克(Gerald Frug)称之为“对城市权力的自由主义攻击”的东西那里能够非常清楚地看出来，它刻画了收回中

142 世纪城市那种特许自由的行动的特点。弗鲁克写道：对城市自治的深思熟虑的腐蚀只是“自由主义对所有居于国家和个人之间的实体，因而所有形式的分散权力更为一般的敌意的例子。”[34]中世纪的城市是“一种社团，一种既非国家亦非个人，既非政治的亦非经济的，既非公共的亦非私人的居间实体，它却有不受国家权力侵犯的自主权”。[35]令人感兴趣的是，在19世纪之前的英国和美国，企业和城市两者都是社团，在这方面没有私人的与公共的功能之区别。

自由主义范式性的划分及其随之而来的癖好的自由概念会结束这种混乱。在19世纪的进程中，两种形式的社团是有区别的。城市的特许自由为了合理的和有秩序的政府利益被摒除了，企业实体的私人社团地位则在经济进步的名义下得到了保障。

对城市的攻击说明了自由主义所反对的一种更为一般的东

西,后者过去常常由行动者庸常的自私自利所激发,现在仍然受到自由主义话语本身的全力支持。弗鲁克评论说,“每一种集团权力的例子都允许权力持有者既入侵个人领域也入侵国家的领域,并且因而遭受到那种与已经用来反对城市一样的自由主义的攻击。”[36]

在提及前资本主义时代“无数无法取消的特许自由”的让位时,马克思深刻地把握了蒸蒸日上的自由主义自由概念的各种独特性质:

> 资产阶级在它已经取得了统治地位的地方把一切封建宗法的和田园诗般的关系都破坏了……它把宗教的虔诚、骑士的热诚、小市民的伤感这些神圣的激发,淹没在利己主义打算的冰水之中,它把人的尊严变成了交换价值。[37]

但是,马克思或许低估了资本主义社会分娩出新颖的集体主义的能力,因为在实践中自由主义对各种社团并不像对它们在资本主义取得优势地位之前所采取的形式那样充满敌意。

凡在乡村的共同体和特许的城市一旦为国家之外的主动的和参与的——尽管常常是教区的和不宽容的——政治生活提供基础,自由民主资本主义社会的统治机构的发明——学校和现代公司乃其典型——被认为或者是受保护的和具有政治的独裁统治规 143
则的竞技场,或者是完全在政治视野之外的私人领域。

这样,不是社团实体本身,而是在国家竞技场之外的参与的政治生活在自由资本主义时代黯然失色了。情况之所以如此,部分是因为政治活动者，尤其是国家精英们从来没有那么完全地接受工具的政治概念，以致把文化环境整个地看作是理所当然的。

那些伟大的自由主义思想家本人并没有自称，以工具行动为基础的选择能够形成社会实践的普遍模式。责任、忠诚、爱情、羞愧、市民美德和许多其他的情感和信誓以不同的方式被看作是对社会行动的本质影响。甚至以《蜜蜂的寓言》(The Fable of the Bees)震动18世纪读者的曼德维尔(Bernard Mandeville)也并没有设想，私人的贪婪会在所有的社会领域内产生公共美德；相反他专注经济。[38]早期的自由主义经济思想家——尤其斯密和边沁——显示了对经济生活中的学习和选择层面的强烈兴趣，反复思考了新兴的资本主义体系将会生产哪一种类型的人，提倡保卫和修正这一过程的各种制度。市场调和个人利益和集体合理性——或至少从实质上缓和两者之间的矛盾——这一令人称誉的能力始终被认为是取决于某种道德和道德行为的。在这一点上我们不太同意奥布赖恩

> 当古典作家最早充分地评价了市场的配置机制，以及这种机制的权力、精巧和效率时，他们完全清楚它只能在一个具有各种限定的框架内运作。这样一些限定部分是法律的限定，部分是宗教、道德和习俗的限定。它们被指定用以确保自我和共同体利益契合一致。[39]

早期自由主义者认识到，这些道德的、宗教的和习俗的信誓的永久存在不能够被看作是理所当然的。但是，后来的观点，尤其是

那些受到工具的行动理论启示的观点，比如新古典经济学，逐渐地接纳了一个十分简单的概念：外成的个人。习惯、共同体和信誓仍然可以是社会相互作用的台基，但是，自由主义思想家——排斥伯克那种代表传统的能动主义——愈益把这些看作一种或多或少的历史遗产的结果，而非进行之中的文化再生产的计划的产物。因此，与市场的运作、投票箱和其他为自由主义所偏爱的制度一致的文化再生产的问题不复有理论争论了。 144

作为理论关切的文化实践失去光彩在一定程度上起因于自由主义话语本身的逻辑。由于利用个人的和非社会的权利概念论列它的基本原理，自由主义话语就难以表达作为政治实践目的的团结和合作。基尔克（Otto Gierke）观察到，随着自由主义占据上风，“国家的主权和个人的主权稳步地走上成为两个中心公理的道路，所有社会结构的理论都会从这两个公理发轫，这两个公理之间的关系就会成为一切理论争论的焦点。”[40] 在自由主义话语里明白地得到认可的社会团结的形式只是以共同的公民身份为基础的民族性和以家庭为基础的亲属关系。或许正是出于这个缘故，今天在一些发达的资本主义国家里，民族主义和对父权制家庭的反女权主义式的维护，是“成为的政治”最有效的形式中的两个。

自相矛盾的是，19 世纪有关文化再生产问题的理论讨论的消失是与这样一种日益增长的意识步调一致的：增大了的劳动流动性，城市化，经济动力化和资本主义经济本身成长的其他产物已经掏空了道德和社会控制的许多传统基础。正当文化再生产的问题不再受到理论注意之时，它开始在人们的头脑呈现出巨大的实践重要性，接受了日益增长的改革者和行政官员大军的工作成果，这

支大军自19世纪以来一直试图为迅速销蚀的家庭、邻里共同体、手工业行会、教会、共同体和类似组织创立一些国家代理机构。其结果便是在一个自诩为了经济自由而推倒了其他壁垒的时代里，强制性的学校、收容所和监狱以史无前例的规模树立了起来。实施自由资本主义秩序的这些成本在20世纪继续上升。

于是，自由主义社会理论的基本问题就是它把那些文化的、道德的和经济的条件的再生产看作是不言而喻的，而这些条件是实现为了其所偏好的制度而制造出来的各种规范要求所必不可少的。在缺乏居于个人和国家之间的生机勃勃的共同体的情况下，人们在自由主义所珍爱的政治原则即自由权之中，所感受到的更多地是孤独而非自由。人所公认的市场的配置效率亦受到实施成
145 本增长的挑战，这些成本是在由陌生人栖居的无冲突的经济之中实行作为工具的自私自利所需要的。

这样，自由主义各种比较现代的变种在论述受到作为选择主导框架的市场和选举的蔓延所促进的那些形式的学习问题时，不仅品性不佳，而且概念亦甚不完备。就学习和选择这种相互作用如何可以受到最好支配而言，自由主义理论也不能对民主、自由权或其他目标的各种彼此竞争的要求做出一种评估。的确，这两种形式行动被看作是在时间上（或至少在年代上）几乎确确实实分离的两极。

马克思主义的社会理论把个人的社会构成看作是不言而喻的。它可以被认为提供了一种有关个人和社会行动的替代概念，后者能够论述民主文化和共同体的种种关切。但是出于各种极其不同的理由，情况并非完全如此。

直接民主和表达的行动理论

马克思嘲笑那种外在地既定的个人的概念,他拥护人民通过他们的社会实践生产自身的观点。他提出了一种史无前例地奥博的社会行动理论,这个理论是建立在那种社会地构成的个人的概念之上的。他论证说,统治和服从的关系是集体行动所由以造成的材料。他强调,阶级关系不仅是统治者的关系,而且也是纽带的关系,因而它们是共同政治行动潜在的基础。这些洞见仍然没有以一种可以克服自由主义行动理论的弱点的方式得到发挥。并且就如我们将会看到的那样,它们也没有为一种重新构造的民主理论提供适当的基础。尤其值得一提的是,马克思把利益当作行动的先行的并且最终的决定因素:

> 问题不在于目前某个无产者或者甚至整个无产阶级把什么看作自己的目的,问题在于究竟什么是无产阶级,无产阶级由于其本身的存在必然在历史上有些什么作为。[41]

利益之所以是先行给定的乃是因为它们牢固地扎根于历史的必然 146
性之中。

然而,马克思主义的传统没有简单地再生产出自由主义的行动理论。它通过颠倒自由主义的错误解决了集体行动的问题。它抬高“发言”,促进自发的、无结构的人民主权概念的形成。同时,它嘲弄市场和投票箱的“退出”机制,从而为那些对从实践上达到民主秩序至关重要的分散的和代议制的政治制度提供不了什么概念支持。马克思主义的个人模式是建立在我们称之为**表达的行动概念**的东西之上的;这个概念的意义是个人行为是一种集体成员身份的表达。根据表达的行动理论,个人都是根据他们阶级的、性别的、民族的、族类的和其他的社会地位而行为的。

马克思的模式错失了选择的概念。在马克思主义的理论里面,一个社会集团拥有一整套利益,其成员会对这些利益具有或多或少的正确意识,并且他们的行动是这些利益的一种表达。选择,仅仅作为社会地位的表达,既没有解释的意义,也没有道德的意义。结果,自由和民主责任的结构上的先决条件大大地受到了轻视。

这种否定个人行动作为一个概念范畴的后果,就是马克思主义经济学家当中缺乏兴趣去发挥他们的甚至最为基本的命题的微观经济学逻辑的。比如关于利润率随着资本有机构成的提高而下降这个著名趋势的证明就非常典型地没有追问。任何非共谋地追求利润极大化的个别资本家企业是否会一直选择以这个理论所设定的方式装备新技术。冲盐(Okishio)和其他人已经证明,这个相当基本的微观经济学问题一旦提出,上述的趋势就瓦解了。[42]

然而,甚至在缺乏选择和个人行动的理论的情况下,对民主的信誓依然是马克思主义传统中最为始终不渝的主线。马克思自己设想共产主义是各种民主制度发展的完成。比如,在《政治经济学批判》,马克思把从封建主义,资本主义和最后到共产主义的演进解释为民主制度的逐步实现:

> 人的依赖关系……是最初的社会形态,在这种形态

> 下,人的生产能力发展着。以**物的**依赖性为基础的人的独立性,是第二大形态……建立在个人全面发展……基 147
> 础上的自由个性,是第三阶段。第二个阶段为第三个阶段创造条件……全面发展的个人,他们的社会关系……服从于他们自己的共同的控制……是历史的……产物。[43]

调控这种“共同支配”的确切的社会制度在马克思主义的传统中一直是难以捉摸的。恩格斯的评价具有马克思主义排斥国家作为这种控制工具的做法的典型性:

> 以生产者自由平等的联合体为基础的,按新的方式来组织生产的社会,将把全部国家机器放到它应该去的地方,即放到古物陈列馆去,同纺车和青铜斧陈列在一起。[44]

如果不是转向国家,那么我们可以转向不那么正式的黎民百姓的基本创制权的概念吗?马克思和恩格斯的政治理想,巴黎公社,显然就属于这样一类东西。用恩格斯的话来说:“先生们,你们想知道无产阶级专政是什么样子吧?请看看巴黎公社吧。这就是无产阶级专政。”[45]列宁在俄国革命前,甚至在革命中以虔敬的口气谈到人民的创制权:“国内的亿万人民……正在凭自己的力量,**用他们自己的方法**创造民主,而不等待……资产阶级议会共和国……(它)扼杀了**群众**独立的政治生活。”[46]

马克思主义对代议制政府的批判不是对民主,而是对代表制的批判。由于把人民的直接表达当作责任的理想类型,马克思主义的政治理论就落入了那种把代表制看作是从社会约定的后退的传统。[47]卢梭在这方面是有典型性的：

> 主权……是不能代表的；主权在本质上是由公意所构成的，……凡是不曾为人民所亲自批准的法律，都是无效的。……英国人民……只是在选举国会议员的期间，才是自由的；议员一旦选出之后，他们就是奴隶，他们就等于零了。[48]

这种对代议制政府的敌意扎根于关于社会的一种见解之中，按照这种见解，政治是整个地与日常生活整合在一起的，因此在这种见解那里，公共的—私人的二分法就消失了。由于蕴涵着自愿地从公共领域里撤出的可能性，代议制概念本身变成了一种道德的威胁。科莱蒂(Lucio Colletti)以浪漫的传统提示说：

> 道德不支配政治，但政治本身是对道德问题的解
> 148 决……人的本性只能够“在社会中和通过社会”实现……自由不再是“脱离”社会的自由主义的自由或个人主义的自由，而是在社会之中并且通过社会实现的自由。[49]

自由主义对自由的保卫需要一个既是私人的又是道德的社会生活领域。然而在卢梭、马克思和列宁的传统那里，私人的—公共的分离是一种不完善性，它将在社会解放的过程中消失。诚然，按照社会主义的传统，私人的东西来源于资本主义财产关系，并且因此是异化的社会存在的表达。就如科拉克沃斯基(Leszek Kolakowski)所观察到的那样，马克思

> 认为人的解放……通过私人生活和社会生活的符合一致,政治领域和社会领域的符合一致才有可能……马克思想要见到的是一个私人之间对抗的根源已经扫除了的共同体。在他看来,这种对抗起源于一种彼此的孤立,而当政治生活脱离市民社会时,这种孤立就必然会产生。[50]

这样,直接民主的浪漫概念就排除了合乎理性地保卫代议制制度的可能性。[51]再者,直接民主的传统最终立足于对私人领域否定之上。因为按照表达的行动理论,个人是他们所属的集团的象征,所以与人民意志对立的个人权利将成为一种术语上面的自相矛盾,因为在社会关系和集体参与的坐标以外,个人等于无。偏离上述坐标的人在最好的情况下也只是怀有"错误意识"的人,而在最坏的情况下,则是"阶级敌人"。

具有讽刺意味的是,马克思主义的集体行动理论并不比其自由主义对手更能处理搭车者的问题。与其说它解释了个人为什么会投身集体行动,还不如说它简单地把个人行动问题整个撇开了事。表达的行动理论承认集体行为,但它不能够解释这种行为的个人合理性。马克思主义的传统就是这样被归结为有关集体行动将在何时,在何种条件下,以何种形式发生的特定的和经验的考察。

当然,人们可以论证说,个人不是合理的选择者。人民为他们的国家而死,人民为了生产他们的孩子而献身,他们为他们的家庭而工作,他们保卫他们的共同体。为什么追问他们按照他们的集
团利益而做出行为的能力？我们回答说,利益并不作为原因先于 149

实践，相反地，一个集团的利益，除了其他因素之外，一般将依赖集团的全体成员，其内在连贯的和有结构的组织，其在社会行动生态系统中的位置。

这个对表达的行动理论的批判显然是与前面对自由主义的工具的行动概念的批判相类似的。在这两种情形中，我们都证明，那种被认为是决定的行为的东西（个人的偏好，集团的利益）至少部分是行动的产物。在这两种情况下，我们都身不由己地要更深入地寻找关于行为的解释。比如，拿到较高工资一般可能符合工人的利益的，但是对于国内工人来说究竟是与外国工人联合起来反对他们共同的雇主于他们有利，还是与他们的雇主联合起来歧视外国工人于他们有利，是无法预先决定的。我们并不认为利益是“主观的”，或者要不就缺乏实体。即使利益能够令人信赖地从关于社会结构的一种分析中推断出来，我们的论点依然是成立的——只要各种社会实践的成分，包括它们连贯的和有组织的特征，作为这个结构的基本成分包含在内。

此外，在排斥既定的社会秩序只有唯一的继承者（比如，资本主义必然自封建主义之中产生，社会主义必然自资本主义之中产生）的观念时，我们抛弃了下面这个观念：由一些由于社会地位而以不论何种相似的方式聚集起来的个人的集团，拥有唯一的一套他们能够发现而不能创造的客观利益。用游戏理论的专门术语来说，这就等于断定构成社会生活的游戏没有“核心”。游戏的核心是所有参与者划分成由一个或一个以上的成员组成的具有蓄积好的资源和策略的集团，这样，任何一个个人离开他或她的集团便无利益可言，任何一个集团诱使其他集团加入自己亦无利益可言。

因而，说社会没有核心就是断言集团成员并无自然的边界线，就是断言对于一个既定的社会活动者集团来说没有什么内在的最佳的策略。

集团当然要发展出共同的规划，个人的行动常常与他们所属的集团符合一致。这样一种行为无法简单地在表达的行动理论之中得到解释。构成的行动理论(constitutive theory of action)——一种超出个人行动之外去处理个人在集团实践中的联结的理论——乃是令人满意地处理社会行为所必需的。

结果，政治哲学的关键术语之一，"利益"必须予以重新考虑。150
"利益"概念是天生地有歧义的，既包含着人们实际上所欲求的东西的观念，亦包括人们应当欲求的东西的观念。在自由主义理论里面，这两者是合在一起的，因为选择原则蕴涵着人们应当得到他们所想要的东西的意思。但是，"利益"的两种用法在马克思主义理论里也是合在一起的，因为根据表达的行动理论，工人将最终地达到以对于自己阶级的胜利所历史地必不可少的东西为基础而行动，他们的胜利从规范上来说转而又是社会进步所必需的。我们论证说，不存在对"是"和"应当"的问题的唯一解决办法，因此，利益既解释社会行动又为社会行动所解释。

结论：集体行动、私人性和自由权

在一个回避了表达的行动理论的框架之内，集体行动如何能够得到解释呢？我们提出了一个模式，它扩展了在本章前面部分所阐发的通过行动而成为的概念。

个人之所以与他人认同是因为他人整合到了他们的个体性之中，他们与他人一起行动不仅为了获得而且为了成为。[52]我们认为，理解集体行动的关键在于观察到，各种目的不是预先给定的，因此社会相互作用有其构成的层面。换言之，个人与他人一起投入实践不仅为了达到共同的目的，而且也为了决定他们是谁和他们将成为作为社会存在的谁。自由主义的和马克思主义的个人行为的模式两者之所以都归于失败，乃是因为他们假定行动是指向于满足先于社会行动而存在的、而不是从社会行动中产生出来的目的的——在自由主义那里，这些目的来自于预先给定的个人的需要，而在马克思主义那里，它们来自于受历史决定的集团利益。按照这些见解，集团之所以不能作为集团而行动乃是因为个人从行动和财产本身什么也没有得到。与此相反，通过行动而成为的概念断定个人在相当大的程度上通过他们共同的计划构成自身。

社会相互作用的构成层面发轫于如下这个事实，个人是通过
151 他们的行动而（在他们自己的眼里和在别人的眼里）被承认的。自我作为社会的自我是不断需要通过行动定义、证实和承认的。[53]正如对象是通过它们的性质被认识一样，一个人的自我是通过其行为被认识的。勇敢就是勇敢地行动。博爱就是献出博爱。关心和平就是投票赞成和平或参加反对核战争的游行。这些行动不仅是达到既定的目的的工具，它们也显示和创造了特征。行动表达了认同，影响了个人的发展，但行动也是认同，是个人发展。尽管存在着工具合理性和游戏的主导规则妨碍这样的行为这个事实，参与实践的动机依然扎根于行动的构成特征之中。

我们将自由主义的缺点追溯到其孪生的划分，即私人的与公共的,学习与选择之划分。但是简单地排斥自由主义话语这些孪生的支柱,以支持个人通过实践构成的理论和经济与阶级关系具有政治性质的理论,很难说是对这样一些至关重要的问题的恰当回应,而对这些问题自由主义的理论家富有独创性地提出了他们那两个不幸的二分法作为答案。

私人性和自由权依然是任何民主主义者的政治哲学的中心关切。沃尔泽(Michael Walzer)正确地指出:"我们极其看重我们的私人性,而无论我们在私人独处时是否做了怪异和令人刺激的事情。"[54]但是,如果自由主义意志外源的概念如其必然遭受排斥一样被排斥,并且与此同时个人偏好的不可侵犯性亦受到排斥,那么自由权将在什么基础上受到定义和保护呢?如果生产资料所有权不再为社会之区分为公共的国家和私人的经济提供内在一致的基础,就如它确实没有提供这个基础一样,那么私人的概念将如何得到定义和保护呢?

我们已经提出,个人偏好应当诠证为既是受社会制约的,又是能够通过个人选择而发展的。个人通过他们的行动既影响他们自己的成为,也影响到别人的成为。因此,选择服务于获得和成为这双重目标。我们确实相信,一个拓宽了的选择和自由的概念恰恰可以根据其促进学习的能力得到辩护,这个主张使人想到穆勒对自由权的那个受到过分忽视和较有局限性的辩护,它乃是学习的必要的先决条件。但是,这样一个模式必须不仅包括个人学习者和选择者的逻辑,而且包括人民朝着他们的共同目标一起行动所凭借的方式。

第六章　共同体：语言、团结和权力

152 自由主义社会理论和马克思主义社会理论协力将个人权利描述为资产阶级个人主义不可磨灭的表达。自由主义对这个解释的贡献在于把权利看作是自我参照的、原子主义的和非社会的。马克思主义的贡献在于认为自由主义的分析只具有表面价值，把个人权利当作阶级特权深层结构的单纯意识形态表达而予以排除。然而权利从根本上说具有社会的性质，它们能够实现最深层的民主信誓。马克思主义历史学家霍布斯鲍恩写道："自由权成了一些人的口号，而这些人最不需要自由，并且不想将它给予那些最需要它的人。"[1]

个人权利既非自由主义的，亦非反动的，亦非革命的；它们既非特权朝生暮死的面纱，亦非革命变迁的杠杆；它们既非先于社会，亦非仅仅是它的反映。个人权利只是一种话语，一种交往和政治行动的结构，后者在民族—国家兴起以后的欧洲和北美一直是社会团结和冲突的无处不在的中介。这种话语为扩大自由和民主的人民斗争所器使，并且被精英们用来证明私人财产和有条件的公民权的正当性。[2] 在当代资本主义里面，权利的话语因此不属于
153 任何特定的阶级或集团，并不与任何内在一致的世界观相符合。当然，存在着特定的自由主义的权利概念，它包括私人的—公共的

和学习—选择之划分，以及父权制家庭的自然特征。但是这只是一种更为一般的权利话语发展之中的一个阶段，这个阶段从 17 世纪断定贵族对于王室自负的特权连亘到当代对于工厂民主、平等机会、经济保障的要求，以及支配自己身体的权利。

然而甚至那些承认个人权利的语言或许适合激进的民主主义者使用的人也频频论证说，权利话语具有如此纯粹的个人主义特征，以致它在培育民主社会时扩展的使用顶多只是一个权宜之计，后者充满了再生产出与时代不合的和本质上囿于自我的政治世界观的危险。马克思也持这样的观点。

> 没有哪一种假定的权利……超出个人主义的人之外……这就是说，一个与共同体分离的、从中退出回到自身之中的个人全身心地关心他私人的利益，按照他私人的怪想行事。[3]

这个反对意见是建立在一个广为接受的观念之上的：政治话语无论多么间接和疏阔，都是理智大厦基础的反映。按照这种观点，无论权利话语可以进行多么大的更动以适合于政治的或说教的权宜的目的，它依然只不过反映了本质上乃是资产阶级和精英主义的政治哲学。

与此相反，我们将论证政治话语（包括语言和其他交往的符号手段）既不反映人所共有的意识，亦不反映社会意识形态。[4] 一套话语是一套工具。人民使用这些工具去锻造为他们集体的社会实践提供基础的统一性。话语就以这种资格成为有助于集团行动形成的一个机制。话语内容简单地说就是它被有规则地置于其中的用法簇(constellation)。权利的意义恰恰就是它们在社会行动之中具有社会结构的部署。词语,像工具一样,如果缺乏与某一套观念的内在联系,大概就是借用的。的确,像革命战争中的武器一样,某些最有效的语词是从统治阶级那里夺过来的。

话语和关于话语的斗争——关于语词使用的方法,哪一类旗帜是可以容忍等等的斗争——因而是理解集体社会活动者的形成和团结的关键。话语的重要性为自由主义者和马克思主义者轻易
154 地忽略掉了;在前者乃是因为他们无视集体行动的中心地位,在后者乃是因为他们相信集体活动者——阶级——不是社会斗争的结果而是经济结构的表达。

但是,政治主要存在于规定了社会集体行动分界线的"我们"和"他们"的形成活动中。在创造和改变政治的"我们"与"他们"的过程之中,语词、手势、纪念碑、旗帜、服饰,甚至建筑发挥了重要性不亚于人们作为生产资料所有者、工人或母亲的身份所发挥的作用。这些指定了在一个社会结构中共同地位的术语中任何一个激起一种共同事业感或反抗的能量,本身乃是几个世纪围绕话语的社会冲突的产物。

权利话语的基本民主潜能始终是一种方式,种种权利用这种方式增强人民识别无正当理由的特权和非法的威权,并因此而孤立"它们"和动员民主主义的"我们"的能力。威伦茨(Sean Wilentz)关于 19 世纪早期纽约工人阶级的研究阐释了这一点:

> 几乎在每一个可以设想的公共场合和在某些私人场合,本书的研究对象都求助于理想国的语言来解释他们的观点,攻击他们的敌人,支持他们的朋友……在面临社

> 会生产关系的深刻变化时，普通的纽约人开始重新解释他们共有的联邦、美德、独立、公民和平等等理想，争论这些术语的确切意义。[5]

这不是权利话语的唯一用法，这一点我们马上就会看到。①

语言和社会实在

金钱万能。传统为自己辩护。枪口有自己的令人毛骨悚然的说服力。民主制度却常常是由不富裕的人民赢得的，对于他们来说，传统的价值保护那些统治他们的权力，并且他们面临怀有敌意的国家的强制力量。这一切是如何可能的？是否存在着另外一种力量，它能够产生不归结为金钱、传统和身体强制的社会变迁？当 155
然有这样一种力量。那就是人多的力量——具有共同计划和为达到这个计划而团结一致行动的人民的力量。

人多的力量在缺乏统一性的情况下是空洞无物的。语言对于社会的民主变迁是至关重要的，因为在缺乏财富，没有传统的支持，军事力量薄弱的情况下，社会的民主运动只能依赖于政治话语，把它当作一种综合力量。

像枪和金钱一样，话语是一种具有其自身特征的社会力量。政治话语不能理解为人民头脑中“观念”和依附于意识形态世界观的“意识”的反映，不能理解为要被归类于“意识形态”领域的“意

① 我们关于权利话语是进步的社会变迁工具的辩护，不应当被看作是支持如下的见解：权利哲学能够成为一种关于健全社会的理论的唯一基础。

识”的标志。正如维特根斯坦所强调的那样：“语词不是其他某种存在于语词之先的东西的翻译。”[6] 作为社会原动力元素的话语结构的重要性在社会理论里通常被大大地淡化了。我们认为，这种淡化的基础是对处于与意识和文化联系之中的交往的绝对地位的基本误解。

语言通常被设想为内在状态和外在状态之间的一根导管。无论在一般人的思想里还是在大多数社会科学里，说话都被当作是个人内心境况的公开表露。讲话和写作被看作是思想感情，观点和态度的表达——简而言之，被看作是心理状态（或多或少名实相符）的显露。话语因此在社会行动中被指派了一种与创作时的打字员角色相似的边缘状况。根据这个见解，话语是意识的指示器，而意识是解释或干预的真正对象。因此，在解释社会生活时话语结构本身并没有实质性的角色。

以阿尔斯顿（William Alston）称作“意义的观念化理论”的东西为形式，将交往当作由内在状态而至外在状态的通道的措置，有着令人起敬的哲学渊源。[7] 比如，我们在霍布斯的《利维坦》（*Leviathan*）中发现，“语言的一般用法是把我们内心的话语转换成字句的话语；或者把我们思想的秩序转换成语词的秩序。”[8] 语言作为将私人话语移译为公共话语的工具这种观念接近于洛克著作里的意义本身的理论，而按照洛克的观点，“语词，就其原初的和直接的意义而言，只是标示那个使用它们的心灵中的各种观念。”[9]

这种学说的核心是一个站不住脚的假定：人类行动是种种观
156 念的表达，而交往行动无非只是观念的一种反映而已。但是如果
行动是一种被调向达到特定的人类计划而对世界的干预，那么“观

念”在话语中的特权状态就是没有什么根据的。当父亲对孩子说道:“回到你房间去!”我们可以把它们解释为意向、情绪、想望,但很难解释为观念。当一位国家领导人说,“世界各个国家正投身于建设未来和平的共同任务”,这表达了哪一种观念呢?我们在这样一类吐属(verbalization)之中没有看到观念,而是看到了改变世界的具体形式。

语言移译理论里面尚有甚至更为严重的问题。观念在逻辑上先于语言吗?让我们来做一个实验。取三组社会科学的新手,给每一组提供各不相同的一套语词和粗略的定义来补充他们日常语言。把功能、规范、构造分异作用、角色和模式变量给第一组。把边际生产力,帕累托最优(Pareto optimality),效用函数和供给与需求给第二组。把欲力(libido),投射,超我,创伤和宣泄给第三组。把他们一下子放到芝加哥,要求他们去解释贫困和犯罪。他们的“观念”将不受他们“工具”的影响吗?我们认为会。

在这个例子里,从头到尾很可能会出现观念和用于表现观念的词语之间的某种一致。而且,如果允许从一组较少限制的精选出来的术语中去选择,某些社会活动者一方面在调和观念与语词将发挥出创造性的选择力,另一方面将发挥出个人的种种计划。但是,观念的特权地位在那里将会消失。(我们不想断言移译理论的对立观点。观念不仅仅是话语形式的证明,这种观念也是可以用来表达话语。个人常常发现话语工具不适合——甚至导致误解——表达观念。他们于是试图去改变他们所能利用的话语工具。)

让我们来考察另外一个情况。一个学生在什么时候已经适当地被引进了科学之门？是不是当他或她开始相信主要的科学命题的时候？不是，因为创造性的工作常常采取的形式既不是摧毁大众有关科学术语之间相互作用的所持有的信念，亦不是证实这些信念。只有在一个人的经验已转变成科学的专门术语的时候，乃至在这些术语相互之间的实质性关系和意义本身或许已经受到更动的时候，他才算入了门。科学通常是由其专门词汇及其范式性的实践而不是其观念牢固地建立起来的。

157 在20世纪，语言哲学家们从把语言看作心灵状态与它们的公开表达之间的通道转到把语言看作用于传达信息的中立的约定体系。比如，在弗雷格(Gottlob Frege)及其后继者那里，为了把有意义的交往看成是“意义”(含义)和“指称”(含义所施用的事物)之间的陶铸着的有效联结，理念化的意义理论就被撇在了一边。这样一来，语言就简单地被当作了表达事实的工具，而政治话语成了废话和可以科学地证实的断言的混合物。把政治话语当作社会变迁中潜在的创造性力量或社会冲突的对象的措置就被排除掉了。

然而，在处理话语的社会作用时，对语言的意义和指称的研究路数与移译理论一样易于导致误解。在社会里面意义不是固定不变的，它们是各个集团之间壁垒分明的冲突中的争夺目标，这些集团试图通过改革将他们的成员联合在一起而与其他人分别开来的交往工具来构造他们的社会认同。而且，我们无法轻易地把语言当作用于联系意义和指称的习惯工具来处理。某些语词的习惯意义是直截了当的。**雏鸭**就是小鸭，**单身汉**就是未婚成年男性。在这里，习惯意义之所以起作用乃是因为我们能够找到同义词：我们将一个语词移译成另一个语词。但是只有在预先存在着那个给定的术语能够被移译过去的“其他词语”时这才会成功。比如，什么是**好**、**游戏**或**绿**等词语的习惯意义？有能力的说话者完全能够使用和解释这些词语。但是存在着某种能够被称之为它们的“意义”的实体吗？这样一种实体是不存在的。

分析传统中的几位哲学家［比如维特根斯坦和奥斯汀（J. L. Austin）］已经系统地阐述了有关旨在于理解这个洞见的直接相关性的一些替代的研究路数。[10]维特根斯坦认为，语词是由它们在一系列交叠而散漫的游戏中的用法定义的。用他的话来说，

> 试想一下工具箱里的工具：有锤子、钳子、锯、旋凿、尺、熔胶、钉子和螺丝。语词的功能如同这些对象的功能一样，是各不相同的……一个语词的意义是其在话语中的使用。……当然，致使我们产生混淆的东西是在我们听到语词被说出来或在手稿或印刷物中遇到它们时各种词语的统一现象。因为它们的**运用**没有如此明白地向我们呈现出来。[11]

社会话语尤其不反映充任社会实在内在一致的表现的观念王国。158
相反地，正如维特根斯坦已经强调的那样，语言是“生活形式”，在这种形式里语言是行为，而理解就是认识到如何去**做**某种事情。除非在形式化的和科学的境域里面，语词没有意义，只是交叠的社会活动领域之中的一系列联系在一起的用法而已。它们分别服从不同的（虽然或许是联系在一起的）规则。

奥斯汀的关切方向平行于维特根斯坦的关切，他主要著作的题目《如何以词语行事》便是这一点的明证的。然而，就奥斯汀而

论，对意义和指称理论的批评集中在这种批评能够成功地对付的讲话的有限范围之内。奥斯汀强调，交往既不能归结为信息的传达，亦不能归结为事实或价值的判定。说话首先就是构成一件事实而不是陈述一种事实。说“我预言胜利”不是断言什么东西，而是预言某种东西。说“吾带着这个戒指与汝成婚”是完成一个行动，而不是传达信息；在这一点上它与“我上个月与他结婚了”这个陈述截然不同。其他具有这种“行事”特征的语词有：为……洗礼，发誓，打赌，警告，承认，断定，谴责，要求和否定。[12]

这些洞见对政治话语分析具有深远的意义。我们随之理解到，话语的结构提供了一个词汇表，包括比如自由权、自由、权利、男人、公民这样一些术语。但这些术语并不标示观念、意义或概念。相反地，它们是具有用法和具有它们可以在里面得到运用的特定范围的工具。围绕话语的斗争涉及容许收入词汇表的术语，以及使用它们的方法、时间和场合。

诚然，话语超出语词而包括诸如旗帜、制服和建筑形式一类的交往层面。[13]当18世纪70年代中期费城民兵抵制穿着常规军服，而偏爱他们说能够在民兵内部“拉平所有差别”的猎装时，他们正是在从事有关话语的斗争。[14]的确，正如格尔茨（Clifford Geertz）在其有关19世纪巴厘（Balinese）国家的研究中所揭示的那样，语言本身有时可以具有相对从属的散漫联结的形式：

> 巴厘人不仅在宫廷仪式上而且在一般场合里，把他
> 们关于事物最终所是的方式和人们应当因此而行动的方
> 式的最为连贯的观念注入到直接领会了的、激发美感的
> 159 符号上面——注入雕刻、鲜花、舞蹈、旋律、手势、歌唱、饰

> 物、庙宇、姿势和假面具的专门词汇表里面——而不是注入到一套以推论方式领会的、井然有序的清楚的“信念”之中。[15]

但不是应当推论说，非语言形式的散漫关系具有首要地位只是前现代社会的特征。因为就如霍布斯鲍恩已经观察到的那样，现代民族国家的巩固包括了大批新颖的符合话语的发明。

> 非常清楚，政治机构、意识形态运动和集团的众多——主要是在民族主义那里——是如此地史无前例，以至于历史的连续性甚至都得发明出来……另外清楚的一点是，全新的符号和设计作为民族运动和民族国家的一部分出世了，诸如国歌、国旗或“国家”在符号和想象方面的拟人化，而这种拟人化既有官方的，如马里安那(Marianne)和日耳曼尼亚(Germania)，亦有非官方的，如卡通形象的约翰牛，瘦巴巴的美国老山姆大叔和“德国傻瓜”(German Michel)。[16]

简而言之，话语工具有各种用法，这些用法通过实践而得到改变，在社会冲突的过程中从社会生活的一个竞技场被输送到另一个竞技场。[17]我们把词语当作一种构成而不是反映社会生活的，并且构架社会行动的人所争夺的结构。波科克(Pocock)确实正确地注意到，“任何形式化了的语言都有助于构成一种权威结构，在这个意义上它是一种政治现象。”[18]格尔兹在反思19世纪的巴厘时观察到：

> 管理国家事务的本领是戏剧艺术。但是尚不止于

> 此，因为露天表演，不只是审美的修饰，独立存在的统治者的庆典：它们是事物本身……传统的巴厘的国家仪式是形而上学的戏剧：设计成表达实在的最终性质的观点的戏剧，以及同时设计成将生活的各种现存条件塑造得与实在符合一致的戏剧：这就是说，戏剧表现一种本体论，并且通过表现这种本体论而使之发生——使之成为现实。[19]

通过参与登入形形色色的话语的堂奥，而个人通过这些话语在一种集体的实践中联合了起来。话语的工具为创造性地实施个人和集体的计划描述了各种可能性，它们通过将人民在行动中团结起来的能力获得自身的力量。

意识、话语和社会联合

160 语言是意识公开表达的通道这个可疑的观念完善地补充了马克思主义行动乃是人的客观社会地位的表达的理论。语言移译理论和表达的行动理论一起造成了拟人化的社会集体实践的概念。按照这个观点，个人通过他们共同的利益和意识联合地行动。每一个人的行为和利益是这些共同利益和意识的表达。这样，集团实际上被当成这样一个东西：仿佛它有一个头脑而有多重的肉体现身。团结——诸多个人在集体实践中联合在一起——的问题因此被弄得庸俗化了。

但是，社会集体行动的拟人化模式是得不到任何支持的：集团乃是集体性的个人的概念甚至作为暗示性的虚构也是站不住脚的。[20]集团及其利益在社会行动之前并没有完成构成而存在：政治既是集体性的创造及其销蚀，亦是既定集团之间的争斗。集体实践的成功组织这样看来发挥了双重的功能；它必定导致对世界的有效干预，与此同时它必定通过其成员的联合保障自身的整合性。

这样，它对于理解维持集体实践的统一性时所牵涉的各种力量，就是至关重要了。的确，威胁集体行动活力的向心力可以对集体行动的目的及其社会相互作用特征的形成做出直接贡献。比如，工会做出罢工的决定可能是更着眼于其对工会成员团结的影响，而不是那个行动明显的经济目标。联合是社会行动的基本要素，而不仅是其工具。依照这个见解，特殊话语，比如，自由主义的权利话语的调用将塑造集体行动的特征，并且能够对社会变迁的原动力造成较大的影响。话语工具推动实践，同时通过它们培育的联合和分离，通过它们对目的的表达和达到目的手段所设置的种种限制，部分地构成实践。这些限制的性质尚未得到适当的研究。我们将在这里提出这样一种研究路数的某些可能的元素。 161

个人联盟的有效性依赖其成员的内在统一性程度和信誓的深度，依赖其成员使这个集团可得到的各种资源，依赖联盟在贯彻其计划时所能建立的与其他集团的联系。这种信誓的原材料一般是与社会统治结构相对的成员的共同社会地位（阶级、种族、性别、地区、民族、宗教），社会中人所分享的交往的和有组织的实践的体系。马克思把共同的生活环境，尤其把人所共享的对共同的压迫形式的经验，看作社会团结的基础，毫无疑问是正确的。这就是作为历史分析工具的马克思主义阶级概念的基础。

但是，如果共同的社会地位先行于社会行动，那么团结和共同的利益（其存在和内容两者）只有通过具体的交往的和有组织的实践才能产生出来。正如话语不是意识的反映一样，政治生活散漫的实践也不是内在于活动者社会地位之中那种预先给定的利益的表达。第一，集团成员的标准，从而它的社会构成不能够先天地得到规定。我们和他们“划分的多重性在任何社会秩序中都是可能的”。[1] 第二，任何集团的成员不可避免地具有各种相互冲突的前景，后者的基础是种族、性、族类、地区、产业的和职业的职位、年龄和其他可能对该集团的中心计划而言显得肤浅的属性等等方面的差别。于是，统一性的性质和范围本身就是通过话语和组织而联合的那种构成的产物。最后，因为构成社会的各种有结构的竞争那种本质上不确定和随情况而定的特征，因为固有的不完全的信息，没有哪一种显然占优势的或独一无二的策略将从其成员的共同社会地位推得。哪里存在着歧义，哪里实践的内在结构——尤其是它可以利用的推论工具——将决定性地影响其计划的特征。

但是，反题也是真的。因为话语的结构影响实践，所以话语本身不可避免地成为社会斗争的对象。工具，包括话语工具的特征正是它们可以从它们的起源那里分离出来，可以被更动和用于别
162 处。政治词汇表的元素——诸如权利话语——并不以天生既定的方式彼此联系。它们没有本质性的意义。如果它们有本质性的意义，那么集体行动的形成和消解就会远远比现在容易预言。

① 这确实是我们前面关于社会是一个无核心游戏的描述的无可避免的结论。

创造历史常常就是一件创造语言的事情。但是,话语常常是借用的或窃取的,而非从头创造出来的。当面对着有限的政治词汇表时,政治活动者占用和改造那些敌对力量已经费力发展出来的工具。我们完全同意福纳(Eric Foner)的观点,他写道:

> 社会变迁的一个关键就是语言本身性质的变迁,既有新词出现这样的变迁,亦有旧语采纳新意义这样的变迁……[潘恩(Thomas Paine)希望]通过改变人民借以思考政治和社会的术语本身来促进革命……潘恩是世俗的革命语言创造者之一,借助这种语言总是心怀不满的人,千年王国的志向,人民的习惯都在一个令人吃惊的新词汇表里得到了表达……潘恩希望改变政治话语关键词语的意义。[21]

甚至激进的社会变革也这样常常倚靠那些把它与过去的断裂弄模糊的术语。马克思在论述 19 世纪中叶的法国时,注意到了这个倾向:

> 当我们好像只是在忙于改造自己和周围的事物并创造前所未有的事物时,恰好在这种革命危机时代,他们战战兢兢地请出灵来给他们以帮助,借用他们的名字,战斗口号和衣服,以便穿着这种久受崇敬的服装,用这种借来的语言,演出世界历史的新场面。[22]

这种充满活力的例子不胜枚举。18 世纪在法国由贵族支持者在他们与王室的斗争中创造的代议制政府的语言,在 1789 年以后为第三等级占用了。在英国先由洛克,随后由里卡多(David

Ricardo)为助与地主利益斗争的新兴资本主义一臂之力而发挥的有关劳动是价值唯一源泉的论述，后来为英国工人阶级中的社会主义者占用了，从而使得它很快被资本阶级的支持者抛弃和排斥。[23]1848 年法国革命工人的语言和组织形式回到 1789 年之前，采用了旧制度(Old Regime)的同业公会和其他的社团惯例，以及
163 革命的无套裤汉的做法。的确，革命意识在那些孵出了旧制度公会的行业的技术工人中间最为鲜明。用休威尔(William Sewell)的话来说，

> 工人在 1848 年发挥的新社会主义的远见，是建立在手工业共同体的陈旧意义之上的……在旧制度之下，社团是法律认可的团体，它们的语言和制度概述了传统君主制的等级制前提。但是[1789 年]大革命之后，[这些社团]……发展进了 1848 年民主和社会主义革命运动的基层组织。[24]

与琼斯(Gareth Stedman Jones)关于 19 世纪英国劳工史的著作一样，休威尔对于 19 世纪法国工人阶级的分析，是那样一些少数谨慎尝试中的一个，它们严肃地从话语与产生社会变迁的社会阶级之间的相互作用来理解话语。他尤其关心说明社会地位和语言的相互作用的交互性质。比如在论述七月革命时，休威尔注意到，

> 1830 年革命后的几周内，工人试图向公众系统地阐述他们的要求，就在这时，他们开始意识到他们习惯用语的局限性……1830 年的社团的习惯用语在公共领域是没有道德的力量的，甚至没有认识力量的；如果工人要提

> 出公开的要求,他们就不得不用新词汇来表达。[25]

但是他很快补充说,这种新词汇保留了旧词汇的关键成分,同时改造那些工人觉得有必要去吸收的话语工具。

> 1831 年年初,各个行业的工人开始把他们的社团改造成"协会",借此在修辞上把它们奠立在常常被宣布为新政权基础的自由权原则之上。……联合生产的观念是凭据自由主义话语的歧义而被断定的。如果公民拥有自由地联合的权利,那么他们就能够运用那种权利去创造旨在于克服利己的个人主义和现行自由主义体系的无政府状态的自愿组织。[26]

权力结构中的和谐与矛盾

休威尔所研究的法国工人和世界上其他的工人采纳权利话语,这一点没有证明这种话语的基本潜力,而只是简单地证明了这种政治交往媒介的优势。然而,我们认为自由主义话语内部有一些结构的原因,它促进权利话语为了基本目的的有效使用。 164

个人权利和个人主义政治学之间的联系是不能够否定的。个人自由权利和私人财产在个人行动和个人支配物质资源范围内赋予个人以权力,而民主的权利确保个人进入集体决策之决定的平等进程。但是,只是在反对敌视个人自为的社团主义的和等级制的政治哲学时,自由、财产、民主选择才显得是一个和谐的统一体。像战场上的联盟一样,一旦他们共同的敌人倒下长眠,他们便伸手去掐彼此的喉咙，自由主义的权利也这样成了种种无法化简的异质的规范要求的基础。

只有当个人权利和财产权所允许的**运用的范围**不成问题时，它们之间假定的和谐才看来是合情合理的。当言论和出版自由扩大至平等接受教育的权利时，当法律面前人人平等扩大至健康保健体系面前人人平等时，当结社的自由从政治示威扩大到工会时，我们便有个人权利与财产权对抗的分明事例。当言论自由扩大至岗上的工人时，或平等待遇扩大至妇女时，或结社自由扩大至男同性恋伴侣和女同性恋伴侣时，我们便趋于掏空经济和家庭中的基本威权结构的基础。

倘若嗣服维特根斯坦，那么权利的意义部分地是由其使用范围——它所适用的“生活范围”——构成的。来看一个突出的例子，不可分割的权利概念本身包含着使用范围冲突的消除。比如，禁止奴隶身份是将人从契约交换的使用范围排除。在个人不受财
165 产权束缚的意义上个人自由权是“不可分割的”。这种类型的不可分割的权利因而是对财产权使用范围的限制——以保护自由权的名义强加的限制。

但是，我们从这个例子可以学到更为一般的东西。契约交换的性质不是依赖**是否**存在市场，而相反恰恰是依赖**什么**是允许交换的，依赖交换别的**什么**和确切地在**什么**交换条件之下。我们使用了这条原则的有限形式以表明“资本”和“劳动”并不符合可交换财产的经典模式。但是这个断定在这里必须大大拓宽：个人权利能够，并且在正常情况下确实开始直接发挥决定财产的种种限制的作用。可交换的财产所有权资格只有在一个既定的、由社会决

定的和法律认可的束缚之中才是容许的。近来人们已经非常注意这样一种新颖的“束缚”，它们包括对耐久消费品的保证和对从食品到化妆品的“货真”的管理。在这两种情况下，由于强制契约双方只能依据在预先确定的尺度订约，自愿交换的运用范围受到了限制（比如，汽车经销商不能以较低的价格出售没有质量保证的小轿车，航空公司不能够低价出售易出事故的飞机的机票，医生不能以廉价提供恶劣的服务）。这些例子或许没有巨大的社会意义，但是通过这样的“束缚”而对财产权使用范围的限定不能够看成是琐碎的权利冲突。任何物品的混合物（当然那些因“不可分离性”免受混合的东西除外）实际上都能够交换这个传统经济学理论的假定是完全不正确的。

为了明白这一点，我们只需考虑一下比较重要的一种交换——雇主和雇员之间的交换。比如，为什么雇主不能设立法庭以处罚和监禁工人？为什么不允许工人通过适当的手续以他们的权利来交换较高的工资？为什么禁止他们拥有以同意不参加工会作为就业条件的权利？为什么工人不能同意某种类型的低于标准的工作条件？反思这些和其他同样的问题使我们确信，工作的特征不依赖劳动**是否**在市场上买卖的，而正好依赖它在什么**条件**下和以什么**形式**在市场上买卖的。

这些例子可以向各个方向扩展。为什么人们不能出卖他们的眼睛，出卖他们的选票，出卖他们的孩子？为什么人们不能投与他们结婚的人的票？为什么小餐馆必须为少数民族提供服务？为什么保险公司被迫平等地对待男女性顾客？在所有这些例子里面，
我们都看到了处于冲突之中的种种权利，我们都明了这种冲突是 166

所认可的运用范围的冲突，并且最后我们明了社会特征主要依赖这种冲突如何得到裁决。因此，个人权利和财产权利的各色各样的混合在原则上是与奴隶社会、资本主义社会、工人民主和其他展现了各种极其不同的游戏规则的社会秩序相容的。

假定好些年来我们发现个人能够拥有企业的股份，却无权控制生产过程或投资决策。假定控制权已经移交给工人，移交给地方共同体，或移交给现在尚不能设想的各种类型的决策机关。这样一种社会很显然不会是资本主义社会。但它很可能是可以在准自由主义的基础上得到辩护的。在这样一种境况下，这难道就没有吸引力使人去论证对生产和投资的民主控制一直就已经包括在（虽然并不完全地）民主的意义之中了吗？但是，当然没有什么比这相距真理更远。

我们已经判定，个人权利和财产权对做出同样类型的决策来说一般代表可替代的游戏规则，而不是对做出不同类型的决策代表平行的机制。毫不奇怪，资本主义发展中某些至关重要的竞争已经涉及这些权利使用范围的重新指定，而非它们整个地为无法用权利词典中的术语表达的其他游戏规则所取代。这些战斗的历史维度由维特根斯坦至关重要的洞见映澈了：意义依赖用法，用法是时时处处变化不定的。

社会斗争和权利话语

当代社会思想实际上把自由主义与民主等同了起来。可是，自由主义理论一直是跟在新出现的各种民主制度的后头，而不是领导它们；它的关键术语随着阶级、种族、性别、族类和其他冲突的演化不断地得到重新解释。如果权利话语不能够被归于自由主义 167
的传统，那么我们如何去说明它的发展？我们将要论证，自封建主义消亡之后，几乎每一个为社会统治地位而竞争的集团都对权利话语作出过贡献。

不可分割的主权概念本身就是由君主们在反对分散的封建关系的斗争中倡导起来的，它为建立对社会实体所有因素不受限制的控制提供了概念工具。[27]我们现在称之为自由主义话语的东西的历史发展的下一阶段涉及民族—国家的巩固，它采取的专制主义形式是一种可怕的集权强制、集权行政管理和集权控制的体系。我们现在视为自由主义词汇的东西的主要成分是作为对这种状况的贵族的、并且明显地非民主的反动而产生的。17 世纪和 18 世纪欧洲贵族的反叛发展了宪法统治的观念，根据这个观念，主权属于国家；[28]这种反叛还发展了代议制政府概念，根据这个概念，贵族应当构成政府的控制机关。[29]的确，启蒙时期的许多政治理论是由保卫专制主义以反对这些贵族的威胁的努力所组成的。用弗里德里希(Carl Friedrich)的话来说：

> 立宪主义，无论在英国还是外国，一起头就不是民主的立宪主义，而相反是贵族的立宪主义。……启蒙运动喋喋不休地向专制统治者鼓吹合理地管理他们的政府机关以预防立宪主义的必要性。甚至像伏尔泰这样具有启蒙精神的人物也会宁愿去教育普鲁士的腓特烈(Frederick)而不是去制定一部宪法。[30]

再者，贵族的反抗对于诸如人身保护权，公平审判，法律的正当程序和权力分立一类极富特色的权利话语的表达，负有直接的责任。比如，孟德斯鸠权力分立原则的支持者在说权力来自于人民时，他们所谓的“人民”是指法国的贵族阶层。他们支持拷打异端分子，反对宗教宽容，蔑视哲学家，摧毁进步的耶稣会制度。毫不奇怪地，在对“代议制政府”支持者的反动特征作出反应时，伏尔泰和他的朋友总是支持启蒙的专制政体。[31]

宗教异端也是权利话语的重要补充——一个在世俗的进步传统中常遭忽视的事实。比如，在现代早期反抗天主教会霸权的过程中良心自由受到人们的支持。帕多瓦的玛西格里奥(Marsiglio of Padua)和奥康的威廉(William of Occam)早期的良心自由的概
168 念并没有什么民主的、参与的或代议制的成分。正如普拉门纳茨(John Plamenatz)所所述的那样，

> 教皇权力的反对者并不断定基督教徒个人有反对教会的权利；他们断定教会……反对教皇权力的权利。他们甚至没有要求每一个基督徒都有参加与管理基督教徒共同体的权利。他们心目中的代表(是)……社会的“天然”领导者。[32]

然而，到17世纪末良心自由已经作为一种个人持有和声明任何观点的权利出现了，洛克在其1689年出版的《论宽容》(*Letter on Toleration*)就是这样来措置良心自由的。

在那个时期新兴的商业资产阶级对这场运动没有做出什么贡献。诚然，产生了欧洲资本主义的那个联盟体系将上升的工商业

的和金融业的精英们定位为通常是反对正在壮大过程中的自然权利哲学。譬如在英国和法国，17、18 世纪新兴的商人阶级被君主政体当作其反对传统精英斗争的国家财政手段，受到直接的扶持和剥削，反过来，对于新兴的商人阶级来说，贸易路线受到保护，贸易者被许以获得原材料，资源和国外市场的进路。这个时期的商人阶级从保存和扩大国家权力之中得到直接的利益。他们因此几乎不使用平等主义的意识形态，更不使用有助于反对专制主义者浩居的权利话语。就如他们的知识分子支持者撰文证明的那样，重商主义者，早期商业利益的政治哲学既非自由主义的，亦非民主的。

终于有一天，贸易和制造业的发展增强了商业精英的力量，使他们愈来愈不能容忍国家的勒索，将它们抛入与其他受到专制主义威胁的社会集团地位相类似的地位上。然而，只是随着专制主义的行将就木（在 17 世纪中叶的英国和后来的法国及其他地方），权利话语才为上升的商业阶级所盗用，并被改造成共和政府框架内财富独立权力的要求。洛克的自由主义是那些资产阶级和转向工商业的地主的信条，他们力求摆脱国家的勒索，摆脱其自我意识不断增长到国家全体公民的民主要求。然而，这场运动促成了以公民平等、废除等级为基础的代议制观念，以及能人优先 169
(meritocratic advance)和向人才开放的职业的概念。最后，那些为了满足国家和战争的需要随着启蒙运动而兴起的职业集团（律师、医生、新闻记者、学者），对我们现代的出版自由、言论自由和集会自由的观念做出了贡献。

这些要求转而在 19 世纪与新兴的工人阶级运动认同起来，而这个运动还为权利话语增添了新的维度。正如我们所见到的那样，工人阶级运动直接有功于将现代结社自由的观念整合进权利话语。并且就如我们在第二章所见到的那样，19世纪工人阶级运动对占统治地位的资产阶级代议制政府和自由放任经济概念的适应，导致了民主习语之嵌入权利话语。最后，马歇尔(T. H. Marshall)所称的“社会权利”(就业权利，医疗服务权利，工作安全权利和个人保障权利)，和妇女与少数民族的权利是晚近对于权利词专门词汇表的增补——这些补充的内容恰恰是落在早期自由主义词汇表之外的。

工人阶级运动对于个人权利扩展的贡献被大大地低估了。[33] 同情工人阶级抱负的解释者一成不变地把他们的运动浸在几乎没有存在过的社会主义意识当中，而工人阶级的敌人同样一成不变地把他们的运动描述成威权主义的和蠢笨的唯物主义的运动。霍布斯鲍恩发现有必要强调，

> 绝对毫无疑义的是，贫穷的、劳动的人民和劳工运动的潜在或实际的成员说出了权力话语(并且现在还在说)……大陆上最有力量的劳工动员，比如，总罢工，是有利于选举改革的……然而，就它们乃是政治上积极主动的运动而论，19世纪大部分劳工运动仍然是在美国革命和法国革命和它们的人权类型的框架内运作的。[34]

而且，在今天，与权利话语一起演出的19世纪工人阶级运动的保留剧目已经完全得到了巩固和提高。

因而，权利话语既非资产阶级的，亦非贵族的，或者新教徒的，

或者无产阶级的。它一直是各种各样紧张的和交错的社会斗争的对象，它的进步趋势的相当大部分来自于被统治和被压迫的集团的贡献。此外，权利话语发挥了联结的源泉和集团要求表达的框 170
架的作用，而不是反映社会哲学或社会意识形态的作用。借用维特根斯坦用于一般语言的一段文字，当代的政治话语，

> 可以被看成一座古代城市：一个有小街小广场，旧房子新房子，不同时期增建的房子迷宫；这个迷宫为无数具有笔直规整的街道和统一的房子的自治城市包围着。[35]

资本主义财产和权利概念

如果工人已经发现权利话语的新颖有效的用法，那么他们的雇主也一样。资本家对个人权利占用的最好例子就是他们成功地把"个人"的资格和权利扩大到非人的实体——企业法人——上面。

把法人等同于个人财产并因而把法人企业的兴起看作一种与其他类型形成鲜明对照的个人权利类型的成长，是很平常的事情。但是，法人财产的扩张难以被表述为个人权利的扩大。资本主义的法人是"特许的自由"；一种个人与为法律所承认的特权和义务的有结构的联合。这样，它是拥有与大学和工会同样多特权的政治实体。法人财产因此与大学讲堂和工会养老金一样不是个人财产。

从这个角度来看，资本主义积累最为戏剧性的层面之一就是它所承带的财产权的非个人化。财产权在它为非人（nonperson）

所拥有的范围内变得非个人化了。这个非个人化的过程，所有权的这种排除，对资本流动性的历史性扩展并因而对资本本身的权
171 力是至关重要的。它的成长包含了家庭农场的消失和农业企业的兴起，以及全球跨国企业和政府特许企业的扩展，它篡夺了风味饭馆、街角杂货店、街道食品小店的传统地位。它的发展包括家庭医生为法人化的多功能健康—看护服务系统所取代，地方报纸网络为新闻集团所兼并。这些常常在财产集中的标题下讨论的现象，也可以被理解为财产的非个人化，并从而被理解为财产迁出个人权利的王国。

法人企业的“特许自由”代表了各种规则从自由主义国家到资本主义经济的一种惊人的转移。这是维特根斯坦的用法转移的明白实例：法人集团被当作虚拟的个人来对待，并且就这样被赋予了那些只有在自由社会才授与个人的权利。比如，在 19 世纪中叶的美国，法院开始了把那些先前只是用于真实个人的正当程序权利扩大到法人的过程。在同一个时期，法院在《第十四修正案》意义之内制定了现在仍然有效的把法人当作“个人”的拟制。由于玩了这个手法，财产的非个人化被描述为经营企业的个人化。并且因为“个人”是毋庸置疑地“私人的”，所以法人的内在组织便有效地免除了作为公共团体应受的法律监督。政府在调控市场交换方面的各种努力日益被看成是对自由权的侵犯。[36]

然而，继之而起的资本权力集中无法逃过民主主义者的批判。按照民主理论，拟制的个人——无论是父权制家庭或资本主义企业——都只不过是潜在的无责任权力的王国。[37]

但是，把法人当作一个代用的个人——一个仅仅代表其所有

者，股票持有者的准个人——来对待就是这样的没有道理吗？我们毕竟因为代议制民主能够授予个人以实质性的权力而保护了它。那么为什么否定法人企业那种能够对其投票的成员即股东负责任的联合体身份呢？把法人当作洛克式的联合本，即授予个人以与他们在集体之上的“利益”相称的权利（这就是所有权）的联合体来看待，是否更准确一些呢？如果情况是这样的话，认为法人财产出于于个人权利的缘故值得保护的论述至少在相对宽泛的财产所有权分配的条件下，便是可以论证的。

然而，资本主义法人作为有限责任公司的实质本身包含着如下的意义：股东一般将把企业当作达到个人目的的工具（诸如财富的积累）来对待。在这种情况下，搭车者问题的逻辑指明，股东将 172
不参与法人的管理。因为有限责任确保的可销售性的程度（更正式地说，低水平的交易成本）大大地减低了个人股东“退出”的成本，以至于他们对于这个组织毫不“忠诚”，因而对于就这个组织的管理发言毫无兴趣，所以情况就尤其如此。只有最大的投资者用他的脚——或者更确切地说，用他们股票经纪人的脚——来投票。

由此得出的结论便是，除了异常的环境之外，法人不能是对任何人负责任的，或许它最大的股票持有者除外。法人企业是一个无法归结而无责任的权力场所。对企业世界的日常观察进一步确认了这个事实。因此，把资本主义财产当作个人私有财产来对待是没有逻辑上的理由的。但是，这里有一个有力的政治理由：把权利扩展作为拟制的个人的法人，大大地扩展了它的权力，扩展了它免受国家，它的雇员，或其他那些生活因其决定而受影响的人侵犯的豁免权。

再者，资本主义财产的法律保护并不来自对个人支配其所有物的权利的承认；相反地，这种保护是资本政治成功的果实。企业集团不仅把权利话语用于正当的法人所有权，而且肯定积累对于享受财产所有权的优先权。这种肯定不是“财产权利”概念所固有的，法律史家霍维茨（Morton Horwitz）已经令人信服地证明了这一点。霍维茨论证说，实际上，在美国独立战争和南北战争之间，财产法乃是公正的解释和实施这个概念开始为财产法乃是商业发展工具的概念所取代：

> 将 19 世纪法律与 18 世纪法律戏剧性地区别开来的东西是在多大的程度上……法学家开始依据“现在的决定对我国商业特征的重要性”制定法律论点，或者在多大的程度上依据如下判断的必要性制定法律论点，即判断遵循特定的公共法律规则是否将导致“我们的商业法规改善。”[38]

这种对财产权利的新解释与那种财产赋予所有者不受干扰的享受
173 的旧观念形成鲜明对照，它强调效率和可销售性的收益。这种趋于偏好“新”财产权而非“旧”财产权的变化的一个主要方面是从民事侵权行为中的严格责任——它偏向现存的权利而不是新创造的权利——转向霍维茨所称的“较新的效率的平衡检验”。

> 财产权的正当性臻于由它们促进经济增长的功效来证明……对有关[严格责任的]普通法律学说最重要的挑战是所谓的合理使用或平衡检验。“帕尔默诉马利根”（*Palmer v. Mulligan*，1805）描述了逐步接受如下观念

的开端:财产的所有权首先包含着为商业目的发展那种财产的权利。[39]

这样便开始了一场旨在于将财产法当作积累的武器来措置的运动——这场运动在20世纪后期目睹了愈来愈频繁地出席经济效率会议的法学家,目睹了新古典主义经济原理批发到法律教育之中的经过。霍维茨宣称,这场运动的根扎在美国独立最初几十年的土壤里:

> 美国独立战争之后法学最普遍的特征之一就是攻击对于判例的殖民地般的顺从……"理性"和"原理"臻于被理解为不是应当发现的规则和学说,不是应当通过判例而应用的习惯规范,而是……从"扩大的和自由主义的政策观点"着眼制定的审慎法规的本义。[40]

为了补充这样一类政策,就愈来愈有必要将对复杂经济问题的思考从有远见的精英视作愚昧而常常有敌意的共同体之手挪移出来。这样,随着新商业精神的在美国的进步,对陪审团的作用的依赖就降低了:

> 凡在18世纪法官常常毫无任何说明地把案子移交给陪审团的地方……19世纪法院变得十分注意把清楚的说明移交给陪审团……法官定期地把陪审团的判决当作违反法律的而搁在一边。[41]

麦克洛斯基(Robert Green McCloskey)关于美国资本主义兴起时期经济自由主义和政治自由主义相互作用的研究引人注目地阐述

了资本在权利话语内部的历史成功。对麦克洛斯基来说，在现代自由主义之中那种授予毫无束阨的资本权力的特权地位体现了

> 174 自由主义民主传统的衰落……当早期民主主义者使用“自由权”一词时，他首先意味着良心的自由——道德自由权——而不是经营性企业的自由。简而言之，他的主要兴趣在于个人实现自身道德人格的权利，而不是买、卖或经济上致富的权利。[42]

麦克洛斯基注意到，经济自由主义学说是17世纪萌芽的自由主义里面两种影响结果。

> 民主思想接受了两种灌输，第一种来自于激进的基督教民主主义者……第二种来自严肃持重的英国中产阶级，后者一心想制定一种适合于有产者的学说……洛克把私人财产权是基本权利的观念系缚在民主上面；他着手实现那些最终使自身招致误解的民主理想。[43]

由于自由主义话语这种双重的原因论，既是对现代国家专制主义的反动，又是对直接由这种国家产生出来的资本权力的肯定，自由主义便身受先天的道德不确定性之苦：法律面前人人平等也是财富去剥削被剥夺者的特权。

结　　论

由于自由主义的专门词汇表在专制主义国家的阴影里，在资本阶级—贵族斗争的骚动中出生，它后来的发展几乎逐字逐词地

追随资产阶级在资本积累过程中与大众阶级对抗的节奏。自由主义话语发轫于自由放任的经济、公民平等、公民自由权和立宪政府等消极自由权,逐渐地发展到包括结社的权利、政治民主、机会平等、国家补贴的最低生活标准、享受社会服务的权利以及淘洗出来的反种族主义和反性别歧视的信誓等积极自由。

简而言之,权利话语由于在社会冲突之中并且因而以它在社
会生活中被迫接受的矛盾形式诞生于世,因而充满了内在张力。175
这种矛盾的特征既解释了它的解放潜力,亦解释了它使社会不平等和不民主的经济安排正当化的似乎无限制的能力。

正是这些矛盾的潜力已经增加了那些与第二次世界大战之后的凯恩斯调整的销蚀和让位联系在一起的社会冲突的标的。我们相信,现在居统治地位的自由主义话语的成分可以陶铸成民主动员的有力工具,而这种动员如果成功的话,最终几乎肯定要冲破自由主义话语本身的界限。

第七章　未来：后自由主义民主

176 自由资本主义消除了奴役和奴隶制的束缚，它束厄了专制主义国家无度的权力要求；但是它未能开创自由。它就自由所依赖的物质安全和自由权所作的诺言并非全是空言。但是，两者都未得到履行。自由主义的时代既未见证自由本身，亦未见证自由的报应；借用托克维尔的一段话来说，这个时代顶多可以被看作是自由的学徒期：

> 没有什么东西比自由的艺术更能产生令人惊奇的事，但是没有什么东西比自由的学徒期更艰难。……自由权一般降生在暴风雨的天气里，艰难地成长于国内混乱的时代，并且只有当它已经不再年轻时，人们才看到它已经带来的福祉。[1]

关于人民有效地控制自己生活的自由主义展望不是一个由人类本性和现代技术判定的空洞诺言。自由主义的缺点不在于夸大人类自由的可能性，而在于未能确认统治的根源——这些根源主要在于经济的依赖性和父权制威权——并且在于抬高了激进的个人自治概念，后者有损于可以形成民主赋权基础的共同体概念。

结果，自由主义理论证明了一种社会秩序的正当性，而这种社

会秩序的宝贵成就——较高的物质生活水平和一种人们的私生活 177
免受强制性侵犯的自由权——是以国家和经济中的无责任权力史无前例的积累为代价而取得的。

无论自由主义国家还是资本主义经济都是通过掏空个人的和传统的集体的自治之源泉繁荣起来的。当兵的权利——马基雅弗利和后来的思想家认为它是人民主权的核心——至少以隐喻的方式换成了投票的权利。对土地、工具和人们其他生活条件的所有权和控制——按照哈林顿和稍后杰弗逊的思想，乃是自治的基础——换成了工资。[2] 自由主义与资本主义经济的绝对命令一起协力侵蚀了所有居于国家和个人之间的集体性实体，只有一个除外：资本主义法人。

后自由主义民主的承诺是要扭转这种发展：继续扩展个人权利，并因而使财产权和国家权力的行使变成民主地负责任的。它肯定代议制民主和个人自由权这种传统的民主形式，并且筹划独立于国家的新颖的社会权力形式；这就是说，在共同体和工作之中民主地负责任的、特许的自由。经济民主的这些层面，包括对投资和生产的民主控制，不仅是凭其自身的性质可以想望的，它们也是维持对政府的民主控制之能力的日趋必要的条件。

民主必然是一种自由人民之间的关系，而经济依赖与人身束缚一样是自由的反题。17世纪代议制政府顽固的支持者因此反对将选举权扩大至“仆人”，其要害观点的根据是雇主已经用工资交换了他们的自治。财产和民主的杰弗逊式综合论述经济依赖问题的途径是筹划通过扩大所有权来消除经济依赖。但是，杰弗逊的展望和资本主义的成果迎头撞到了一起：财产不是愈来愈普遍地为大家所分享，而是相反。小所有制因大规模雇用工资劳动力之黯然失色使得他的解决办法古风盎然。马克思主义的公有制和对生产资料的集体控制的社会主义概念遭遇了同样的命运：因为
178 正如杰弗逊低估了资本主义积累过程侵蚀个人自治的经济基础的力量一样，马克思主义者典型地没有考虑到集权国家官僚政治阻挠民主责任的令人印象深刻的能力。

后自由主义民主可以被看作是杰弗逊展望和马克思展望的综合。它既肯定杰弗逊对生产手段的分散控制的信誓，亦肯定马克思如下的见识：因为生产是社会化的，所以它的分散化不能采取个人财产所有制的形式。对经济的民主控制这个后自由主义民主的信誓因而等于排斥了自由主义者和社会主义者之间关于财产性质的两个多世纪争议的术语。无论杰弗逊的个人财产普遍化还是马克思的私人财产集体化都是不可接受的。所需要的是由民主的个人权利取代财产权。

我们不是把后自由主义民主只设想为一套新的游戏规则。它也包括了一套人类的目的，容纳了关于人类发展的广阔视野以作为它的指导原则。如果对自由主义来说，原型的人类活动是选择，而对于马克思主义来说，原型的活动就是劳动的话，那么后自由主义民主理论则把人民描述为学习者，对于他们来说，选择和劳动都是人类发展必不可少的手段。我们因而嗣服称颂洪堡（Wihelm von Humboldt）的启蒙运动信仰声明时的穆勒：

> 伟大的主导原则，在那些纸页上展开的每一个论点都直接向之汇聚的原则，是人类千姿百态发展的绝对和

本质的重要性。[3]

传统的自由主义学说支持一种以财产权利要求交换为基础的获取的社会,与此形成鲜明的对照的是,后自由主义民主是关于一个以学习为基础的社会的展望,而学习是受个人权利的行使控制的。它意义深远地重新调整了我们标准的地图方位,倒置了人类发展和经济组织之间的关系。这使得经济活动不被看作是目的,而被看作是达致以民主的方式规定的人类发展形式的手段。这种模式——及其历史意义——的正当性不是立足于积累之上,而是立足于学习之上,不是立足于为了经济发展的利益而对自然一再垦殖的占用之上,而是立足于为了人类发展的利益通过个人和社会改革而实现的能力和理解力的持续深化之上。这样,一种新的
经济增长模式因而一种新的民主模式便蕴涵于其中了。[4] 179

后自由主义民主的这种展望无疑是自由主义时代本身的抱负的结果,它还在两个方面与自由主义传统截然决裂。它把个人描述为积极地致力于不断改革自身和他人的能力、情感和友情的天生的社会存在;它不是把对生产资料的私人控制描述为用于国家过度权力的有益栅栏,而是描述为经济依赖的基石,人民主权的障碍。

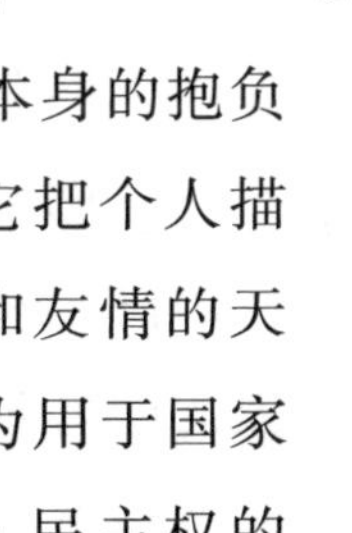

在排斥自由主义的双重划分——私人的—公共的、选择者—学习者——并且因而脱离自由传统时,我们不是提示说,自由民主社会跨出了它的历史轨道而肇始了一种新秩序。我们相信,自由民主资本主义社会自身已经产生了使我们的后自由主义民主展望切合历史的各种条件。在尚未将民主秩序发展的障碍减少到最小的情况下,我们可以引证三种有利于促成这样一种后自由主义民

主展望实现的因素。第一，这种展望体现了与第六章所讨论的政治话语改革和第二章所描绘的个人权利扩张趋向直接一致的政治发展；从而它的实现无需社会动力的根本转换。

第二，通过强调与国家扩张对立的工厂和共同体的授权，后自由主义民主的展望避开了个人权利扩张中遇到的一个死胡同，同时说出了社会民主的关键弱点。通过强调民主的扩展与国家权力的扩展并不是同义的，后自由主义民主肯定了这样一种意见：集权制的国家和资本主义法人都不会是人类解放的载具。

第三，正如我们现在将要看到的那样，存在着一种使后自由主义民主展望的因素占主导地位的经济逻辑。正如欧洲现代史早期的技术和经济环境一般有利于商业扩张和对封建霸权的依凭一样，在今天的经济生活基础上形成的新技术和新组织的要求有利于民主原则从根本上扩展到经济之中。产品的持续的增长，从产
180 品生产到信息、文化和其他服务的生产及制作的转移，对等级制威权的民主挑战，作为经济推动力的绝对必须条件的不断增长的知识的中心地位，成本日益昂贵的对自然的掠夺，都结合起来，并将继续结合起来提高维持资本主义秩序的成本。与此相应，我们将证明，这种发展将推进各种更加民主和平等的形式：从后匮乏乌托邦到论述无法立即排除的匮乏问题的各种实践手段。

但是，声称后自由主义民主体现了唯一的，甚或最有可能的解决现行自由资本主义两难境况的方法，则会导致误解。尽管未必可能，但自由民主制度沿着奥威尔（George Orwell）和赫胥黎（Aldous Huxley）所提示的路线完全让位的可能性是绝不能排除的。更为庸常的是，包含了以民主为代价的资本主义扩展的新调

整——我们的后自由主义民主解决方法的颠倒——可能会出现。在这些调整中间，政治、经济和民主决策之间关系的两种得到相对清楚定义的替代模式是可以辨别出来的。这些可能的后凯恩斯调整的每一个都包括对公民权和财产权之间实质关系的根本性的重新排序。第一种模式，我们称之为**全球自由主义**(global liberalism)，它表现了市场和资本流动性的世界性扩张，以及它们对民主国家主权的高度依附。第二种模式是**新霍布斯主义自由主义**(neo-Hobbesian liberalism)，它将增强家庭、资本主义企业和国家之中无责任的却显然必要的等级制威权，其代价是市场和国家关键功能的民主责任这两者。当然，这两种模式的因素很可能会联结起来。

专制主义、匮乏和自由

全球自由主义模式、新霍布斯主义模式和后自由主义模式的新颖性不应当过分强调。每一个都是对现在趋势的合理推断。每一个也都由政治哲学史和经济哲学史预先充分地设想过了。因为 181
每一个都以其自己的方式论述自由主义传统中三个基本术语即专制主义、匮乏和自由之间的关系。新霍布斯主义模式来自霍布斯《利维坦》里关于秩序问题描述的启示，全球自由主义模式是关于作为秩序形式的市场概念的现代的精心阐述，而这个概念见于曼德维尔(Bernard Mandeville)和斯密的著作，后自由主义民主模式在卢梭的人民主权概念里找到自己的根源。在我们转去论述现在的困境及其可能的问题之前，先去探讨一下这些相互竞争的研究路数的理论先驱将是有启发意义的。

霍布斯问道，一个人民自私自利——沉湎于为财富和权力而展开的永恒竞争之中——的社会，如何可以逃避混乱和灭亡？他的解决办法是通过订立服从于绝对主权的集体契约来放弃每一个人的自由权。人们不可能同时既是自由的又是受统治的，鉴于其他可能的选择，他们择取了接受统治。反对意见认为："臣民的景况太可怜了，他们只能听任具有无限权力的某一个或某一群人的贪欲及其他不正常欲望的摆布"，霍布斯对此的回答是指出那种"那些无主的人们，不服从法律，没有强制力量以束缚其手脚，处于放浪的状况"，并且观察到"人类的事情绝不可能没有一点毛病或其他东西。"[5]

对于霍布斯而言，约束欲望蕴涵了服从于单独一个人——主权者的极端的重要性。维科（Giambattista Vico）很快在其《新科学》（*Scienza Nuova*）里注意到霍布斯如此迅速地从一个有效的问题过渡到一个受到随意限制的答案。维科谈及神圣天意时写道：

> 通过其明智的法律，那些一心一意忙于追求他们私人功利的人的欲望被改变成公民的秩序，后者允许人们在人类社会里生活。[6]

正如其他作者很快觉察到的那样，约束欲望的"法律"既可以是世俗的，亦可以是神圣的，既可以是经济的，亦可以是法律的。

曼德维尔巧妙地"解决"了霍布斯的问题：使权力竞争采取购买力竞争的形式，后者受到竞争市场上私人财产权利要求的交换的支配。[7] 在曼德维尔的《蜜蜂寓言》里，自私自利的个人行动通过

市场与合理的秩序和谐一致。[8] 后来的评论家觉得曼德维尔对霍 182
布斯问题的解决办法有吸引力的地方，是它通过援引被描述为自然（或神圣）法的经济竞争关系的有益结果，圈定等级制国家威权范围的能力。

与此相对照，卢梭的研究路数是承认集体威权的重要性，但使它变得民主。格兰斯顿（Maurice Granston）写道：卢梭“拒绝霍布斯关于人们必须在自由或受统治之间选择的主张”。格兰斯顿继续说道，“卢梭解决霍布斯所设立的问题的办法是相当简单的。如果人们自己统治自己，他们就既是自由的又是受统治的”。[9] 卢梭与其他伟大的政治思想家一起享有一个信念：没有威权的社会是无法想象的；他的特立独行之处是坚决主张人民主权是正当统治的最后基础。

我们力图发挥这个洞见，它与关于我们称之为霍布斯立场和曼德维尔立场的东西的流行表达是相对立的。三种当代模式——全球自由主义的、新霍布斯主义的和后自由主义民主的——与它们前驱之间的联系或许更多地是隐喻的而非直接的。但是每一种研究路数最基本的信誓——即分别对市场、等级制和人民主权的信誓——揭示了政治哲学和经济哲学争论的向来思路上面惊人的连续性。

然而，如果我们是正确的话，争论本身——无论是在自由主义传统内和在马克思主义传统内，还是在它们两者之间进行的——一直自然而然地发展着。这两种传统今天都没有提供一种适合于补充（甚或阐明）卢梭人民主权诺言的概念框架。两者也没有能够解释清楚为什么这个目标可以跟同样关键的自由权目的和谐一致。

所谓“自由权”我们是指由柏林所发挥的那个为人熟悉和有限制的消极“自由权”的意义：自由权是免除了他人对某人私人事务强制性干预的自由。我们对于“人民主权”的定义则嗣服普尔热沃尔斯基（Adam Przeworski），他说：

> 以他们当下的偏好为基础而行动的个人从集体的角度来说是主权者，如果他们可以利用的选择只受独立于任何人意志的条件的限制的话。特别地，大人民能够改变现存的制度，包括国家制度和财产制度的范围内，并且如果他们能够把可以利用的资源配置给一切可行的应用，人民就是主权者。[10]

183 我们可以补充说，主权承带那种改变这样一些条件的能力，在这些条件下，共同体的成员具有普尔热沃尔斯基在其实际可行的定义里所指申的偏好。在社会结果是对人民偏好的回应的范围内，人民主权告成。自由主义民主的标准定义把民主等同于决策规则的特定体系的功能作用，与此不同，这种民主概念专注决策的结果（而非过程）。它的基本信誓因而不是一套特定的制度，而是一种政治理想：自由权和社会权力的民主责任。我们对资本主义经济的批判在于如下一点：它有系统地阻挠人民主权，使不利于自由权的经济依赖性的各种条件永久化。

虽然政治理论中的这个命题的根源可以定在卢梭那里，但我们对这个概念的发挥大概已经使得那位日内瓦公民迷惑不解了。赞成人民主权并不假定人民意志的存在或者普遍的情绪和行动凌驾于个人情绪和行动之上。它只是假定我们能够确认引起社会后果的权利的行使,假定我们能够分辨它什么时候是负责任的,什么时候是不负责任的,我们能够设计出各种使之变得更加负责任的制度。我们的人民主权概念并没有赋予某些形式的政治行动——参与——以特权,而否定另外一些形式——代表制。相反,它把政治行动的形式仅仅当作达到责任和自由这两个目的的手段。再者,它并不假定政治行动的推动力来自“人民”;有效的政治领导和个人或集团而非“全体”不可预期的发明是与人民主权的理想完全一致的,只要领导和发明两者都委制于有效的事后追溯的审议和责任。

既然剥去了卢梭的普遍意志和马克思主义的表达的行动理论,人民主权的目标为什么不能够很容易地被吸收在当代自由主义话语之中呢?毫无疑问,自由主义有关结束专制主义和贫穷的展望已经为一个时代提供了居统治地位的意识形态,而这个时代已经目睹了向着达到这两种目标的实质性进步。但是,如果前面几章的分析是正确的话,那么这个展望就是有双重的裂罅的。因为它是奠立在人类发展和利益与政治的关系这个无所依凭的概念之上的,并且它系统地掩饰了它偏爱的制度所支持的各种形式的统治——上层阶级和父权制。结果,无论自由权还是主权都不可能在其术语之中得到恰当的把握。 184

出于这些理由,我们论证说在今天适当的政治理论必定是后自由主义理论。它必定是自由主义话语的改革,而这个改革保留自由主义话语对自由权的高扬,却更动自由主义特有的种类差异:活动者区分为学习者和选择者,社会空间区分为公共的和私人的这个双重划分。今天的民主理论也必定是后马克思主义的民主理论,它保持马克思主义传统对统治的敏锐关注,但包纳多种形式的统治和社会冲突的多重区域，并且克服马克思主义的（和卢梭的）表达的行动理论。

马克思主义理论中的政治漏洞发源于它对阶级剥削的倾心专注，其代价是未能持久地注意国家专制主义和其他非阶级形式的统治。马克思主义理论的这些弱点不能简单地通过引进异质的统治概念来克服，譬如，形形色色的西方马克思主义结构主义作家就曾提出这样一些概念。因为任何彻底的结构主义的研究路数——把行动简单地设想成一种结构的逻辑表达——都将无法论述两个最为频繁地提出的对资本主义替代者的观念的非难：自由权问题和工作动机形成的问题。

康诺利（William Connolly）极有洞见地批评了结构主义马克思主义里面的选择边缘化：

> 第一，通过将自为置于结构的水平上面和摒除主体的观念，它回避了社会主义政体中保障个人自由的问题。如果不存在能够自由地行动的自为者，那么就没有必要根据它对自由原则的支持来评价某种秩序。第二，如果角色承担者的行为在所有的秩序中，包括在社会主义的秩序里都是从结构上被决定了的，那么一旦新的生产方式是完整无缺的，理论家就不必如此劳心去激发人民承担新的角色。一旦结构运行得当，角色承担者就成了结构的“支持者”。[11]

在前面几章里，我们已经尝试发挥某些可能对这种马克思主义的和后自由主义的民主理论做出贡献的概念。虽然我们的方案几乎是纯粹理论的，我们的意图却显然是实践的：陶铸工具以帮助我们理解我们的社会的目前轨迹，从而为一个具备人民主权和自由权的社会的可能实现作出贡献。我们尚未鲁莽到试图在这最末一章里面完成这样一种社会秩序的蓝图。[12]我们对这样一种蓝图的兴趣只限于它们可能揭示某些具体问题，这些问题关涉自由民 185
主资本主义社会可能借以向这些模式中的某一个或几个演进的方式，以及如果这样一种民主模式一旦达到的话，它会如何再生产它自身。

我们的研究路数既不是经验的，亦不是乌托邦的。相反地，我们力图把展望的推论方式和历史的推论方式结合起来，借用卢梭《社会契约论》的第一句话来说“从人类的实际情况与法律的可能情况着眼”。我们的目标是要描画新颖的历史过程和机会，而不是消磨民主的乌托邦和低势托邦（dystopia）。① 出于这个理由，我们将讨论全球自由主义、新霍布斯主义、后自由主义民主模式等相当抽象说法的种种对照鲜明的历史逻辑，追问这些创论如何可能通过其中每一个所蕴涵的人类发展、团结和政治参与的形式，推动民主化（或其对立面）的动态过程。

民主的动态

甚至那些觉得后自由主义民主概念有吸引力的人也可能会奇怪：它是如何产生的。我们想，答案就是人民主权和自由权的共同

① Dystopia 意为乌托邦的反面，或称“对乌托邦”。——译者注

规划如果毕竟臻于实现的话，它将不是通过用史无前例的规划取代熟悉的规划实现的，而是在对现行规划的改革中，在早已在今天的社会和话语预示出来的结构和意义的发展中实现的。当圣雄甘地（Mahatma Gandhi）被问及他对西方文明的见解时，他说，他想它应当是一个好念头。他或许过于大度，但是他的妙语指出了当代自由主义话语所容纳的基本潜力。

理解民主的未来的关键在于找到一种方法，把民主规则与民主情感和能力的彼此演化不是描述为目的论的绝对命令，而是描述为社会集体行动者那个受约束的规划的可能结果。让·卢梭像任何一位当下的政治理论家一样精细地表述了规则和情绪的这种相互作用：

> 为了使一个新生的人民爱好健全的政治准则并遵循
> 186 国家利益的根本规律，就必须倒因为果，使本来是制度的产物的社会精神转而凌驾于制度本身之上，并且使人们在法律出现之前，便可以成为本来应该是由于法律才能够形成的那种样子。[13]

卢梭理解力上窘境之所以产生，乃是因为他清楚地认识到规则造就活动者和活动者造就规则的方式。建立一个民主社会的问题因而就是规则和活动者动态地相互作用的问题，即活动者使规则变得更加民主，而日益民主的规则使活动者变得更加坚定地承担民主参与和民主决策的义务，更为熟练地从事民主参与和民主决策。我们称这个过程为民主的动态。

我们也能够设想一个缺乏这种民主的动态的社会，在这个社会里，规则的结构再生产出一个具有导致重新肯定这种规则而不是其他变化的种种情绪、能力和组织形式的国家。这种静态的社会具有我们称之为**制度均衡**的东西的特征，在这种均衡里面，那些有权改变规则的人缺乏意图，而那些有兴趣改变规则的人缺乏实施他们政治规划的权力。

同时既是展望的又是历史的后自由主义民主概念，是这样一个概念，它描画了一种导向可以再生产的民主制度均衡的民主动态。这种展望的—历史的概念可以与乌托邦模式形成鲜明对照，后者摒除历史的关切，简单地发挥一种迎合种种受到偏爱的规范标准的理想结构。乌托邦的民主社会概念对批判地思考我们社会，驱逐别无其他选择的无能神话是必不可少的帮助。但是，由于无视社会再生产的问题，更宽泛地说，无视历史问题，乌托邦的研究路数将如下两个至关重要的问题撇在一边：人们如何到达那里？以及倘若人们到达那里的话，他们会待下去吗？

如果我们去追踪这种非历史的推理思路的话，那就太愚蠢了。市场经济能够与小业主的民主政体联手——杰弗逊、哈林顿和潘恩的民主乌托邦——这个不合时宜的设想提醒人们，正是体系的历史逻辑对民主社会的构成才是至关重要的。

这种展望的—历史的民主思想样式可以凭借规则与文化的相互作用的简单动态模式而大大地得到强化。为了简单起见，我们沿着单一维度来描述一大批复杂的社会规则：民主的高标准和低 187
标准。我们所谓的民主文化是指个人决策和参与能力。他们对民主程序的信誓，他们的联合和政治组织的形式。

规则和文化是如何联系的？它们是同时受到规定的，每一个同时是另一个的原因和结果。让我们假定,在一系列在历史上相关联的社会里,民主规则沿着在第五章里所发挥的论证的线路产生民主文化:自由权和责任两者通过民主参与强化民主的情绪和能量。[14]相应地,民主的文化支持民主的规则,部分是因为在一种民主文化之中实施非民主的规则的成本相对于维持民主规则的成本而言要高。我们并不是要想说,支配社会的规则忠实地响应参与者的希望,或者说规则十分贴切地符合大众的能力。我们的主张是比较中庸的:文化越民主,民主规则的出现和生存下去的可能性就越大。

因为活动者造就规则和规则造就活动者,所以在历史上只有民主文化和制度安排的某些结合才是稳定不变的。高度的民主文化将不会与高度非民主的规则长期共存。与此形成鲜明对照的是,凡是在规则支持一种文化,而这种文化转而与规则的长久存在符合一致的地方,一种制度的均衡可以说是存在的。凡是在文化和规则不是相互生产的地方——这就是说,在制度均衡的状况以外——规则和文化两者回应对方的程序是至关重要的。

两种可能性自己呈现出来。在第一种可能性中,一种民主的动态,一套民主的规则,肇致了更加民主的文化,而这转而导致活动者致使规则变得更加民主,进而增强民主文化和最终或许导致高度的民主的制度均衡。然而,反民主的动态同样是可能的,在这种动态里,规则促成了较不民主的文化,而这些较不民主的文化转而怂恿对民主规则的不断侵蚀。这种向下的螺旋的结果可能是非民主的制度均衡。

我们并不认为这种非民主的制度均衡或反民主的螺旋的可能

性只是一种稀罕之物而已;确实,我们相信它是新霍布斯主义模式或全球自由主义模式成功创始的可能结果。

反民主的动态,像其民主的对应物一样,在运行时积聚力量。188
如果我们是对的,那么许多自由民主资本主义社会可被描述成为居于这个动态和那个动态之间,既能够加强民主,亦能够腐蚀民主。说资本主义和民主处于十字路口,被人看作是过分夸张和轻事重报。我们认为这种可能性是相当现实的:两者中的任何一个在路上分叉,一旦被移动,就可能是一条单行道。当活动者造就规则以及规则造就活动者时,时间是不能倒回的,迈出的步子可能不容易再收回。

不可逆的反民主动态的可能性肇生了思考全球自由主义模式和新霍布斯主义模式的结构和感召力的特别的紧迫性。现在我们就转向这两个模式。

全球自由主义

我们可以设想当代自由民主资本主义国家有多种多样的未来。这一系列可选择的样式是与每一个国家特殊的制度、它在全球环境中的定位和在其内部所作的政治选择相应的。我们对于资本主义和自由国家成功的调整所作的检视,已经使我们警觉到社会体系令人难忘的延展性和多样性。然而,回想一下,我们已经能够确认这些成功的调整之中的基本逻辑,每一个调整都允许共同再生产出彼此形成鲜明对照的经济特权体系和代表制的日益一般化的政治权利体系。这些调整的每一个都是通过力图推进他们特定规划的人民的集体行动而完成的;然而这些基本逻辑的任何一种也不是特权再生产或民主权利扩展的内在一致而有意向的策略的结果。

我们练习后见后识会有功于我们的先见先识吗?凯恩斯调整已经零落,或许无法修复了。资本主义或自由民主的迫在眉睫的让位看起来与凯恩斯调整的幸存一样几乎是不可能的。从个人权利和财产权的不断争斗之中,从由各种权利对抗无休止地导致的团结和冲突的形式之中,我们可以期望看到何种新调整产生出来呢?

189 资本主义社会关系可以凭借两种可能的途径容纳民主的社会关系的基本潜力,而全球自由主义体现了这两种途径中的一种。全球市场和资本国际流动的逻辑能够使适合于国家活动的空间减低到这样一个程度:民族—国家——无论民主的或非民主的——只是名义上的主权者。随之而来的对民主主权的挑战并不是从全球交换的存在或规定,或者从生产的周期性的重新布局中产生出来的,这一点应当是清楚的。它产生于每一个民族—国家的经济依赖,而后者是高度集中的生产资料私人所有权和国际流动赋予这种所有权的有效控制的后果。

全球自由主义模式的基础是我们在第三章里称之为资本罢工的那种东西的权力。企业将在全球范围内对生产布局和重新布局,以使它们预期的未来成本降到最低限度;每一个国家中的就业前景因而将依赖于每一个民族—国家创造有吸引力的商业气候的能力;任何统治集团确保再次当选的能力在相当大的程度上依赖于选举前一段时期的就业状况。

资本罢工的有效性显然需要分离信贷创造的权力和民主责

任，因为如果民主选举出来的政府能够轻易地获得和扩大信贷，而与它们的经济和社会政策无关，资本的流动性就只能侵犯国家主权的边缘。诚然，自第一次世界大战前以来国际货币政策的演变已经证明了有远见的企业集团及其拥护者对这个事实的敏锐意识。国际货币基金组织（International Monetary Fund，简称IMF）为了国际和国内资本的利益训练第三世界国家的效果是很好地记录在案的。[15]发达的民族—国家也一样受到这些影响，因为国家经济内部的信贷供给现在完全是任何民族—国家的控制力所不能及的。20世纪70年代后期由欧洲和北美的主要经济学家和政策制定者撰写的《麦克拉肯报告》（McCraken Report）观察到：

> 储备创造的限制已经变得定义不明和变易不定了，它现在是由对个别国家信贷价值的私人市场判断而不是由对整个体系各种需要的官方的多方评估设立的……国 190
> 际货币体系已具有一种没有中央银行的国内信贷体系的特征。[16]

金融共同体对密特朗（Francois. Mitterand）的社会党1981年在法国选举获胜的反应很好地阐明了资本罢工的力量。法国1965年至1980年间实际固定资产总值形成以4.4%的平均速率增长，在这个时期从未出现过连续两年下降的情况。在社会党政府上台前夕，这种增长立即向反方向进行，在此后的三年里（唯一我们有其统计数字的时期）以每年1.21%的速度持续下降[17]。这个逆转发生得如此快捷以致没有反映新政府的实际政策。相反地它反映了投资者的不悦。比如美国在法国的直接投资在1965年至 1981 年间每年以接近 11%的速度增长，但自密特朗上台以后，每年都在下降，跌到每年 6%的年平均速度。[18]

全球自由主义模式成功实施的后果是几十个民族—国家之间的竞争，每一个都力图维持就业和促进经济增长，并且每一个都因而被迫去营造良好的商业气候，以便吸引国际资本。在新古典经济学中国家因而被归结为与完全竞争的企业相等的东西。由于无力控制价格和经济环境的其他方面，它只是在这些变数所设立的限制之内尽其所能。

具有讽刺意味的是，正是那些愈是民主的国家，其行动的自由就愈是严格地受到这种竞争的控制；愈是不理睬大众要求的国家，愈有可能在资本斗争以及与之俱来的经济不景气中幸存下来。贝克尔(Gary Becker)抓住了执政者这种无权状态的反讽：

> 理想的政治民主总是完全响应人民“意志”的。每一个政党的最终目标大概都是获得政治权力，但是就平衡而言，没有一个政党，包括那些“执政”党，拥有任何政治权力。政治官员没有选择的空间，因为政治决定完全是由选民的偏好决定的。[19]

正如新古典经济学家没有充分地叙述企业所有者行使权力的空间一样，贝克尔确实没有充分叙述领导和监护在一个民主国家
191 内的范围。但是他论证的要点是不可否定的。如果选民的偏好在相当大的程度上是受一个人对谋生之道的追求决定的，此种追求的可能性转而又来自于通向工作的进路，而这种进路又只有在国际资本的条件得到满足的情况下才是畅通的，全球自由主义的模

式就完整了。

由于这种形式的调整,国家的民主的结构不是被市场而是被选民对不在国家控制之下的条件的经济依赖给掏空了。除非这里所讨论的经济具有特殊的优势使得它对资本具有更大的吸引力,它就必须尽其所能与由其他国家所制定的提高利润的策略较量。当经济是如此彻底地整合进世界经济体系之中,以致在任何经济里面的投资供给都高度响应预期利润率里面的微小区别时,有效的选择范围就缩减为一套单纯的政策,缩减为福特的"你能够拥有你想要的任何颜色的小轿车,只要它是黑色的"这句话的全球相等物。

在某种未来全球自由主义世界中的公民会悲叹道,虽然他们的权利没有受到束缚,但他们影响他们国家里的事件进程的能力则确实受到了束缚。由于搞活经济的政策选项的清单或许几乎只限于单一的程序,许多选民可能满足于将政治看作一种公共管理的形式,并甘心把吸引资本的有效策略的设计让给银行家和经济学家。富有活力的民主政治生活依然可以幸存下来,由与经济问题无关的国家的关切来培育。看来还有一种可能,许多人会觉得没有什么东西处于危急之中,因为构成政策选择范围受限的基础是有利可图的生产这个绝对命令,后者并未在企业的界限上终止,反而扩展到教育的形式和规模,工人之间招致怨恨的区别的程度,甚至那应当被看作是大众私人情感的东西。如果结局是政治参与下降了,那么第五章所提出的推论可能导致人们预期,对健康有力的民主文化的希望也会黯淡下来,或许会导致在全体公民中间更不关心主权的丧失和由经济学家管理的以民主方式实施的资本统治。一种低水平的非民主的制度均衡也许会很好地得到保证,或

者一种反民主的螺旋就会得以发轫。

但是，对一种如此齐整的个案的种种展望，被这个模式所包含的未必可能的政治假设和高昂的实施费用蒙翳住了。发达资本主
192 义国家对工资和工作强度的下向压力来源于民族—国家间为扩大利润而展开的竞争，而这种压力总是可能培养不公平感和对游戏规则的敌意。与高度的利益冲突感偕行的是降低了的找到合作解决国内冲突的办法的能力，而这些冲突或者在工厂的讨价还价时发生，或者就诸如税收政策这样一类问题形成整个经济的一致意见的过程时发生。结果（无论是胡萝卜式的还是大棒式的）实施成本很可能攀高。

撇开这些成本中较为显著的方面——警察的费用和工厂的监视费用上升——不谈，为稳定资本和劳动之间的权力关系所必需的失业水平的向上浮动看起来是相当可能的。在这些条件之下，采取全球自由主义模式的国家很可能证明是易受民粹主义民族主义的攻击的，就如拉丁美洲、亚洲和非洲的那么多国家已经证明了的一样。

维持有利于资本世界性无碍流动和利润返国的条件提出了另外的问题。过去两百年经济增长得飞快——以世界历史的标准——速度和不平衡发展这个持续的配合旋律已经在一些主要经济体系中间的增长速度上肇生了一些重要的差别。经济进步的不平衡转而导致了一种加速过程，凭此过程，旨在于在十年内保障稳定的世界货币和贸易体系的制度安排易于发生周期性的危机，并且在彼此竞争的民族—国家那种迅速挪移的相对权力的压力下，很快地让位给别的体系。或许正是出于这种原因，英国统治下的和平持续了一个世纪，美国统治下的和平 25 年后便终止了。

因而，单个领导国家或一些国家联盟保证适合于全球模式的货币的和政治的条件的能力是令人极难放心的。至少，世界经济和政治局势的不稳定性会趋于促使全球自由主义的解决之道采取由主要资本主义国家表现出来的昂贵的干涉主义和军国主义的外交政策姿态。这种姿态本身也是不稳定的，因为一种强大的全球军事存在需要强大的国内经济和动员有战斗力的部队骨干的能力。动员民族主义情绪为全球自由主义模式而牺牲，以为创造有利于资本多国流动的世界安全服务，这一点会证明是困难的。

始终倾向于为无限制的国际资本流动提供意识形态的正当性证明的自由贸易意识形态本身就可能强加了高昂的成本。市场的挥洒自如——无论是国内的还是全球的——强加了一些与环境失谐、共同体解体以及诸如知识、创造发明，甚至劳动本身这些不易市场化的社会资源的未开发相联系的实质的不合理性，在这个范

围内，全球自由主义可以证明是高度浪费的，易为不那么反对集体 193
决策和配置程序的更为有效的经济体系所取代。正是部分地出于这些原因，一种不那么依赖市场的替代模式是全球自由主义模式不可等闲视之的竞争者。

新霍布斯自由主义

如果说市场的优点体现了全球自由主义模式的标准的魅力，那么，威权主义监护的有利效果便是新霍布斯自由主义的吸引力。根据有关这个模式的先行描述，以等级制形式定制的非市场制度——官僚制的国家、父权制家庭和资本主义企业——将会蚕食

市场，为了效率的利益或保存传统价值的利益，用命令的逻辑代替交换的逻辑。这种思维的共同线索和把它命名为新霍布斯主义的基础，是对等级制的正当性证明，而证明的依据是，理性的和自由的个人为了秩序和经济合理性可能自愿地委心于不同的统治形式。[20]这种推论中的另一个共同因素，即体现了它胜于其他版本的自由主义的最大进步因素，是它明确地考虑到了社会关系的实施成本以及价值、情绪和能力的形成——我们前面叫做学习的东西——两者乃是社会组织的核心特征。①

有关家庭和国家的新霍布斯主义的论证丰富多彩。如我们所见的那样，“新家庭经济学”中的家长是有全权的利他主义者，他用他的慈爱来劝阻“开小差”、“渎职”和其他形式的反社会活动。这

194 个描述结合了新霍布斯主义观点的两个基本因素：作为自私自利行为的无可避免结果的渎职的普遍存在，以及等级制在限制其邪恶的后果方面的有益效果。新家庭经济学还阐明了这个模式的基本政治假设。科特(Annie Cot)写道：“贝克尔在专制主义和看不见的手之间建立的联系，把新家庭经济学构造成为较为一般地表现自由主义社会秩序的微观世界。”[21]

如果自由主义已经一般地强调选择，把学习的管理中所承带的必要的强制形式当作哲学难题和最好是留给社会工程师解决的

① 我们并不打算暗示，新霍布斯主义作家构成了一个自觉的和统一的学派(虽然我们给他们加上的名称会鼓励这样的发挥！)，而仅仅暗示他们趋向于就一些共同的题目发表意见，而其他的自由主义者都会令人瞩目地对此缄默不语。与霍布斯的联系也仅止于隐喻：的确，某些我们相信乃新霍布斯主义的作者常常是在招伯克(Edmund Burke)而不是霍布斯之魂。

问题，那么，新霍布斯主义者更倾向于直接和毫不敷衍地论述这个问题。福尔韦尔(Reverend Jerry Falwell)从一个与贝克尔极其不同的视角写道：

> 家庭的力量和稳定性决定了社会的活力和道德生活。家庭所发挥的最重要的功能是孩子的哺育和性格养成，这是一个只委之于家庭去执行的功能，对此甚至连将就地差强人意的替代者都不存在。家庭是最好和最有效的"健康、教育和福利单位。"[22]

其他人宁愿赞成为推进人类发展的必要的社会过程而设计的国家活动的扩大。在一本直截了当地题名为《作为心灵管理艺术的国家管理艺术》的书中，威尔(George Will)回到了圣奥古斯丁或伯克的政治理论上面。

> 美国迫切地需要一种真正的保守主义，一种以关切培养至善的人和人的至善品性为特征的保守主义。它应当重新评价使人崇高的政府功能。它应当抗论如下一种自由主义学说：关于生活的一个重要维度——"内在生活"政府应当少管——比现在所管的要少，比近来所管的要少，比大多数政治哲学家审慎地思考过的要少。

威尔也具有我们的广义政治的观点：

> "政治哲学"从事"政体"研究，而政体远非仅止于政府制度。它包括所有的制度、措置、习惯、习俗，以及更多政府所依赖、因而政府应当着力于对它们施加塑造性的

> 影响的东西……民主政府必须既是其公民的仆人，又是其导师，因为公民的权利和义务是一个心灵的国家。[23]

195 新霍布斯主义关于当代政治分析的其他撰述提倡加强相对于立法部门和新闻机构而言的政府行政部门。在一些主要的政策领域——经济计划、环境控制和核能工业是最首要的例子——扩张了的政府干预和这些干预与大众责任的有效隔离都受到拥护。[24]

新霍布斯主义拥护调控性关系和婚姻的国家干预主义的家庭政策，以及减少市场失误的积极的国家经济政策，就此而论，它的视角被看作是中央经济统制论的视角。但是它同样提倡资本主义企业边界的扩大，这样，经济相互作用会日趋采取在既定的所有权单位*内部*的命令关系的形式，而不是采取各个单位*之间*的市场交换关系形式。

新霍布斯主义经济学发展的关键是交易成本的概念，或者我们所称的实施成本的概念。我们已经看到，传统的自由主义经济学一般假定交换项目的实施对交换双方来说是无需成本的。麦克弗森(C. B. Macpherson)评论道，“财产是一种权利要求，个人能够指望社会或国家，习惯，常规或法律已经以对他有利的方式实施了这种权利要求。”[25]与传统的自由主义理论家形成鲜明的对照，新霍布斯主义者把实施交换项目的问题当作经济活动者的策略关切来对待，使由此而生的成本成为他们理论的中心。

这种理论发明的主要成果是新古典资本主义企业理论的扩展，这种理论在表面上与马克思主义的观点相类似，因为它专注企业内部的威权关系。然而，与马克思主义的研究路数不同，新霍布斯主义模式把企业的威权主义结构描述为对劳动固有的反生产性和随之而来的“开小差”问题的自然而高效的反应。

企业在新古典理论中始终是个反常的东西,体现了非市场的资源配置体系,这种体系在竞争环境中的无所不在和幸存下来,对那些认为竞争性的市场交换是配置资源的最有效率手段的人来说,是解释不清楚的。在科斯(Ronald Coase)早期有关这种研究路数的一篇题为《企业的性质》(*The Nature of the Firm*)的文章里面,他问道:“为什么企业毕竟出现于专门化的交换经济之 196
中?”[26]根据新霍布斯主义的研究路数,此谜的答案是,等级制组织——或经济学家率直地称作“命令”关系的东西——常常比市场交换更有效率。用科斯的话来说,

> 建立厂商之所以利可图益的主要原因看起来是……市场的运作花费了某种东西,而通过形成一种组织和允许某种威权……去支配资源,某些市场费用就可以省去。[27]

在这一方面,新霍布斯主义的研究路数从韦伯那里借用了一些说法:

> 官僚制组织发达的决定性原因一直是它对于任何其他形式组织的纯粹技术上的优势……现代资本主义大企业本身是严格官僚制组织的不相等的模型。[28]

然而,韦伯偏爱官僚制作为等级制的种种陈旧形式(比如“无利可图的礼仪服务机构”)的具有结构上优势的替代者,而新霍布斯主义者发现其价值在于限制工人“开小差”和其他形式的“渎职”的优越能力。

按照这种观点，企业的等级制结构不是所有者或老板的权力表达，而仅仅是使成本极小化的组织工作的方法。诚然，就如下面引自艾尔奇安和德姆塞茨的一段文字所阐明的那样，它是一种会由一组平等的工人伙伴为了他们自己的利益而创造出来的形式。在断言“合作投入的所有者”（也就是工人）开小差的一般趋势时，这两位作者观察到：

> 减少开小差的一种是某一个人专职做监督员，检查小组人员投入的成绩。但是，谁来监督监督员呢？……可以强加一种约束条件……授予他以这组净收益，即偿付其他投入之后的净数的所有权。如果合作投入的所有者们同意监督者将得到规定额度以上的剩余产品，监督者将有额外的刺激去实施监督而不开小差。[29]

看起来，监督员不仅必须具备对于收入有剩余产品权利要求人的地位，而且也必须行使资本主义雇主的权力：

> 为了约束本组成员和减少开小差，剩余产品权利要
> 197 求人必须有权修改契约条款和对个别成员的刺激。……因此，试图提高生产力的本组成员将不仅把获得剩余产品的权利，而且也把变更个别成员资格和本组的成绩的权利委之于监督者。[30]

其结果不仅仅是一种监督始于自愿的理论——仿佛出自在于自然状态——而且也是这样一种解释：为什么为了本组的利益企业金字塔结构中的上层头头应当多拿钱，有权利进行招聘和解雇。简而言之，监督员必须是资本家。与霍布斯的在自然状态中创立

主权国家和自愿地同意把他们自身置身于威权之下的公民概念的这种惊人的类似，难以想象还有出于其右者。

威廉森(Oliver Willamson)，一位新霍布斯主义文献的主要撰稿人，提出这样一个总的看法：

> 对所有种类的复杂组织——法人的和非法人的，资本主义的或非资本主义的，在民族国家和政体体系内部的与之间的，和超越时间的——的检视揭示了一些坚固的共同特征……(1)所有复杂组织都需要臻于与我们所认识的人类本质的各种属性的妥协，……(3)等级制有助于效率；(4)将运作与决策和控制予以分离促进了体系的完整。[31]

这样，代替它在惯常的新古典经济理论里作为一种败坏了的反常状态，作为对匮乏问题的合理的集体解决办法，等级制企业被重新引了进来。于是，官僚制企业名声的恢复也就是顺理成章的了。艾尔奇安和德姆塞茨写道：

> 大家都看到企业的特征是凭借命令、凭借威权、凭借比常规市场可资利用的受纪律约束的行动优越的同类行动处置问题的权力。这是欺骗。它没有命令的权力，没有威权，没有任何与由随便两个人之间订约的变通市场中受纪律约束的行动有丝毫区别的同类行动。……(企业)能够解雇和指控，就如我能够通过不从他那里买东西而解雇我的杂货商或指控他出卖伪劣商品一样。[32]

这种对企业等级制的仁慈的观点，与关于交易成本和随之而起的市场失效的敏锐意识联手，导致新霍布斯主义经济学家把两者之间的规范性的差别减到最小程度。

> 与那些可以被看作公共的或无所有者的市场地带的市场和城市相对照，企业可以被看作是私人所有的市场，
> 198 如果这样，我们就能够把企业和普通的市场看作彼此竞争的市场类型。[33]

当环境失谐或其他外在性因素突出时，企业代表了一种无论相对于市场还是相对于国家调节的优越的替代者，其前提条件是所有权单位允许发展壮大到足以把原本应该是经济世界中的外在作用内在化，而这个经济世界是由在新古典教科书中占有一席之地的小企业组成的。德姆塞茨把大型购物中心与私人拥有的城镇两者经济上的长处等同了起来：

> 百货商店或购物商场的所有者能够提供有利购物的一般环境，诸如令人赏心悦目的植物、自动扶梯和其他便利顾客的项目，拥有自己土地的商人对为这些付钱会费踌躇，而是希望邻近的土地所有者会带来大家都会从中受益的必然花费。[34]

其对于财产权和个人权利之间关系的内在意义是不可避免的，而对德姆塞茨来说则是不可抗拒的：

> 土地之合并成为一个单一所有者的实体，它常常承揽起提供通常由政府从税收所得来提供的服务，诸如街道、人行道、废物收集甚至警察保护等等，这种合并允许所有者排斥那些拒付负载了这些服务费用在内的租金的

> 人。各种各样的商场和百货商店的竞争，将为商人提供充分的机会以选择他们希望购买而不必担心和顾虑揩油的服务……这些制度安排的发展，向旨在于提供许多服务的政治机构和制度发起了令人感兴趣的挑战，而这些服务一般被假定为是在选举地范围以内的。[35]

新霍布斯主义模式因而体现为现代的和传统的模式的一种稀奇古怪的混合物。伯克的模式就其接受传统的价值而论，它更接近于圣西门（Saint—Simon）高瞻远瞩的社会工程学，或者就其接纳效率而非选择为其标准的泊点而论，它接近于泰勒（Frederick Winslow Taylor）。这两股思想的统一性是它们对威权主义社会关系的共同信誓。

这种由新霍布斯主义模式提出的个人权利和财产权调整的形式是以个人权利在制度上的被迫集中为基础的，它不是像在全球自由主义调整里那样通过国家的无权，而是通过财产权所统治的领地的扩张，个人权利领域的收缩，以及用于计划和监督的无责任 199
的国家制度的设立。

全球自由主义模式和新霍布斯主义模式两者的轨迹是深深地反民主的。前者承诺没有主权者的责任，而后者承诺没有责任的主权者。在因循自由主义思想的基本划分即私人的和公共的划分，学习者和选择者的划分方面，两者是自由主义的。①

① 论及国家和家庭的新霍布斯主义作家强调这些制度在推进有社会收益的学习时的必然的能动性，而新霍布斯主义经济学家趋向于假定行动的工具模式，将人类主体借以形成的方式搁在一边。

在第一次世界大战之后作为保守的组合主义创意的一部分，新霍布斯主义自由主义展望的出现，尤其是它作为企业内部命令关系王国扩张的当代表达，无疑受到对市场和国家的不断增长的敌意的支持。市场日益被看作是腐蚀社会的，不公平的和浪费资源的；国家被看作一种人为的共同体，它既引起不胜枚举的无效率，亦引起了同样之多的军事冒险和官僚制的过分要求。

在这种观点看来，新霍布斯主义不是孤立的。社会主义者，民粹主义者，女权主义者和社会民主主义者也一样拒绝旧市场对国家那个争论的术语：作为达到平等和民主目的的手段，市场和计划同时是不可避免的和不充分的。激进的民主主义者提出了一种社会展望，后者支持多种多样的以民主方式构成的非国家的公共空间——工厂、邻里和文化机构。后面这种展望与新霍布斯主义模式一起有兴趣把社会竞技场范围扩展到国家和市场之外，但是为它们提供了极为不同的结构，它已经整合进后自由主义民主概念之中。对新霍布斯主义解决方法所作的分析极佳地揭明了后自由主义模式的部分基础逻辑。

交换，官僚制和后自由主义民主

新霍布斯主义模式构成了对民主的威胁，这一点可以说是得到了广泛而正确的评价的；它在经济上有严重的缺陷并且这种缺陷可能日益加深，这一点大概变得越来越明显了。

200 实施任何一套规则的成本，无论它们是契约性的交换，种族统治体系，城市会议，父权制性—性别体系或者官僚制等级制，都密切地依赖活动者的素质——依赖他们的技能、情绪和理解力。如果这套规则培育一种关于信誓和正当性的观念,那么,实施成本就将趋低。如果反之,规则显得是不公平的,并且如果它们培育了被统治者之间的团结,反抗就会升高。于是,就可能频频求助于成本高昂的强制形式。第一流的马克思主义奴隶制史学家吉诺维斯(Eugene Genovese)评论说:“统治阶级各不相同,每一个都必须以不同方式统治。但是……每一个都必定以把使用强制的必要性降低到最低限度这样一种方式面临强制问题。”[36] 再者,一种规则的实施成本主要依赖规则调控的活动。一些活动最适合于市场交换的调控,另外一些适合于官僚制威权的调控,还有一些适合于集体相互关系的调控。甚至在那些大相异趣的文化里,孩子们都是由我们称之为家庭的东西来抚育的,这大概直观地说明了活动本身的性质偏好特定社会组织类型的方式。举一个极为不同的例子,在整个19世纪,全世界的糖都是在种植园里种植的,烟草都是由小自耕农场种植的,甚至在这些作物乃是单一经济和社会体系的部分的地方(比如在古巴),情况也是一样。

新霍布斯主义模式经济学的主要缺陷是这样的:自由主义社会环境中的威权主义社会关系,在假定人类显然厌恶工作的情况下,远非是对匮乏问题的有效解决办法;它越来越浪费,招致水平不断升高的反抗,带来不断上涨的实施成本。人类的需求和我们满足这种要求的手段继续以这样一些形式发展:它们使得为维持我们生计所必需的各种类型劳动日益不服从官僚制的威权。与此同时,不平等的官僚制体系日益被看作是不正当的,这部分是因为个人权利逻辑的扩张性质。这些技术的、经济的、政治的和文化的发展的结果，是以劳动的和大众话语的性质为一方与以官僚制等级制的要求为另一方之间日益加剧的龃龉。

根据新霍布斯主义的研究路数，当交换的交易成本超过了等级制的实施成本时，等级制就取代市场交换。当精确衡量被交换
201 的物品和服务所费颇昂时，交换的交易成本就趋向高涨。当衡量的成本较低时——比如核查从卖方到买方的电流量的情况——市场交换将费较低的执行成本，即使当交换双方各具尖锐冲突的利益时，也是如此。情况之所以这样，乃是因为假定在低衡量成本时捉弄交换伙伴的企图很容易觉察出来和得到纠正，如果必要则可以诉诸法院。这种低衡量成本的情况是私人财产概念的范例，而私人财产是一种能够很容易地通过外在威权来实施的权利要求。

但是，相反的情况，即当被交换的活动难以衡量时会怎么样呢？如果交换双方的利益冲突持续剧烈，某种昂贵的组织形式就将随之产生：或者是好讼的市场，或者是官僚制威权内部监视活动的激增。新霍布斯主义模式偏好后者。自由民主资本主义社会里两种一般的发展很可能将使这种解决办法变得越来越昂贵。第一种趋于提高等级制秩序的成本的发展，关涉人民对劳动过程本身及其得以组织起来的方式的定位。回想一下，新霍布斯主义作者的“开小差癖好”是自私自利的活动者那一方面天生不喜欢工作的结果。威廉森观察到，“机会主义是人类自为者的关键属性”。德姆塞茨提到，“人民可能是不同的谬误”。[37]新霍布斯主义经济学挪用社会生物学的理论，认为“劳动的反生产性”是普遍的人类状况。[38]

新霍布斯主义的研究路数专注于组织体系如何诱使人民去做

他们否则不愿做的事情,这确实是正确的,因为任何社会秩序都不可能总是消除令人不愉快的种种必然的需要。但是看来可以更加令人信服地断定:人民对他们工作的态度取决于工作是如何组织的,报酬是如何分配的,以及他们个人在工作中受到怎样的对待,取决于包括家庭关系和国家关系在内的社会关系的更为一般的结构。可以直截了当地说,一个社会如果把自私自利的行为抬高为享有特权的合理行为的形式,同时培育高度的不平等和利益冲突,这个社会可以预期将面临非同一般严重的胡作非为和高涨的实施成本。麦克弗森写道:“现代道德学家对霍布斯学说提出的最有效的反对意见是,霍布斯那种为自己欲望打算个人的合理的自我利
益……必然会养成一种忽视或否定对主权者的义务的长期倾 202
向。”[39]再者,当工作是由另外一个大概不认识和甚至没见过的人来组织时,那么就如马克思所说的那样,它非常可能是作为某种异化的和压迫的东西被经验的。无论资本主义社会还是自由主义话语都不产生自私自利的机会主义的问题,但是认为它们已经加剧了这个问题,则看来是合情合理的。

预计新霍布主义解决办法成本上升的第二个理由关涉经济本身的结构。随着经济的增长,人民正在改变他们据以努力满足他们需求的方式。极其明显的是,各种服务——从教育和健康到金融、保险和精神病学的建议——正在取代物品而成为劳动的主要产品,现在已占某些发达经济体系的产出的一半以上。然而,服务一般比物品更难衡量,仅仅因为它们是无形的。

同样重要的是,生产本身的性质也在变化。技术发明和信息在影响经济效益方面已经承担了愈益重要的角色。在管理技术变

化和知识生产方面力不能及的经济体系愈来愈不能利用已由更成熟的社会体系开发出来的各种可能性。由此得出的结论是经济活动的原材料也正在发生变化。三个世纪以前劳动改造过的自然环境有足够的理由被描述为“土地和自然资源”。有关劳动的“人和锄”的隐喻诚然是贴切的。但是在今天，我们劳动的实质部分已经是致力于我们自身的改造。如果洛克时代土地是最主要的投入，资本物品是从马克思直到我们的时代的最主要的投入，那么，在下一个世纪很可能是知识和人类身体本身将享有这种荣誉。21 世纪政治经济学的三位一体可能不是土地、劳动和资本，而相反是身体、劳动和知识。

这种推算的含义是不言而喻的。土地和机器两者可能为人所有，可以在市场上以相对较低的交易成本被交换，而无论知识还是人类身体都不能作为财产被交换——至少不那么容易这样做。这是因为人类身体无法与其所有者分离，奴隶制除外。由今天刚起步的器官、孩子和遗传物质方面的市场所造成的格外高昂的交易成本和道德困境或许就提示了这一点。

知识之所以难以交换，不是因为它不能够与其所有者分离，而是出于相反的理由：因为它太容易被盗用或共享了。再生产知识
203 的成本与生产知识的成本相比是如此之低，以致它几乎不可能排除其他人使用它，而且从全社会的立场来看，这样行事的尝试几乎总是不合理的。阿罗(Kenneth Arrow)，一位信息和技术变迁的杰出研究者，推论说，

> 总而言之，我们预期自由企业经济在发明和研究(与理想的情况相比)方面将减少投资，因为它是冒险的，因

> 为产品只能在有限的范围内被利用，以及因为使用时日益增长的回报。这种低投资对较为基础的研究影响会比较大。再者，在企业成功地独占了发明活动的经济价值的范围内，与理想的配置相比较，那种信息将得到低度的利用。[40]

工作过程和劳动对象本身的演化就这样参与了个人权利话语的扩张，而使新霍布斯主义模式成为一种浪费和社会争执的时代错误的源泉。然而，新霍布斯主义研究路数的这些短处并不暗示全球自由主义模式的长处；诚然，它在部分上是对市场失效无所不在的证明，而市场失效构成了更为传统的自由主义研究路数的主要缺陷。

后自由主义民主模式的经济承诺是新霍布斯主义模式的反面，不是通过官僚等级制管理和遏制冲突，而是通过民主信誓和平等的社会相互关系的平等形式的与日俱增来弱化冲突。

后自由主义民主政治经济学序言

虽然新霍布斯主义模式和全球自由主义模式可能提供了资本主义和自由主义民主之间一种新的——或许是混血的——调整的大纲，每一个却都以其自己的方法巩固资本主义而侵蚀民主，后自由主义民主与资本主义和自由主义民主两者相距如此之远，以至于人们很难将它当作一种新的调整形式。它被比较精细地描述为导致一种新的社会秩序的过程。

前面诸章的分析，已经给我们提供了一种有关后自由主义民 204

主社会秩序的经济结构看起来应当如何的具体展望，并且提供了关于这样一种社会可能据以出现和生存下来的历史进程的见解。

我们对后自由主义民主的展望是以如下命题为基础的，而每一个命题都得自于前面诸章的推论。第一，资本主义经济——以及的确实际上任何一种可行的替代物——是一种公共的竞技场，其结构调控形形色色社会活动者的分配的、占用的、政治的、文化的和其他的规划。没有哪一种内在一致的民主概念能够回避如下的结论：在经济中这样地被赋予个人的和集体的活动者的权力应当委制于民主责任。

第二，达致生计的可靠进路之缺乏是一种依赖形式，一种把权力赋予那些控制生活手段的人的形式。经济依赖论——是以妇女对男人的财政依赖的形式，以由宏观经济政策为了约束劳动力而精心诱发的失业的形式，还是以资本外逃威胁的工具性运用的形式——随意地限制个人的选择和销蚀民主的责任，甚至在这种责任只是得到形式上保证的地方，也是如此。经济依赖因而是自由权和人民主权两者的对立面。

第三，经济、国家和家庭生产人民。个人的能力、偏好、情绪和认同的终生发展，乃是遗传潜力和有结构的社会实践相互作用的结果。社会结构对人类发展的作用所负载的范围从劳动的性别分工与乔多罗所称的“女性个性”之间的关系，[41]到工作的等级制结构与父亲对他们孩子们的服从所作的评价之间的联系，以及到居住区邻居下降对市民定位的影响。因为民主制度的成长和效力依赖民主能量的强大，所以民主的信誓承带那种对促进而不是阻碍民主文化发展的制度的拥护。再者，因为学习，或者更宽泛地说，人类发展是人民的核心的和毕生的社会活动,所以将调控学习的机构——无论它们是学校、家庭、街道还是工作场所——排除在民主责任和自由权的标准之外的任何理由都是内在不一致的。

第四,自由民主资本主义社会里无责任威权的权力和对个人
选择的限制部分来自于我们的个人认同以与无责任的集体密切联 205
结在一起的方式,而不论这种集体是民族—国家、父权制家庭,还
是现代法人。由这些机构对我们认同观念所行使的几近的垄断唯
有那些同样反民主且令人厌恶的阶级、种族和性别差别所行使的
几近的垄断才能比及。但是,普遍主义价值的现代理想,由于遗下
那种面对抽象国家的自治的个人,便很可能加深而不是解决问题。
自由权和人民主权两者都会得到居于个人和国家之间的民主共同
体的效功,与此相关的人民之间不令人厌恶的区别的衍生的可能
性亦效功于这两者。

人们不可能从这四个相当一般性的命题中得出特定的制度的处方。但是它们明白无误地指向经济民主化,经济不平等的弱化,学习过程的民主化,和对阿伦特(Hannah Arendt)称之为“自由的新公共空间”的东西的促进。[42]就平衡而论,这些目标是相互补充的。然而没有哪一个没有它的困境和矛盾。

经济民主化的主要命令是清楚的——工作场所的民主,民主的经济计划,共同体获得资本的进路——但是正如我们将要看到的那样,它们之间的关系最好也是复杂的,并且可能是相互矛盾的。民主的工作场所的逻辑是生产单位中的民主决策将用民主的参与和信誓取代无责任的等级制。人们因之可以希望通过减少实施成本对更有效率的生产体系做出贡献,以及支持参与的学习环

境和自治的民主共同体①。

我们所谓的民主经济计划，是指以对社会负责的方式决定经济结构及其演进模式的大致轮廓。责任带来集体的深思熟虑，以及集体对投资决定的控制，因为像我们所了解的那样，正是对积累过程的集中控制把现在和未来的工艺的、空间的、环境的、部门的和其他方面的经济演化安置在了人民主权的范围之外。

206 虽然对投资的民主控制的核心立场是清楚的，整体的经济责任可以以最有效的方式取得所凭借的那种工具，却是不能预先或一般地加以判断的。有关相对于运用市场而言的集中计划和资源直接配置的优点的争论，是一个实践问题，应当由关于特定事例中的附带成本的研究来决定。我们的分析不厚此薄彼，而是为每一个评价设置新标准：对诸如市场或经济计划体系一类显然专门化的经济制度的评价，必须平衡民主形式的或人类发展的其他有价值形式的要求与立足于缓和匮乏、增进自由权以及等等之上的较为传统的要求。同样地，生产资料的公有制或私有制的问题也可以根据自由权和民主责任的规范，在不同的具体条件下予以不同的回答。

大约三十年前，托尼(R. H. Tawney)观察到，一个某些人的所有多于他们的所需，而许多人的所有尚难以度日的社会可能提出许多美德的要求，但自由权不在其中。[43]我们可以加上一句，人民

---

① 虽然我们相信这些预期——和那些后面讨论的预期——受到许多可资利用的明证的支持，并且是恰好在可能性的范围之内的，但重述相关的经验研究看来是无意义的，因为现行经验对处于极其不同的社会环境之下的社会实验的适用性是有点成问题的。

主权在这些环境下也兴旺不起来。像托尼一样，我们对民主的关切导致我们对经济不平等的政治批判。我们建议，民主主义者应当把达到社会所能接受的生活标准的进路视作一种权利。剥夺人民的生计因而总是与剥夺人民的自由权或侵犯他们的人身一样是违反社会规范和非法的。前面几页的推理为这个观念提供了充分的支持。我们为了这个平等主义的信誓将触及一个或许已被忽略的论点——沃尔泽称之为“为了共同体的供应”——然后转向由这个论点提出的问题。

一个社会定期地、并且作为其日常功能的必要部分允许相当大的一批成员生活在财源无保障和物质贫困的条件下，那么这个社会体现了对其成员的某种程度的冷漠和无情，后者既展示又增加了社会的分裂和令人厌恶的对比，而非社会的共同性。如果就像萨赫林所说的那样，礼物造就朋友，那么也可以说，无视伙伴的困境造就陌生人，如果不是造就敌人的话。沃尔泽观察到，

> 分配公正的概念是以一个自成一体而分配在其中进行的世界为前提的：一个集团的人民，首先在他们自身中 207
> 间从事分配、交换和共享社会物品，那个世界……是政治共同体。

沃尔泽继续说道，

> 成员资格之所以重要，乃是因为政治共同体的成员归功于彼此而不归功于另外一个人，或不在同样程度上归功于一个人的那些事情。他们应当归功的第一件事情是安全和福利的公共措施。这个主张可以颠倒过来：公

> 共措施之所以重要，乃是因为它教给我们成员资格的价值。如果我们不是相互提供生计，如果我们不承认成员和陌生人之间的区别，我们就没有理由去形成和维持政治共同体。[44]

对保证每一个人的生活条件的彼此信誓建立了民主文化必须立足于其上的尊重和共同的认同，但它也提出了种种经济问题。我们已经强调了劝诱人民去工作的问题，强调了一种方法，资本主义社会凭借这种方法着重依赖经济无保障作为一种主要的虽然常常是隐含的纪律的和激发动机的手段。虽然资本主义社会和等级制工作场所尤其可能加重潜在的基础问题，我们却怀疑有哪一个社会可以免除激发工作动机的需要。如果后自由主义社会秩序要保证经济保障，它就必须同时更动工作意义，使得它不再看起来尽是异化的强制。

我们对于维持生计的权利的信誓当然并不意味着良好的工作不能得到报酬，而是意味着奖励不能太高，惩罚应当不至于剥夺可以接受的生活标准。更为重要的是，在有经济保障的环境里，民主工作集团将被迫去发展劝诱其成员好好工作的手段；参与决策和公平地分享生产单位净收益毫无疑问会由于广泛的承认和认可而得到推广，它们着重利用工作组成员的自尊和羞愧之心，而不是利用他们的经济无保障。

经济不平等的弱化和经济民主化体现了迈向更民主的社会的关键一步。它们也将大大有助于人类发展过程的民主化，或者更具体地说，有助于把民主责任和自由权两者的规范系统地运用于
208 学习和个人改造的多种多样的制度。经济困难在今天是对人的生

活道路上的教育选择的最具约束性的限制之一；可以接受的生活水平的保证，通过排除作为错误选择的可能后果的个人经济厄难的威胁，将打开更为丰富的教育选择的宝库。尤为明显的是，经济民主化本身将构成迈向一个主调乃学习的环境之中的责任和自由权的重要一步。

就像其他后自由主义民主社会的经济结构的特征一样，学习的民主化不是没有问题的。任何哲学上自觉的见解必定会抓住选择、威权和社会目的这些必然与学习的分析绑在一起的困难题目。但是在自由主义框架之内，这些问题显然难以处理的性质可能更多地根源于自由主义思想的特征，而不是根源于教育境遇所产生的特殊困难。格特曼(Amy Gutmann)以如下的方法把现代自由主义两种主要思想的关键矛盾等同于教育哲学：

> 功利主义的和……权利的理论家们……就儿童教育一致同意一个观点：至少在原则上它们两派都信誓要提供教育，后者在好生活的实质性概念中间乃是中立的。[45]

就良好生活而论我们并不分享自由主义的中立态度。我们怀疑：许多自由主义者在他们作为父母、教师、朋友和公民的日常活动中也并不持这种中立态度。

我们的民主信誓既是对手段的信誓，也是对目的的信誓，虽然在这两种情况下，这种信誓公认是一种得到充分清楚表达的教育哲学的最起码和不充分的基础。我们的信誓包含如下意义：人民所应当学习的，是他们在具有自由权和人民主权的一般环境中做选择时他选择去学习的东西。我们不知道在这些条件之下人民会选择成为什么:我们的道德的和政治的信誓是去尝试一下,看一看。诚然在大多数情况下,许多教育选择现在不是在这些条件下做出的。但是,在某些选择是在几近自由权和责任的条件下做出的这个范围内,我们看到了民主的学习原动力的可能性,而这种原动力会存身于我们社会里面民主和选择的不完善的王国之中,并
209 且向着民主的目标逐渐地改革一再拓宽的社会生活圈子。

兑现后自由主义民主诺言所必需的经济制度和信誓——追逐利润的资本市场为民主地负责的投资和资源配置的计划所取代,工作场所和其他共同体通过代表制和参与制而组织起来,经济不平等的弱化——所有这一切都是过去一个世纪里为人熟悉的民主社会主义运动的目标。我们之所以宁愿把我们的展望的一历史的替代物称作后自由主义民主而非社会主义,仅仅是因为我们认为社会主义者的这些历史悠久的信誓不是目的本身,而是达到保证自由权和人民主权扩大了的概念的工具。我们把社会主义——和消除阶级剥削——当作趋于达到民主的手段来对待,绝没有取消我们对这些目标的信誓,虽然它表达了我们排斥社会主义者那种把民主降低至用于实现无阶级状态的工具——无论多么必不可少——的地位的一般倾向。

我们坚决认为"民主"这个名词及其组成部分——"人民主权"和"自由"权——对社会主义专门词汇中较为传统的经济短语,诸如"消除剥削"和"生产资料公有制"的优先性,这因而表达了我们关于经济关切具有政治性质的思想,而不是它们无关紧要的见解。比如,我们论述了经济不平等这个核心问题,主要不是从分配公正的观点出发,而是把它作为限制个人自由的依赖形式。我们倡导

对投资的社会控制,主要不是为了取得更有效率的资源配置,而是把它当作一种有助于保障面临资本罢工威胁时的人民主权的必要手段。

我们对术语的选择反映了我们如下两个认识,即自由主义民主话语作为实际上排他的政治交往媒介在发达资本主义国家中的霸权,以及这种话语的矛盾深刻的、有延展性的、潜在地激进的性质。同样重要的是,民主在我们话语里的特权地位反映了我们核心的道德信誓和政治规划:创造一种新的社会秩序,在那里,人民——个人和共同体——几近他们自己个人的和集体的历史的 210
作者。

民主、自由和历史

历史是在自由一边的,这个传布甚广的信念是现代生活的诸多慰藉中的一个。无论是否植根于不屈不挠的人类精神,理性的成长,或科学和技术的不断开化的特征,时间是在自由权和平等一边的观念完全浸透了现代文化。它在自由主义的现代化观念中表现为通向富裕、宽容和多元主义的联邦的途径,在马克思主义的共产主义展望中表现为最美好的社会,在那里每一个人的自由是所有人的自由的必要条件。在我们冷静的信念里,它也表现在希特勒失败的不可避免性里面。表现在威权制国家社会主义无可挽救的经济落后里面,表现在各种阵营的重新部署、凝固汽油弹、大规模的酷刑、自杀和美国全部强制性国家手段的其余部分不可能转而对付资本主义的"内在敌人"方面。

任何这样的信念都不能安慰我们，这一想法不会令我们的读者大吃一惊。不屈不挠的人类精神能够被打碎。理性是一个残酷的主人。而现代科学一再使不仅统治自然而且也统治人民的工具精致化。不是自由的不可避免性，而相反是它反抗巨大的不平等的存在，才是人类精神的真正的丰碑。

托洛茨基(Leon Trotsky)写道，历史是偶然事件的自然选择。相当简单，民主可能就是历史的一件偶然事件——一种外来的社会变种，它令人陶醉地具备种种可能性，但生存下去的能力却有问题。民主主义者必须面对的问题简单地说就是这样一个问题：什么条件有助于民主生存下去的能力，我们对这些条件的理解如何可以允许我们拓展和深化民主文化和制度？

我们的回答是，民主信誓的历史活力源自权利话语在一套促进代议制政府和个人自由权的游戏规则境域中的统治地位。初见之下，这个回答似乎是为了保存自由主义民主体制的利益而宽恕反对社会革新的防御策略。然而，我们也已经看到，正是这些游戏规则包含了个人权利和财产权共同扩张的逻辑，从而包含了各种权利的持续争斗。资本主义财产关系的进一步扩张看起来很可能是以民主制度为代价而达到的。并且因为正是现行的资本主义驱
211 使人民去工作并把食物放在他们的餐桌上，所以正是民主将在民主主义者不敢提出替代的经济政策的任何对抗中被迫退让。但是，在全球经济体系中资本罢工的教训是，极其微小的和葸葸然的民主创意将很可能或者是毫无效力的，或者迅速地被资本流动的自由所击败。用于捍卫民主的防御策略因而从长期的观点来看是立不住脚的。民主只有扩张至足以负载现在为资本主义财产特权

所统治的社会生活领域时,才能生存下去。

但是,为什么经济民主应当提供传统资本主义体制的可行的替代者?此答案早就由托克维尔给出了,他特别提到,

> 民主……通过社会实体展开了别的地方从未有过的一种无休止的活动,无穷的力量和能量,它虽然几乎未受环境的偏爱,却能够创造奇迹。这些就是它真正的优势。[46]

捍卫资本主义经济体系的种种经济理论里面有一条巨大的逻辑鸿沟。这种理论能够为市场在降低与资源配置相关的信息成本方面的重要性提出正当性证明;它能够指出竞争在促进革新和降低成本方面的价值。但是它不能解决甚至无法论述自为问题。

为了资本主义经济体系运转顺利,工人必须在某种方式下受到劝诱去以最低的工资而最勤奋地工作,这样盈余就流到了雇主的手里。转而他们的雇主也必须在某种方法下被说服去以某种方式把这种盈余用于投资,而这种方式维持或改善这个经济体系的功能。资本主义的捍卫者仍然不能从逻辑上解释为什么工人要对他们为之工作的企业的成功承担责任,或者为什么那些控制盈余的人会以在所在国家产生较高的生活水平的方式去投资。这些问题尤其耸然凸现在日益全球化的经济之中,凸现在将要以这样一些物品和服务来满足的需求的出现为标志的经济体系中,即对这些物品和服务的衡量和监视越来越昂贵。

正是在这里,民主的经济长处起作用了:通过提供投资和生产中无责任的等级制威权的替代者,经济民主能够促进工人和那些

控制可以投资的资源的人的忠诚、信誓和责任。

212 民主的第一个成功就恰好具有这种性质。人民以为羔羊是漂亮的，但他们对狮子却有刻骨铭心的印象。直到法国大革命的集体呐喊转变成为拿破仑那支没有训练却忠诚的农民军队令人印象深刻的力量之前，自由、平等和博爱对于欧洲的专制君主几乎没有什么意义。给托克维尔印象如此深刻的美国崇高的民主精神激发起了欧洲民主主义者的能量，其部分原因在于它战胜了帝国主义敌人，从自由人、自由贸易和自由国家的学说出发形成了富有活力的经济体系。近几十年来福利国家或许短暂的扩张的巩固大半不是出于较高水平的平等主义社会意识，而是出于凯恩斯调整供给产品的有目共睹的能力。

当然，随着所有者运用金钱的权力却不再指挥生产，资本主义能够把工作场所民主的经济优势转向它自己的目的。的确，全球流动的金融资本和民主地组织的工作场所的混合调整，看起来是现时期制度革新的一个可能的结果。当然，如果金钱的权力依旧有保障，这些安排就不会获致资本权力的责任。相反，它们通过消除它最为明显的面对面的层面，即老板对工人的关系，将使得资本权力的隐而不显。

但是，为什么已经赢得对他们工作场所控制权的工人也不想去履行显而易见的民主诺言？在民主的工作场所里培育出的那些能力和情绪不会试图更广泛更有效地延伸到金融和投资的地带吗？我们对个人权利扩张史的理解提示说，全球金融资本—工作场所民主的调整可能是相当不稳定的。

资本的地位会由于它日益明显的食利者的状况受到相当大的

削弱。封建权力让位的教训在这方面是有启发性的。在中世纪后期，封建贵族由于退出生产过程和靠租金与赋税维持生活，开始了他们走向消亡的漫长旅途。布洛赫（Marc Bloch）描述了这种状况，他说道：

> 贵族从他作为大规模农业和手工业生产事业领导人的位置上退了下来……从政治上来说，贵族仍然是他的臣属的领导者，他仍然是他们的军事指挥官，他们的法官，他们天生的保护者。但是，他的经济领导地位已一去不复返了——而其余的一切可能会轻易随之而去。他已经成了他领地的 一名“股东”。[47]

像他们之前的封建贵族一样，资本家也会因过时而遭淘汰。在那时的政治话语中，他们将很容易从今天他们作为具体的共同 213
利益概念的承担者的代表被改造成为仅仅另一种对收入的权利要求者，并且甚至不是一个特定的配得的或生产性的权利要求者。在其 20 世纪 40 年代撰写的著作中，熊彼特并不持有与我们一样的有关民主将革资本主义之命的信心。但是，他十分深刻地理解资本家阶级降低为单纯的收入权利要求者的政治含义：

> 资本主义过程用仅仅一包股票代替了工厂的围墙……，夺走了财产这个观念的生命。它松开了一度抓得那么紧的东西……所有权的保有者丧失了他在经济上、物质上、政治上为“他”的工厂和他对他的工厂的控制权而战斗的意志，如果必要就为它战斗到死的意志。我们可以称之为财产的物质实体的……东西的这种蒸发，

> 不仅影响了产权所有者的态度，也影响了工人和一般公众的态度……结果，剩**不下一个**真正愿意为之挺身奋斗的人——在大企业界限之内剩不下一个，在大企业的界限之外，也剩不下一个。[48]

经济民主毫无疑义地喧喧嚷嚷侵犯资本经济特权和意识形态霸权的这种乐观主义场面是否臻于上演，在很大程度上将依赖民主主义者的能力，在面对财产顽固而同样具有扩张性的权利要求时，这种能力首先是理解、其次是有效地追求个人民主权利扩张和深化的历史规划的能力。

注　　释

中文版序言

1　请参阅我们所写的:《在资本主义竞争经济中的权力与财富》(Power and Wealth in a Competitive Capitalist Economy),《哲学与公共事务》(*Philosophy and Public Affairs*),第21卷,第4号,1992年秋季号。《同质经济的复仇:竞争的交换与政治经济学的复兴》(Revenge of Homo Economics:Contested Exchange and the Revival of Political Economy),《经济观点》(*Journal of Economic Perspectives*),第7卷,经1号,1993年冬季号,以及《民主企业的一个经济的与政治的案例》(An Economic and Political Case for the Democratic Enterprise),《经济与哲学》(*Economics and Philosophy*),第9卷,1993年。鲍尔斯、金蒂斯与甘斯特夫森(Bo Gustafsson)合著,《民主与市场:参与、责任与效率》(*Democracy and Markets*:*Participation*, *Accountability and Efficiency*),(Cambridge,Cambridge University Press,1993)。艾普斯坦(Gerald Epstein)与金蒂斯合著,《保守年代之后的宏观经济学:储蓄与金融的研究》(*Macroeconomics After the Conserva-tive Era*:*Studies in Savings and Finance*),(Cambridge,Cam-bridge University Press,1994),《有效的再分配:市场、国家和共同体的新规则》(Efficient Redistribution:New Rules for Markets,States,and Communities),马萨诸塞大学经济系讨论报告(discussion paper),1995年2月。

第一章

1　德沃金,《严肃对待权利》(*Taking Rights Seriously*, Cambridge, 214

Mass.:Harvard University Press,1978),xi 页。

2 这一论证在下列论文里得到更充分的阐述:鲍尔斯(Samuel Bowles)的《后凯恩斯主义的资本劳动僵局》(The Post-Keynesian Capital Labor Stalemate),见于《社会主义评论》(*Socialist Review*)第 65 期(1982):45~74 页;韦斯科夫(Thomas E. Weisskopf)、鲍尔斯和戈登(David M. Gordon)的《资本主义停滞的两种观点:消费不足和对资本主义控制的挑战》(Two Views of Capitalist Stagnation:Underconsumption and Challenges to Capitalist Control),见于《科学和社会》(*Science and Society*)第 49 期(1985 年 11 月)。

3 我们不能够同意沃林(Sheldon Wolin)对作为民主思想基础的经济模式的广泛批判。他写道:

> 我想提出这样的观点:在美国的政治传统中,人民有两个"实体"(body),每一个都意味着一个身份、权力和权力条款不同的概念……一个集合体是政治和民主的集合体,可以叫做政治实体;另一个集合体主要是经济和有意识地反民主的集合体,可以叫做政治经济体系[沃林:《人民的两种形体》(The People's Two Bodies),《民主》(*Democracy*)第 1 期,1981:11 页]。

4 琼斯,《阶级语言:英国工人阶级史研究 1832—1982 年》(*Language of Class:Studies in English Working Class History* 1832—1982,Cambridge:Cambridge University press,1983),105 页。

5 同上,106 页。

6 普卢默(Alfred Plummer),《布朗特雷:奥布恩的政治传记 1804—1864 年》(*Bronterre:A Political Biography of Bronterre O'Brien*,1804—1864,London:George Allen & Unwin,1971),177 页。

7 琼斯,《阶级语言:英国工人阶级史研究 1832—1982 年》,112 页。

8 同上,106 页。

9 拉斯韦尔,《拉斯韦尔政治著作集》(*The Political Writings of Harold D. Lasswell*,Glencoe,Ill:Free Press,1951 年)。

10 哈耶克,1981 年 4 月 12 日《水星》(*El Mercurio*)(智利)上的访谈录。转引自奥布赖恩(Philip O'Brien)的《智利的货币主义》(Monetarism in Chile),载于《社会主义评论》(*Socialist Review*)第 14 期(1984):77~78 页。

11　甚至考虑一下更有局限的例子——美国的自由主义——其形形色色的组成部分能够惬意地安居于洛克学说之下的曾经可靠的观念，已经不但因佛罗伦萨共和主义的重要性，而且也因霍布斯思想的重要性而受到怀疑。波科克(J. G. A. Pocock)在其著作中花了很大的工夫摒弃那种为人公认的洛克思想的霸权，以赞成一种性质更其不同的概念，他观察到："洛克的合意(consensus)概念的问题……在于它携有一种有关延期的意识形态宁静的观念。"[波科克，《十八世纪的美德和商业》(Virtue and Commerce in the Eighteenth Century)，《跨学科历史杂志》(*Journal of Interdisciplinary History*)，第3期(1972)：132页]。有关霍布斯的影响见科尔曼(Frank Coleman)的《霍布斯和美国：揭示立宪制的基础》(*Hobbes and America: Exploring the Constitutional Foundations*, Toronto: University of Toronto Press, 1977年)。

12　自由主义的这种异质性，实际上每一个曾经研究过有关时期的历史学家都认识到了。比如，舒尔茨(Harold J. Schultz)，《英格兰史》(*History of England*, New York: Barnes & Noble, 1971年)，295页，以及盖伊(Peter Gay)和韦布(R. K Webb)的《现代欧洲》(*Modern Europe*, New York: Harper & Row, 1973年)，538～539页。这种多样性仍然被认为在社会理论中具有边际的重要性。就如我们将在第2章看到的那样，它对于理解自由资本主义社会中的社会变迁是相当关键的。

13　我们对自由主义的理解可能不同于文献中其他一些通用定义。自由主义大概相当广泛地是由其中特定的政治原则来定义的。比如，按照霍布豪斯(Hobhouse)在《自由主义》(*Liberalism*, London: Oxford University Press, 1964页)里的策略，自由主义的成分被看作是存在于立宪主义和关于公民的、财政的、个人和经济的自由权原则之中的。但是，由于认识到自由主义原则时而扩张，时而收缩，其他一些人力图把自由主义定义为特定的一套范例性的一般信仰。因而在米塞斯(Ludwig von Mises)的《民族、国家和经济》(*Nation, State, and Economy*, New York: New York University Press, 1983年)里，在虞杰罗(Guido de Ruggiero)的《欧洲自由主义历史》(*The History of European Liberalism*, Boston: Beacon Press, 1959年)的350页，自由主义被指定为一种在方法论的个人主义基础上理解社会和证明社会制度正当性的方法。对其他人来说，比如莱文(Andrew Levine)的《自由主义民主:其理论的批判》(*Liberal Democracy*: *A Critique of its Theory*, New York:Columbia University Press,1981 年)，自由主义的特征是由特殊的一套价值——保护个人的私我性和限制政治权威的信仰——刻画出来的。我们拒绝这些观点，因为我们无法找到这样一种方法或一套价值，所有甚或大多
215 数作为自由主义者和以自由主义名义行事的人都会乐意接受它们。这同样适用于任何一种自由主义政治原则的综合体。或许，对自由主义最为严格的论述把它的统一性看作一种政治哲学。比如，对桑德尔(Michael Sandel)[《自由主义和正义的限制》(*Liberalism and the Limits of Justice*, Cambridge: Cambridge University Press,1982 年)]来说，自由主义是以权利对善的优先性，正义对于其他为社会所想望的目的的优先性为基础的政治哲学；对于德沃金(《严肃对待权利》)来说，自由主义是权利的统一理论。与此相反，我们认为，将自由主义视为一种统一的理智构想的尝试，未能理解它最基本的信誓。的确，我们表明了，自由主义的理论任务在历史上是变动不定的，并且由其存在定义为一种政治话语，这种政治话语的核心在于一个冲突的和高度动态的社会秩序之中的稳定和变迁过程。

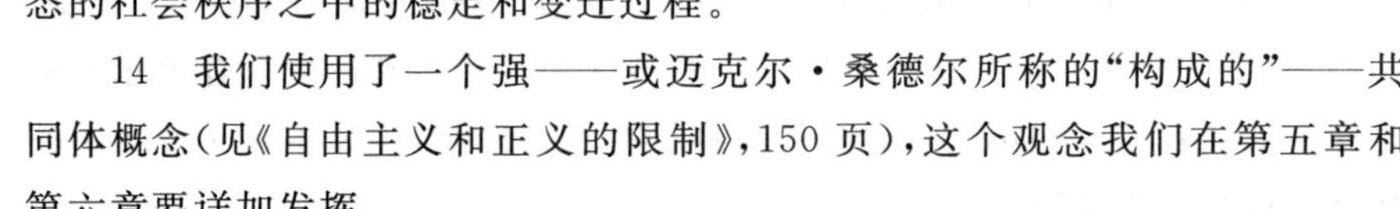

14 我们使用了一个强——或迈克尔·桑德尔所称的“构成的”——共同体概念(见《自由主义和正义的限制》,150 页)，这个观念我们在第五章和第六章要详加发挥。

15 沃尔泽,《自由主义和分离的艺术》(Liberalism and the Art of Separation),《政治理论》(*Political Theory*)第 12 期(1984):315 页。同样地，弗鲁克(Gerald Frug)写道:“自由主义不是用于解释世界的单一公式；它是一种其基础乃在于把世界看作一系列复杂的二元性的观点。”[弗鲁克,《作为法律概念的城市》(The City as a Legal Concept),《哈佛法律评论》(*Harvard Law Review*)第 93 期(1980):1075 页]。

16 埃尔斯坦(Jean Elshtain)在《公共的男人，私人的妇女》(*Public Man, Private Woman*)(Chicageo: University of Chicago Press,1980)把同样的私人的—公共的区分用作她对政治理论史的女权主义解读的基础。又参看兰德斯(Joan Landers),《妇女和公共领域:现代展望》(Woman and the Public Sphere: A Modern Perspective),《社会分析》(*Social Analysis*)第 15 期

(1984)。

17　沃尔泽,《自由主义和分离的艺术》,317 页。

18　马克思(Karl Marx),《资本论》(*Capital*)(New York: Vintage, 1977),第 1 卷,92 页。

19　霍布斯鲍恩《工人们》(*Workers*)(New York: Pantheon, 1984), 304～305 页,310 页。

20　拉克劳(Ernesto Laclau)和莫费(Chantal Mouffe)因为把这个题目不是作为政治的实践问题,而是作为理论的挑战来论述而著名。参见拉克劳和莫费《霸权和社会主义战略:走向激进的民主政治》(*Hegemonv and Socialist Strategv: Towards a Radical Democratic Politics*)(London: Verso,1985);卢森堡,《社会改革或革命》(Social Reform or Revolution),见于霍华德(Dick Howard)编《卢森堡政治著作选》(*Selected Political Writings of Rosa Luxemburg*)(New York:Monthly Review Press,1971);普兰查斯,《国家,权力,社会主义》(*State, Power, Socialism*)(London: New Left Books,1978)。

21　读者或许奇怪为什么我们在描述马克思主义的理论缺点时,只指涉相对传统的马克思主义说法。为什么我们不考虑诸如阿尔图塞(Louis Althusser)的结构主义马克思主义,马尔库塞(Herbert Marcuse)和哈伯玛斯(Jurgen Habermas)的批判理论,奥尔曼(Bertell Ollman)和科拉科夫斯基(Leszek Kolakowski)的人本主义一类的新说法,或诸如萨特(Jean paul Sartre),高兹(Andre Gorz)和葛兰西(Antonio Gramsci)这样一些思想家的独特贡献?我们的答复首先是让有兴趣的读者参看第六章,其次是由于缺乏篇幅。但是,由于不想抹杀其对社会理论常常是杰出的和决定性的贡献,我们将把我们与这些新马克思主义思潮之间的距离概述如下。第一,面对马克思经济理论的失败,当代的马克思主义者贬低一般经济理论的重要性,而转向哲学、心理学、解释学和其他风雅的批判事业,后者并不正视经济在社会生活之中的那种关键地位。第二,新马克思主义理论没有完成发展异质权力概念这个至关重要的任务,甚至从未达到自由主义对国家专制主义的理解,女权主义对性别歧视的理解,或者对种族、宗教和族类压迫的比较分析的那种深度。最后,新马克思主义理论总是来说没有把个人选择的逻辑结合到他们的概念工具上去，没有理解宏观社会活动的微观社会层面的高度重要性，没有容纳个人自由权的那种解放状态。甚至在对社会压迫十分敏感的批判理论的传统中，“统治”的否定不是“自由权”，而是“真理”，“理性”，“有秩序的交往”，甚至是“与真正的人类需求相符合”——所有这些都与我们研究的“选择”指向大相径庭，而我们将这种“选择”指向看作是建立民主社会的核心。

22 普尔热沃尔斯基(Adam Przeworski)在《无产阶级成为阶级：阶级形成的过程》(Proletariat Into Class：The Process of Class Formation)[载于《资本主义和社会民主》(*Capitalism and Social Democracy*)(Cambridge：Cambridge University Press，1985)47～97页]里极有洞见地阐述了这一点。

23 这两种逻辑可能不大的结合受到广泛的误解，马歇尔(T. H. Marshall)得到公正的赞赏的著作《公民身份和社会阶级》(Citizenship and Social Class)(Cambridge：Cambridge University Press，1950)中的论证提示了这一点。马歇尔把权利的发展划分为三个阶段：公民的阶段，政治的阶段和社会的阶段。公民权利包括个人的自由权、言论和思想自由、恰当的程序。马歇尔论证说，这些在18世纪结束之前就已经大致地达到了。政治权利准确地说是参与政治权力行使的权利，它们在19世纪末之前大致地达到了。
216 社会权利包括教育、健康和医疗服务以及一般的福利国家的服务。这些在20世纪开始设立起来，而且如马歇尔强调的那样，依然处于设立的过程之中。马歇尔一针见血地刻画了个人权利扩张的逻辑。但是，他对进化论意识形态的信誓导致他有系统地着意贬低这种逻辑的有冲突的基础，也没有去分析这种动力乃是形成一再威胁统治者的分配权力的矛盾逻辑。本迪克斯(Reinhard Bendix)的《国家建立和公民身份》(Nation-Building and Citizenship)(New York：Wiley，1964)这个传统中的另一类文字，它对历史的措置相当仔细，做结论时小心谨慎。两本著作对于权利发展的研究者来说依然是非常宝贵的资源。

第二章

1 弗里德曼，《资本主义与自由》(*Capitalism and Freedom*)(Chicago：University of Chicago Press，1962)，21页。

2　参见麦克弗森(C. B. Macpherson),《独占的个人主义的政治理论:从霍布斯到洛克》(*The Political Theory of Possessive Individualism: Hobbes to Locke*)(Lodon:Oxford University Press,1962),第3章。

3　这些引文采自艾尔默(G. E. Aylmer)编辑的文集《英国革命中的平等派》(*The Levellers in the English Revolution*)(N. Y.:Cornell University Press,1975),100～108页。

4　弗里德曼《资本主义和自由》,8页。

5　哈茨,《美国的自由主义传统》(*The Liberal Tradition in America*)(New York: Harcourt, Brace & World, 1955)。哈茨的著作在李普塞(Seymour Martin Lipset)的《政治人:政治的社会基础》(*Political Man: The Social Bases of Politics*)(Garden City,N. Y:Doubleday Anchor,1963)和本迪克斯《国家建立和公民身份》(Nation-Building and Citizenship)这两本里程碑式的著作里得到了拓展,它也是摩尔(Barrington Moore,Jr.)有关20世纪极权主义根源的经典分析,即《专制和民主的社会起源:现代世界形成过程中的贵族和农民》(*The Social Origins of Dictatorship and Democracy: Lord and Peasant in the Making of the Modern World*)(Boston: Beacon Press,1967)一书参照的主要观点。

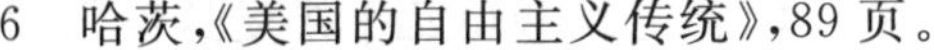

6　哈茨,《美国的自由主义传统》,89页。

7　同上,5～6页。

8　同上,94页,101页。

9　马克思《波拿巴的雾月十八日》(*The Eighteenth of Brumaire of Louis Bonaparte*),载于费恩巴哈(David Fernbach)编,《马克思:政治著作》(Karl Marx:Political Writings)第2卷(New York:Vintage,1974),190页。

10　托克维尔(Alexis de Tocqueville),《美国民主》(*Democracy in America*)(Garden City,N. Y.:Doubleday,1969),238页。

11　霍布斯鲍恩(Eric Hobsbawn),《成批生产传统:欧洲,1870—1914》(Mass-Producing Traditions:Europe,1870—1814),载于霍布斯鲍恩和兰杰(Terence Ranger)编,《传统的发明》(The Invention of Tradition)(Cambridge: Cambridge University Press,1983)267～269页。

12　芬纳(Samuel Finer),《欧洲国家和民族的建立:军队的作用》(State

and Nation Building in Europe: The Role of the Military),载于梯利(Charles Tilly)编,《西欧民族国家的形成》(The Formation of Nation States in Western Europe) (Princeton, N. J. : Princeton University Press, 1975),155 页。

13 安德烈斯基(Stanislav Andreski),《军队的组织和社会》(*Military Organization and Society*) (Berkeley: University of California Press, 1971), 68～69 页。

14 芬纳,《欧洲国家和民族的建立:军队的作用》,153 页。

15 本迪克斯,《国家建立和公民身份》,94 页。

16 阿普尔比,《资本主义和新社会秩序:18 世纪 90 年代的共和党人的视野》(*Capitalism and a New Social Order: The Repudlican Vision of the* 1790s) (New York: New York University Press, 1984),14 页。

17 帕尔默,《民主革命时代》(*The Age of Democratic Revolution*) (Princeton, N. J. : Princeton University Press, 1959),4～5 页。

18 托克维尔,《美国的民主》,575～579 页。

19 在凯恩斯(John Maynard Kaynes)的《就业、利息和货币通论》(*The General Theory of Employment, Interest, and Money*) (New York: Harcourt, Brace, & World, 1964)于 1936 年发表之前,瑞典、美国和其他地方就已经很好地进行着凯恩斯调整;与此调整一样,洛克调和也几乎未受这位伟大思想家本人著作之惠。

20 比如,在英格兰,当自由主义者在 1865 年帕默斯顿勋爵(Lord Palmerston)死后就选举权问题产生意见分歧时,狄斯累利就设法在下议院通过激进的公民权法案。1884 年的选举权改革大大归功于这种政治谋略。参见,赖特(D. G. Wright),《民主和改革,1815—1885》(*Democracy and Reform*, 1815—1885) (London: Longman Group, 1970),13 页。

21 参见罗坎(Stein Rokkan),《选举的动员,党派竞争和国家整合》("Electoral Mobilization, Party Competition and National Integration"),载于拉帕隆巴拉(Joseph LaPalombara)和韦纳(Weiner)编,《政党和政治发展》(*Political Parties and Political Development*) (Princeton, N. J. : Princeton University Press, 1966),262 页;伍德沃德(C. Vann Woodward),《黑人陌生的经历》(*The Strange Career of Jim Crow*) (Oxford: Oxford University

Press，1955）。

22　有关英国选举权程度的统计资料取自赖特的《民主和改革，1815—1885》。 217

23　在会辩论时麦考利（Thomas Macaulay）所做的如下劝告便是证据：

> 危险是可怕的。时间是短暂的。如果这个议案被否决了，我请求上帝，让那些否决这个提议的每一个人在法律的崩坏中，在等级的混乱中，在财产劫掠和社会秩序的瓦解中带着无用的后悔永远地记住他们的一票。（援引自赖特的《民主和改革，1815—1885》，33页）。

24　有关英国哲学激进派的论述，参见，例如夏皮罗（J. Salwyn Schapiro）的《自由主义和法西斯主义的挑战》（*Liberalism and the Challenge of Fascism*）（New York：McGraw-Hill，1949）。

25　梅尔（Willaim Henry Maehl，Jr）编：《1832年的改革议案》（The Reform Bill of 1832）（New York：Holt，Rinehart and Winston，1967），10页。

26　兰格（William Longer），《政治的和社会的大动荡，1832—1852》（*Political and Social Upheaval*，1832—1852）（New York：Harper & Row，1969），2页。

在英国，1832年至1866年期间几届内阁有六十四名大臣是贵族。十二名大臣是律师，其中五名是商人。在南欧、中欧和东欧，地主阶级甚至更加有保障。

27　同上，54页。

28　在东欧、中欧和南欧，商业利益的影响是相当薄弱的，而自由主义深受迫害，以致在七月革命之后的年月里，具有真正民主信誓的激进自由主义往往是出现在知识分子、专业人员和艺术家中间。在意大利，自由主义者追随布纳罗梯（Filipo Buonarrotti）和马志尼（Giuseppe Mazzini）的领导，他们的目标包括民族主义版本的立宪、民主共和国。当自由主义主流思潮继续排斥政治民主和人权之时，这些激进的自由主义运动则展现了对于民主的深刻信誓。比如，在德国，广受欢迎的海涅（Heinrich Heine）和波尔恩（Ludwig Borne）举例说明了对启蒙运动反教权主义的不断增长的赞美，以及对拒绝资产阶级道德的不断增长的赞美。他们宣扬普选权和强有力的议会，并且清楚地表达了性别平等和方便离婚的现代世界主义的要求。参见兰格《政治的和社会的大动荡,1832—1852》。

29 里特伯格,《革命和伪民主化:威玛共和国的形成》(Revolution and Pseudo-Democratization:The Formation of the Weimar Republic),载于阿尔蒙德(Gabriel A. Almond),弗拉尼根(Scott C. Flannigan)和蒙特(Robert J. Mundt)编,《危机、选择和变迁:政治发展的历史研究》(*Crisis, Choice, and Change: Historical Studies of Political Development*)(Boston:Little,Brown 1973),291 页。

30 欣斯利(Hinsley),《新剑桥现代史》(*New Cambridge Modern History*)《导言》("Introduction") (Cambridge:Cambridge University Press, 1962),第 11 卷:26～34 页。

31 沙伊德尔,《欧洲的政治和社会发展》(Political and Scocial Dcvelopment in Europe),《新剑桥现代史》,第 11 卷:245 页。

32 泰朋(Goran Therborn)在《资本的规则和民主的兴起》,《新左派评论》(*New Left Review*)第 103 期(1977)第 3～42 页中对自由国家中的选举权和议会制度的发展做了仔细的比较分析。下面是对他的发现的逐国的概述:

澳大利亚:普遍的和平等的白人选举权是由自由党和工党联盟在 1903 年实施的。非白人排除在外的情形一直持续到 1962 年。

奥地利:普遍的和平等的男人选举权是在大规模工人阶级示威后于 1907 年实施的。议会制政府和妇女选举权是于 1918 年哈布斯堡王朝倒台后建立的。民主党在 1934 年被以农民为基础的基督教社会党所推翻,后者又于 1938 年被德国法西斯主义吞并。

比利时:工人阶级在 1886 年、1888 年、1891 年、1893 年、1902 年和 1913 年为普选权而进行的罢工遭到了镇压。第一次世界大战之后,普选权在原则上得到实施,到 1948 年才彻底实现。

加拿大:为征召军队而做的奋斗导致了保守党政府在 1917 年和 1920 年大大地扩大了公民权。种族主义的限制一直持续推行到 20 世纪 30 年代末。

丹麦:大地主和城市资产阶级的联盟将普选权限制在两院制中的下院,一直持续到第一次世界大战。

芬兰:1905 年的总罢工和大规模工人示威导致普选权和一院制立法机构,但是芬兰一直等到第一次世界大战结束才独立。自由主义的共和国于1919 年宣告成立。

法国:那部嗣服 1789 年和 1848 年法国革命的民主宪法从未增补过。充分的男人选举权始于 1884 年,而普选权则始于 1964 年。

德国:作为 1848—1849 年人民运动结果的普选权很快在亲资产阶级的皇室复辟中被废止。软弱的议会制政权随着威廉德国的军事失败而出现,而在法西斯统治时期被吞没了。自由民主政府是在第二次世界大战之后由盟军恢复起来的。

意大利:男人普选权是在第一次世界大战前由乔里蒂(Giovanni Giolitti)
政府实行的,以保证人民支持他的利比亚战争。民主政府在被墨索里尼 218
(Mussolini)摧毁之前,一直是软弱的,短命的,并且只限于男人选举权。民主政治在第二次世界大战之后才重建起来。

荷兰:直到 20 世纪之前,荷兰人一直保持一种狭隘的以财产为基础的公民权。男人普选权于 1917 年实施,作为工人阶级支持民族统一新联盟的报偿。妇女选举权在 1919 年实现。

挪威:男人普选权于 1898 年作为劳工运动宣传鼓动的结果而得以实现,妇女选举权是 15 年以后增添上去的。

瑞典:普选权是作为 1918 年的工人阶级骚动的回应而实施的。

瑞士:男人选举权始于 1874 年,妇女选举权在 97 年之后才得以实现。

33　本迪克斯,《国家建立和公民身份》,64 页。

34　李普塞,《政治人:政治的社会基础》,73 页。

35　这里我们利用了摩尔的《专制和民主的社会起源:现代世界形成过程的贵族和农民》。摩尔所关切的是找到 20 世纪发达工业社会分裂成极权主义和自由民主社会的根源。他发挥了哈茨命题的一个复杂的变体。哈茨的命题是,当代工业社会政治特征的关键在于它们是从封建的过去产生出来的。然而,他没有吐论随之而起的自由民主资本主义社会的动力。我们关于自由民主政治出现的分析有别于摩尔的分析,把重要性更多地归于国家潜在的独立权力。凡在国家既强大又倚重于地主精英的地方(如在俄国、普鲁士、日本),这些精英就可能把资产阶级拉入压制自由化力量的联盟。凡在国家软弱，即使它主要地托足于各种地主阶级的地方（如在英格兰），后者的各种派别竞相争取“低等级”的支持，其长期的结果便是自由主义的改革。凡在国家强大而又无可改变地与贵族争执不合的地方（如在法国），资产阶级居于与地主精英联盟获益无多的地位，而自由主义的结果便是实际上有保证的。最后，在军事技术处于高度劳动密集的时期（欧洲在整个19世纪就是此种情形），当战争需要大量的军队时，权力的天平就会敏感地偏向全体选民，可能提供自由主义的调整。相反，当国家的现代化人物已经完全控制了军队力量（如在今天的许多发展中国家里那样），民主改革的锋芒是极具妥协的性质的。

36 詹森（Merrill Jensen）《邦联条款》（*The Articles of Confederation*）（Madison：University of Wisconsin Press，1963）。财产资格是否保证社会稳定的核心，可能仍然是有疑问的。阿普尔比，《资本主义和新社会秩序：18世纪90年代共和党人的视野》；梅尔（Pauline Maier），《从抵抗到革命》（*From Resistence to Revolution*）（New York：Vintage，1974）；福纳（Eric Foner），《潘恩和革命的美国》（*Tom Paine and Revolutionary America*）（Oxford：Oxford University Press，1976）；其他一些人更加注重服从和意识形态。要对这个复杂领域里的所有互相竞争的断言做出评价是困难的。然而，财产限制的程度是有案可查的。比如，在18世纪的纽约殖民地，不动产拥有者如果在几个县里拥有土地，他就能够在每个县里投票。每个县的选举都在不同的日子举行，以方便有产者多次投票。纽约立法机构在1737年批准拥有土地的非本地居民有在他们土地所在地投票的权利。这两个政策一直维持到1775年。麦金利（Albert Edward McKinley），《美洲十三个英国殖民地的选举公民权》（*The suffrage franchise in the Thirteen English Colonies in America*）（Philadelphia：University of Pennsylvania Press，1905）。18世纪的大半时间，宾夕法尼亚州为贵格派（Quaker）商人的寡头所控制，由于50磅的财产资格限制，在1775年，3452个纳税男人中只有335人有资格在费城投票（参见詹森《邦联条款》）。在独立战争时期，十三个殖民地中的十二个都有对投票的财产资格限制，余下的殖民地，即宾夕法尼亚有纳税资格限制。这些殖民地中的四个在1792年之前改成纳税资格限制，另有四个在1810年至1821年之间如此办理。最后四个在1842年至1846年之间发生了变化，两个改成纳

税资格限制，还有两个改成简单的居住地资格。简单居住地资格到 1810 年在三个殖民地得以实施，到 1850 年在七个殖民地得以实施。在美国内战前夕，最早殖民地中的六个依然有纳税资格限制。参见波特(Kirk H. Porter)，《美国投票权历史》(*A History of Suffrage in the United States*)(New York：AMS Press，1971)，110 页。财产限制对于实际参与的影响依然是一个意见分歧的问题。根据哈克(Louis M. Hacker)的观点，在独立战争之前，在不同殖民地上，潜在投票人的比例在男性人口的六分之一至十五分之一之间变动。哈克，《美国资本主义的胜利》(*The Triumph of American Capitalism*)(New York：Columbia University Press，1940)，167 页。但是，这样一种以土地所有关系的分布为基础的判断易于产生相当大的错误。比如，正如威廉森(Chilton Williamson)的《从财产到民主的美国选举权：1760—1860》(*American Suffrage from Property to Democracy*：1760—1860)(Princeton，N．J．：Princeton University Press，1960)已经强调的那样，不动产权标准不时拓展至包括教堂座位的所有者，纳税人和不定租约拥有者。然而，自由黑人、天
主教徒、犹太人和妇女经常绝无投票权，不论他们是否财产所有者或纳税人。219
另一方面，不动产权资格常常可以简单地被置于不顾。威廉森，《从财产到民主的美国选举权：1760—1860》，49 页。

37　威廉森，《从财产到民主的美国选举权：1760—1860》，80 页，82 页。又参见福纳《潘恩和革命的美国》有关宾夕法尼亚州费城民兵和政治激进主义的论述。

38　参见沃森(Harry L. Watson)，《杰克逊的政治学和共同体的冲突：第二种美国政党体系在北卡罗来纳州坎伯兰县的兴起》(Jacksonian Politics and Community Conflict：The Emergence of the Second American Party System in Cumberland County，North Carolina)(Baston Rouge：Louisiana State University，1981)。我们认为这个评价是准确的，尽管这个时期人民高度的政治参与这个明证是具有相当的印象主义性质的。对这个明证的数量上的支持很难在关于选举权的统计数字中找到。一名从事这个时期研究的人员曾经评论说：在南北战争前夕，马萨诸塞的投票权利是否比独立战争之前更广泛地为人所分享，是尚有疑问的，尽管已有选举权的“民主化”(威廉森，《从财产到民主的美国选举权：1760—1860》)。然而，投票者参与的程序

呈现为不同的景况。伯纳姆(Walter Dean Burnham)估计,成年男性白人参与总统选举投标的比例从 1824 年的百分之二十七上升到 1840 年的百分之八十。伯纳姆的估计和注释见于美国商业部,户口普查局,《美国历史统计数字》(Historical Statistica of the United States)(Washington, D. C.: U. S. Government Printing Office, 1975), 1067～1069 页和 1072 页。

39 贝克尔(Carl Becker)的《独立宣言》(*Declaration of Independence*)(New York: Knopf, 1922)提供了杰弗逊思想之源于洛克政治哲学的经典分析。威尔斯(Garry Wills)的《发明美国》(*Inventing America*)(Garden City, N. Y.: Doubleday, 1978),和怀特(Morton White)的《美国革命哲学》(*The Philosophy of the American Revolution*)(New York: Oxford University Press, 1978)把杰弗逊的观念重新置于当时的苏格兰道德哲学之中。然而,这并不怎么影响我们对他的财产理论的理解。比如,在晚年,杰弗逊在传统的洛克哲学基础上反对重新分配税收、反对遗产税。参见豪(Daniel Wolker Howe),《杰弗逊美国的政治观念的欧洲来源》(European Sources of Political Ideas in Jeffersonian America),《美国历史评论》(*Reviews in American History*)第 10 期(1982), 28～44 页。

40 自从凯尼恩(Cecelia M. Kenyon)撰文批判进步党史学家的联邦主义概念乃是贵族的概念,而反联邦主义概念乃是人民民主党的对其的回应[《几无信念的人:反联邦主义者论代议制政府的性质》(Men of Little Faith: The Anti-Federalists on the Nature of Representative Government),《威廉和玛丽季刊》(*William and Mary Ouarterly*)第 12 期(1955): 5～43 页]之后,人们一般都论证说,美国早期的所有政治阵营在信誓方面都是坚定的共和派——但是在文艺复兴的保守的"市民美德"理论意义上的共和派。这个观点在下列著作中得到了发展:罗宾斯(Caroline Robbins),《西德尼的〈关于政府的对话〉:革命教科书》("Algernon Sydney's *Discourses Concerning Government*: Textbook of Revolution"),《威廉和玛丽季刊》第 4 期(1947): 267～296 页;埃尔金斯(Stanley Elkins)和麦基特里克(Eric McKitrick),《立国之父:革命的年轻人》(The Founding Fathers: Young Men of the Revolution),《政治科学季刊》(*Political Science Quarterly*)第 76 期(1961): 181～216 页;梅因(Jackson Turner Main),《反联邦主义者:宪法批评者》(*The Anti-*

Federalists：*Critics of the Constitution*）（Chapel Hill：University of North Carolina Press，1961）；波科（J. G. A. Pocock），《马基维利雅时期：佛罗伦萨的政治思想和大西洋共和派传统》（*The Machiavellian Moment*：*Florentine Political Thought and the Atlantic Republican Traditon*）（Princeton，N. J.：Princeton University Press，1975）；默林（John M. Murrin），《伟大的倒置，或法院对国家：英格兰革命几种解决方法的比较》（"The Great Inversion，or Court versus Country：A Comparison of the Revolution Settlements in England"），载于波科克编，《英国三次革命：1641 年，1688 年，1776 年》（*Three British Revolutions*：1641，1688，1776）（Princeton，N. J.：Princeton University Press，1980）。若要重温有关"新共和主义综合"的早期文献，参看沙尔霍普（Robert E. Shalhope），《向着共和主义综合：理解共和主义在美国编史工作的兴起》（Toward a Republican Synthesis：The Emergence of an Understanding of Republicanism in American Historiography），《威廉和玛丽季刊》第 39 期（1972）：49～80 页。阿普尔比《杰弗逊政治哲学中的什么依然是美国的东西？》（What is Still American in the Political Philosophy of Thomas Jefferson？）《威廉和玛丽季刊》第 29 期，（1982）：287～309 页，已经表明，这不适用于亚当斯，后者相信一种效法英国模式的混合政府。斯陶尔兹（Gerald Stourzh），《汉弥尔顿和共和政府的观念》（*Alexander Hamilton and the Idea of Republican Government*）（Stanford，Calif：Stanford University Press，1970）已经表明，汉弥尔顿不是共和主义美德的朋友。阿普尔比也令人信服地证明，杰弗逊的共和主义远非是独立战争时期美国精英圈子内流行的马基雅维利的共和主义：

> 作为对 18 世纪 90 年代那些执政者的挑战，共和党人利用了激进的革命词语和保守的政治实践之间的脱节。早期关于平等的含糊且夸张的比喻对他们来说，变成了对于确切的投票数的文字抵抗。他们对人民主权这个令人肃然起敬的学说的解释同样也是字面上的。（阿普尔比，《资本主义和新社会秩序：18 世纪 90 年代共和党人的视野》，85 页。）

杰弗逊热情地翻译和传播特拉西（Destutt de Tracy）对孟德斯鸠男爵（Baron de Montesquieu）的《论法的精神》（*Spirit of the Laws*）的辛辣批判。《论法的

精神》在法国和美国被用来为贵族的、君主制的和共和制的“混合”政府作辩护。参见特拉西的《孟德斯鸠〈论法的精神〉评注》(*Commentaries sur l'Esprit des Lois de Montesquieu*)(Paris:Nizet,1974)。

41 转引自阿普尔比,《杰弗逊政治哲学中的什么依然是美国的东西》,299 页。

42 博伊德(Julian P. Boyd)编,《杰弗逊论文选,第一卷:1760—1776》(*The Papers of Thomas Jefferson, Volume I*:1760—1776)(Princeton,N. J.:Princeton University Press,1950),349 页。

220 43 同上,358 页。

44 阿普尔比,《杰弗逊政治哲学中的什么依然是美国的东西?》,297 页。杰弗逊作为伟大的民主主义者的声望受到进步党历史学家的非难,因为他支持广泛的政府控制和平衡。的确,他起草的弗吉尼亚宪法,像亚当斯的《关于政府的思想》(*Thoughts on Government*)一样,表现了对于权力仔细划分(立法的、司法的和行政的)的深深关切,以及对由下议院选举上议院或长期任职,或终生任职的两院制立法机构[见亚当斯《关于政府的思想》(50～56 页)和《保卫美利坚合众国宪法》(A Defence of the Constitution of the United States of America)(77～113 页),载于科克(Andiron Koch)和佩登(William Peden)编,《亚当斯选集》(*The Selected Writings of John Admas*)(New York:Knopf,1946)]。激进的民主主义者相信人民,或乐意与他们相对无害的错误生活在一起,而杰弗逊则是相当的谨慎:

> 我们一直注意到,人民自己所作的选择一般不因其明智而有独特之处。第一次从他们那里产生出来的东西通常是粗糙的和各色各样的。但是,给那些由人民这样选择出来的人以第二次选择,他们一般将选择聪明人。[博伊德(Boyd),《杰弗逊论文选》(第一卷,1760—1776 年,503 页)]。

然而,这些陈述或许没有给杰弗逊的民主学说抹黑,除非有人满脑子是直接民主的浪漫幻想。为了把它们当作它们本来的意思来对待——锻造代议制民主制度的谨慎努力,人们无需怀有杰弗逊的忧虑。道格拉斯(Elisha P. Douglass)《造反和民主主义者》(*Rebels and Democrats*)(Chapel Hill:University of North Carolina Press,1955),以及莱米希(Jesse Lemisch),《自下而上的美国革命》(The American Revolution from the Botton Up),载于伯恩斯坦(Barton Bernstein)编《指向一个新过去:美国历史上的异议文选》(*Towards a New Past: Dissenting Essavs in American History*)(New York: Vintage,1967),清楚地表明,杰弗逊的种族主义观点和反城市的偏见与其世界主义的人本主义者的声誉是不相容的,但这完全是另外一个问题。

45 出于这些原因中的第一个原因,杰弗逊支持给《宪法》增加权利法案,坚持强制性的职务轮换。参见刘易斯(D. Lewis)编《反联邦主义者对联邦主义者:文献选编》(*Anti-Federalists versus Federalists: Selected Documents*)(San Francisco:Chandler,1967),119～120 页。

46 阿普尔比在《杰弗逊政治哲学中的什么依然是美国的东西?》的 308 页令人信服地论证说:宪法的支持者,诸如杰弗逊,主要选择对未来的商业前景而不是反商业前景的促进。

47 梅因的《反联邦主义者:宪法批评者》和纳什(Gary Nash)的《美国早期的阶级和社会》(*Class and Society in Early America*)(New York: Prentice-Hall,1970)考查了生来自由的男性家长中间的财产所有权。奴隶劳动力规模的估计根据是美国商业部的《历史统计资料》(*Historical Statistics*),1975,14 页。

48 鲍德利(Terrence Powderly),《劳工三十年:1859—1889》(*Thirty Years of Labor*:1859—1889)(New York:Sentry Press,1889),20～21 页。

49 熊彼特(Joseph Schumpeter),《资本主义、社会主义和民主主义》(*Capitalism, Socialism, and Democracy*)(New York: Harpei & Row, 1942),140 页。

50 古德温(Lawrence Goodwyn),《人民党时刻》(*Populist Moment*)(London:Oxford University Press,1979)。

51 亚里士多德,《政治学》(*Politics*),乔伊特(Benjamin Jowett)译(New York:Random House,1943),1279b 第 40 行—1280b 第 5 行。

52 马克思,《1848 年至 1850 年的法兰西阶级斗争》(*Class Struggles in France*: 1848—1850)(New York: International Publishers, 1937), 69～70 页。

53 转引自比尔德(Charles Beard),《宪法的经济解释》(*An Economic*

Interpretation of the Constitution)(New York:Macmillan,1935),25 页。

54　汉弥尔顿,杰伊(John Jay)和麦迪森,《联邦主义者》(*Federalist*)(New York:Doubleday,1961)。文中所援引的文字在第 20 页。

55　豪,《杰弗逊美国的政治观念的欧洲来源》,27 页。

56　达尔,《民主理论导论》(*Preface to Democratic Theory*)(Chicago:University of Chicago Press,1956),142 页。

57　见科布利克(Steven Koblik),《瑞典从贫穷到富裕的发展》(*Sweden's Development from Poverty to Affluence*)(Minneapolics:University of Minnesota Press,1975),尤其是伦德克维斯特(Sven Lundkvist),希勒(Berndt Schiller)和安德烈(Car-Goran Andrae)的撰述。

58　格申克龙,《德国的面包和民主》(*Bread and Democracy in Germany*)(Berkeley:University of California Press,1943),127 页。

59　同上,28 页。

60　戈登(David M. Gordon)、爱德华(Richard Edwards)赖克(Michacl Reich)在《分离的工作和分裂的工人:美国劳动的历史转型》(*Segmented Work, Divided Workers: The Historical Transformation of Labor in the United States*)(Cambridge:Cambridge University Press,1982)描述了这个过程在美国的一个部分:

> 在从 1870 年起至第二次世界大战爆发的这段同质化时期,工作的组织和劳动市场的结构经历了深刻的变革。在资本主义经济
> 221 部门里越来越多的工人的工作被化简为共同的、半熟练的操作水准,对劳动过程的控制终于集中到雇主和他们的工头身上,他们用直接的监督和机器的速度来"驱使"他们的工人。(3 页)

然而,在使这种同质化受到保障的积累过程中,并没有什么自动的东西。根据这批作者的看法,随之而来的时期是以工人的进一步分离为标志的。

61　在法国和美国,从 1929 年至 1938 年人均产值跌幅极大;在联合王国和意大利它缓慢增长;在德国和日本以年平均百分之四以上的速度扩大。瑞典的经济虽然已经委之于新生的社会民主党,但在萧条岁月里以大大高于它历史上平均水平的平均速度增长。增长率是根据总统经济顾问委员会的《总统经济报告》(*Economic Report of the President*,1979)(Washington,D.

C.:U. S. Government Printing Office,1983)和米契尔(B. R. Mitchell)的《欧洲历史统计数字:1750—1975》(European Historical Statistics:1750—1975)(London: Macmillan,1980)计算的。

62　根据美国劳工统计局(U. S. Bureau of Labor Statistics),《比较实际国内总产值,实际人均国民生产总值,和实际雇佣人均国内总产值,1950—1981》(*Comparative Real Gross Domestic Product, Real GDP Per Capita, and Real Gross Domestic Product Per Employed Person*, 1950—1981),油印本;以及美国商业部《长期经济成长 1860—1970》(*Long Term Economic Growth*, 1860—1970)(Washington, D. C.:U. S. Government Printing Office, 1973)。

63　在制造业,盈利剧烈下降,从百分之二十五跌到百分之九。阿姆斯特朗(Philip Armstrong)和格林(Andrew Glyn),《积累、利润、国家经费:发达资本主义国家资料,1952—1981》("Accumulation, Profits, State Spending: Data for Advanced Capitalist Countries, 1952—1981")《牛津经济和统计学院》(*Oxford Institute of Economics and Statistics*),(Oxford University, 1984)。又见阿姆斯特朗、格林和哈里森,《第二次世界大战之后的资本主义:大繁荣的形成和终结》(*Capitalism Since World War II: The Making and Breakup of the Great Boom*)(Lodon:Fontana,1984),这是对第二次世界大战后时代的资本主义经济富有洞察力的比较说明。

64　这一节所涉及的材料在如下一些著作中有其详细的论述:阿姆斯特朗,格林和哈里森的《第二次世界大战之后的资本主义:大繁荣的形成和终结》,全书各处;鲍尔斯(Samuel Bowles)和金蒂斯(Herbert Gintis),《自由民主资本主义的危机》(The Crisis of Liberal Democratic Capitalism),《政治和社会》(*Politics and Society*)第 11 期(1982):51～93 页;鲍尔斯,戈登和韦斯科夫,《越过荒原:经济衰退的民主替代》(*Beyond the Waste Land: A Democratic Alternative to Economic Decline*)(Garden City, N. Y.: Doubleday,1983),全书各处;鲍尔斯,《后凯恩斯的资本劳动僵局》,45～74页。又参见鲍尔斯,戈登和韦斯科夫,《权力和利润:积累的社会结构和美国经济的盈利》(Power and Profits: The Social Structure of Accumulation and the Profitability of the U. S. Economy):《激进政治经济学评论》(*Review of*

Radical Political Ecomnomics)(1986);以及肖尔(Juliet Schor),《实际工资周期模式中的变化:来自九个国家的明证,1955—1980》(Changes in the Cyclical Pattern of Real Wages:Evidence From Nine Countries,1955—1980),《经济杂志》,第 95 期(1985):452~468。

65　在 20 世纪 70 年代后期,平均百分之十五以上的资本主义国家,大约三分之一典型的工人生活水平采取社会工资的形式。鲍尔斯,《后凯恩斯的资本劳动僵局》。

66　在美国,对一个标准工人辞退成本的经验估算,在本世纪 60 年代后期跌至 50 年代水平的一半。肖尔和鲍尔斯,《失去工作的成本和罢工的发生率》(The Cost of Job Loss and the Incidence of Strikes) (Harvard Institute of Economic Research Discussion Paper),1985 年 10 月。对资本和劳动之间讨价还价力量的这种估价看来大有助于解释实际工资增长而生产率下降这两种情况。

67　有关的经济和政治背景,参见肖尔,《实际工资周期模式中的变化:来自九个国家的明证,1955—1985》;鲍尔斯,《后凯恩斯的资本劳动僵局》;鲍尔斯、戈登和韦斯科夫,《越过荒原、经济衰退的民主替代》。后一篇文章证明,劳动市场之未能有效地训练工人从历史上的来说只是与美国历史上的经济危机时期,即 20 世纪 70 年代,20 世纪 30 年代和 19 世纪 90 年代的经济危机联系在一起的。

68　列宁,《〈贝克尔、恩格斯、马克思等致左尔格等书信集〉俄译本序言》(Preface to the Russian Translation of Letters by Johannes Becker),载于 45 卷本,《全集》(*Collected Works*)(Moscow:Foreign Languages Publishing House,1960—1970),第 12 卷:364 页。

69　克莱尔,《列宁主义,科里和美国社会主义的失败》(Leninism,Lewis Corey,and the Failure of American Socialism),《劳工史》(*Labor History*)第 18 期,(1977):25 页。

70　马克思和恩格斯,《致美国人的信,1848—1895》(*Letters to Americans*,1848—1895) (New York:International Publishers,1963)。

71　科里,《重建社会主义》(Recreating Socialism),《工人时代》(*Workers Age*)第 9 期(1940),4 页。

72　巴赫拉齐,《阶级斗争和民主》(Class Struggle and Democracy),《民主》(*Democracy*)第2期(1982):29页。

第三章

1　达尔(Robert A. Dahl),《论排除美国民主的某些障碍》(On Removing Certain Impediments to Democracy in the United States),《异议》(*Dissent*)第25卷(1978):310～324页。

2　蔡斯,《现代法人和法律规则》(The Modern Corporation and the Rule of Law),载于梅森(E. Mason)编,《现代社会中的公司》(The Corporation in Modern Society)(Cambridge, Mass.: Harvard University Press, 1959), 28页。

3　勒纳,《消费者主权的经济学和政治学》(The Economics and Politics 222
of Consumer Sovereignty),《美国经济评论》(*American Economic Review*)第62期(1972):259页。

4　熊彼特,《经济发展理论:利润、资本、信贷、利息和经济周期研究》(*The Theory of Economic Development: An Inquiry into Profits, Capital, Credit, Interest and the Business Cycle*)(Oxford: Oxford University Press, 1934),21页(此著作写于1911年)。

5　诺齐克,《无政府、国家和乌托邦》(Anarchy, State, and Utopia)(New York: Basic Books, 1974),238页。

6　同上,151页。

7　罗尔斯(John Rawls),《正义论》(Cambridge, Mass.: Harvard University Press, 1971);有关这种批判的详细阐述,参看克拉克(Barry Clark)和金蒂斯的《罗尔斯的正义和经济体系》(Rawlsian Justice and Economic Systems),《哲学和公共事务》(*Philosphy and Public Affairs*)第7期(1978):302～325页。

8　霍布斯,《利维坦》(*Leviathan*),麦克弗森编(New York: Penguin, 1968):150页。

9　《霍尔登诉哈迪案》,169美国366(1898年)[Holden v. Hardy, 169 U. S. 366, (1898)],转引自赖克(Michael Reich)《种族主义不平等和阶级冲突》(*Racial Inequality and Class Conflict*)(Princeton, N. J.: Princeton

University Press,1980)。

10 罗伯逊,《控制工业》(Control of Industry)(New York:Harcourt and Brace,1923):85 页。

11 科斯,《企业的性质》(The Nature of the Firm),《经济学》(*Economica*)第 4 期(1973):400 页。

12 交换内容可以建立,或有助于建立交换者中间的不平等的权力关系,而不是交换的非自愿特征。诺齐克(《无政府、国家和乌托邦》,第 263 页。)说明了把工人与资本家的契约当作"非自愿"的看法的特殊之点。如果行动只是由于它受社会制度或受他人选择的限制就被看作是"非自愿的",那么"自愿的"这个概念本身也就成了问题,而对行动的自由权的正当性证明也与之一起成了问题。

13 萨缪尔森(Paul Samuelson),《工资和利息:马克思经济学的现代剖析》(Wages and Interests:A Modern Dissection of Marxian Economics),《美国经济评论》第 47 期(1957):894 页。

14 以下是马克思的确切的论点:

资本和劳动的交换……分解为两个不仅在形式上而且在性质上不同的,甚至是相对立的过程:(1)工人拿自己的产品,即作为有使用价值的劳动(它作为商品……也有价格)……(2)资本家换来劳动本身,……资本家换来这样一种生产力,这种生产力使资本得以保存和增值……**在资本和劳动的交换中第一个行为是交换,它完全属于普通的流通范畴;第二个行为是在性质上与交换不同的过程,只是由于滥用字眼,它才会称为某种交换。**[马克思《政治经济学批判(1857—1858 年)大纲》(*Grundrisse: Introduction to the Critique of Political Economy*)(Baltimore:Penguin Books,1973),274~275 页。]

15 计件的情况比较复杂。计件付酬是工资劳动付酬和与生产设备无偿租用关联的劳动服务购买这两者的结合。我们的论点已证明既适用于计件付酬,也适用于更为一般的工资制。但是,这个精确的重述对于我们的论点是无关紧要的。参见鲍尔斯,《竞争经济中的生产过程:瓦尔拉斯模式,新霍布斯模式和马克思模式》(The Production Process in a Competitive Economy:Walrasian,Neo-Hobbesian,and Marxian Models),《美国经济评论》第 75 期(1):16~36 页。

16　参见金蒂斯,《劳动交换的性质和资本主义生产理论》(The Nature of the Labor Exchange and the Theory of Capitalist Production),《激进政治经济学评论》第8期(1976):36～54页;鲍尔斯和金蒂斯,《劳动价值论的结构和实践》(Structure and Parctice in the Labor Theory of Value),《激进政治经济评论》第12期(1981):12～26页;拉佐尼克(William Lazonick),《劳动屈从于资本:资本主义体系的兴起》(The Subjugation of Labor to Capital:The Rise of the Capitalist System),《激进政治经济学评论》第10期(1978):1～59页;以及马戈林(Stephen Marglin),《老板们做什么?》(What Do Bosses Do?),《激进政治经济学评论》第6期(1974):60～112页。

17　参见艾尔奇安(Alchian)和德姆塞茨(Damstetz),《生产,信息成本和经济组织》(Production,Information Costs,and Economic Organization),《美国经济评论》第52期(1972):777～795页;富拉博腾(E. G. Furubotn)和别耶维齐(S. Pejovich)编,《财产权经济学》(*The Economics of Property Rights*)(Cambridge,Mass.:Ballinger,1974);曼纳(H. G. Manne)编,《法律关系经济学:财产权理论读本》(*The Economics of Legal Relationships:Readings in the Theory of Property Rights*)(St. Paul:West,1975);以及威廉森(Oliver Willamson),《市场和等级制:分析和反托拉斯的意义》(*Markets and Hierarchies:Analysis and Antitrust Implications*)(New York:Free Press,1975)。

18　艾克洛夫(George A. Akerlof)《社会习惯理论,失业可能是这种习惯的后果之一》(A Theory of Social Custom,of Which Unemployment May Be One Consequence),《经济学季刊》(*Quarterly Journal of Economics*)第94期(1980):749～775页。

19　读者或许会诧异,为什么我们在赞扬马克思提出对劳动商品命题的首次批判之后,却没有效法他对这个问题的分析。马克思对这个问题的正式表述是与劳动价值论密切相关的,而出于那些将不会把我们束缚在这本著作里的理由,我们觉得后一种理论少有启发性。参见鲍尔斯和金蒂斯,《结构和实践》(Structure and Practice)和《劳动价值论和马克思经济学的专一性》(The Labor Theory of Value and the Specificity of Marixan Economics),载于雷斯尼克(Stephen Resnick)和沃尔夫(Richard Wolff)编,《反思马克思主义:

马克思主义理论中的斗争》(*Rethinking Marxism*: *Struggles in Marxist Theory*) (Brooklyn, N. Y. :) Autonomedia, 1985)。

20 鲍尔斯,《竞争经济中的生产过程:瓦尔拉斯模式,新霍布斯模式和马克思模式》;金蒂斯和石川凡英(Tsuneo Ishikawa)《工资,工作训练和宏观经济均衡》(*Wages, Work Discipline and Macroeconomic Equilibrium*),油印本,(Department of Economics, University of Massachusetts, July 1985)。

223 21 参见金蒂斯,《劳动交换的性质和资本主义生产理论》;里斯金(Carl Riskin)《激励体系和工作动机》(Incentive Systems and Work Motivation),《劳动论文》(*Working Papers*)第1期(1974):27～92页,怀特(Willam F. Whyte),《金钱和动机》(*Money and Motivation*) (New York: Harper & Row, 1955)。

22 参见金蒂斯,《劳动交换的性质和资本主义生产理论》;罗默(John Roemer),《划分和征服:马克思工资差别理论的微观基础》(Divide and Conquer: Microfoundations of a Marxian Theory of Wage Discrimination),《经济学钟声》(*Bell Journal of Economics*)第10期(1979):659～705页;赖克,《种族不平等和阶级冲突》,鲍尔斯,《竞争经济中的生产过程:瓦尔拉斯模式,新霍布斯模式和马克思模式》。

23 参见琼斯(Derek C. Jones)和斯维叶纳(Jan Svejnar)编,《参与的和自我管理的企业》(*Participatory and self-Managed Firms*) (Lexington, Mass. : Lexington Books, 1982);埃斯皮诺萨(Juan Espinosa)和津巴利斯特(Andrew Zimbalist),《经济民主:智利工业中的工人参与,1970—1973》(*Economic Democracy*: *Workers'Participation in Chilean Industry* 1970—1973);卡策尔(Raymond Katzell),杨克洛维齐(Daniel Yankelovich)等人,《美国的工人生产率实验》(*Worker Productivity Experments in the United States*) (New York: New York University Press, 1977)和其中援引的参考资料。

24 熊彼特,《经济发展理论》(*Theory of Economic Development*) (Cambridge, Mass. : Harvard University Press, 1934), 21页。

25 这三个经验命题几乎未受经济学家和政治学家的质疑。作为积累率决定因素的利润的重要性为许多计量经济学研究所证明。参见鲍尔斯,戈登和韦斯科夫,《越出荒原:经济衰退的民主替代》。

26　这个论点已经由林德布洛姆(Charls E. Lindblom)在《政治和市场:世界政治经济体系》(*Politics and Markets: The World's Political-Economic Systems*)(New York: Basic Books, 1977)里极富洞见地阐述过了;科恩(Joshua Cohen)和罗杰斯(Joel Rogers)《论民主:走向美国社会的改革》(*On Democracy: Toward a Transformation of American Society*)(New York: Penguin Books, 1983);布洛克(Fred Block),《统治阶级不统治:马克思主义国家理论注释》(The Ruling Class Does Not Rule: Notes on the Marxist Theory of the State),《社会主义革命》(*Socialist Revolution*)第7期(1977):6～28页。

27　凯恩斯,《国家的自足》(National Self-sufficiency),《耶鲁评论》(*Yale Review*)第22期(1932—1933):761～763页。经济思想史的研究者将会看出凯恩斯对自由贸易的批判乃是现在广被接受的"幼稚工业"论点的一般化,这个论点首先是由李斯特(Friedrich List)提出来的,但由凯恩斯将之运用于作为整体的社会而非具体的工业过程中的学习和实验。参见李斯特《政治经济学的国民体系》(*The National System of Political Economy*)(Lodon: Longmans, Green, 1909)。

28　桑德尔,《自由主义和正义的限制》,183页。桑德尔这里将自由主义关于自为的妥协归于如下事实:它已经"把……自我放在政治影响所及的范围之外",这个问题我们在第五章讨论。

第四章

1　在鲍尔斯和金蒂斯的《欧洲封建制度中的国家和阶级》中,在布赖特(Charles Bright)和哈丁(Susan Harding)编的《国家形成和社会运动:历史和理论文选》(*Statemaking and Social Movements: Essays in History and Theory*)(Ann Arbor: University of Michigan Press, 1984)中,我们已经把这个框架运用于封建后期和现代早期的欧洲社会结构和历史原动力。

2　富柯:《性意识史》(*The History of Sexuality*)(New York: Vintage, 1980),第一卷;92～93页。

3　瓦腾贝格,《富柯的考古学方法》(Foucault's Archaeological Method),

《哲学论坛》(*Philosophical Forum*)第 15 期(1984):362 页。

4 马克思,《费尔巴哈论纲》(Theses on Feuerbach),载于塔克(Robert C. Tucker)编,《马克思恩格斯读本》(*The Marx-Engels Reader*)(New York: Norton,1978):143 页。

5 克拉斯特雷斯(Pierre Clastres)在其著作《社会对抗国家》(*Society Against State*)(New York:Urizen,1974)第 14～15 页写道:“没有无权力的社会……作为强制(或作为命令—服从关系)的政治权力不是真正权力的模式,而只是 种特殊事例……政治的东西能够撇开暴力而被设想。”

6 在《阶级、地位和政党》(Class,Status and Party)中,韦伯写道:“我们把‘权力’理解为一个人或一些人以公共的行动,甚或针对其他一些参与这个行动的人的抵抗的行动实现他们自己意志的机会。”格思(H. H. Gerth)和米尔斯(C. Wright Mills)编,《韦伯社会学文选》(Max Weber: Essays in Sociology)(Oxford:Oxford University Press,1946),180 页。有关权力以利益为中心的解释,参见卢克斯(Steven Lukes)的《权力》(*Power*)(London: Macmillan,1974)一书里清楚的讨论。此书比较了他所称的“一维的权力”、“二维的权力”和“三维的权力”这些概念。这些权力分别与影响他人行为的能力,建立决策的议事日程的能力和影响他人偏好的能力相应。卢克斯对一维和二维权力观点的批判是有价值的,但我们发现他总体的权力概念,即“当 A 以一种与 B 的利益相反对的方式作用于 B 时,A 对 B 行使了权力”(34 页)几无长处。他研究方式中所蕴涵的“利益”概念无法用作权力通过它得到分析的透镜,因为它与构成利益的实践概念,因而与构成在相当大程度上作为权力具体分配的结果的利益的实践概念是不相容的。

7 韦伯显然从托洛茨基(Leon Trotsky)那里借用了这个国家概念。我
224 们的论述不仅在这方面,而且也在他有意识地扩展马克思统治概念的策略方面仿效马克斯·韦伯,就如下面一段文字所指出的那样:

> 国家是人统治人的关系……所有国家都可以根据知下一点来分类:它们是否依赖全体人员本身拥有管理手段的这个原则,或者全体人员是否与这些管理手段“分离”。在我们今天说资本主义企业里拿薪水的雇员和无产阶级是与生产的物质手段相“分离”这同一个意义上,这个区别也同样有效。(格思和米尔斯编,《韦伯社会

学文选》,78 页,81 页)

然而,韦伯排斥一种以财产为基础的阶级概念,赞成一种比我们的概念狭义得多的政治概念:"我们想把政治只是理解为政治联合体的领导能力的领导地位或影响,从而理想为今天的国家"[着重号乃原文所有](格思和米尔斯编,《韦伯社会学文选》,77 页)。再者,韦伯把集体行动的理论奠基于神力领导能力(charismatic leadership)的概念,而我们的理论却以这样一种方式为根据:借此各种异质的统治形式产生统治集团和被压迫集团两者形式各异的结合和社会组织形式。

8　这很清楚是关于自由主义民主的程序的而非实质的定义:它指申一种规则和规则形成的体系,而不指申,比如说,投票者所要求之事与国家所行事之间的关系。在这一点上,它是大多数自由主义政治学家的实践的结果。参见,例如,达尔,《西方民主国家中的政治对立》(*Political Oppositon in Western Democracies*)(New Haven,Conn.:Yale University Press,1966)。这个概念或许与我们所用的那个既指申自由权(它被包纳在自由主义民主的定义里面)又指申人民主权(它没有包纳在自由主义民主的定义里面)的民主一词有所区别。

9　与大多数作者不一样,我们并没有把劳动、性关系、生物学上的再生产或任何其他实践等同于由家庭组织的基本活动。例如,弗古森(Ann Ferguson)在《论想象的母亲身份和性关系:女权主义唯物主义研究》(On Conceiving Motherhood and Sexuality:A Feminist Materialist Approach),载于特里比尔科特(Joyce Tribilcot)编,《母亲行为:女权主义理论文选》(*Mothering: Essays in Feminist Theory*)(Totowa, N. J.: Roman and Allenheld,1982);152～182 页,视家庭为"有效的性生产"的组织者。又见凯利-加多尔(Joan Kelley-Gadol),《性的社会关系:妇女史的方法论意义》(The Social Relation of the Sexes: Methodological Implications of Women's History),《符号》(*Signs*)第 1 期(1976):809～824 页。鲁宾(Gayle Rubin)将"性别系统"为"一套安排,社会借此安排把生物学的性关系改变为人类活动的产物,并且在这种安排中经过改变的性需求得到了满足",见《妇女交易:性"政治经济学"评论》(The Traffic in Women: Notes on the "Political Economy"of Sex),载于莱特(Rayna Reiter)编《走向妇女人类学》(*Towards*

an Anthropology of Women)(New York:Monthly Review Press,1975),157～210 页,159 页。又见杨(Kate Young),沃尔科维兹(Carol Wolkowitz)和麦卡拉(Roslyn McCulagh),《论婚姻和市场:妇女从属地位的国际展望》(*Of Marriage and Market:Women's Subordination in International Perspective*)(London:CSE Books,1981)。与此形成鲜明对照,巴尔巴斯(Isaac Balbus)把父权制定义为"男性统治的性别劳动分工",见《马克思主义和统治》(*Marxism and Domination*)(Princeton, N. J.:Princeton University Press,1982),66 页。富尔布瑞(Nancy Folbre)把父权制定义为一种生产方式:

> 一套与众不同的包括但绝不限于支配生产工具的社会关系,它构建了在一种社会形成范围内男人对妇女或对儿童的剥削,而这种社会形成可以包括其他的生产方式,没有哪一个是必然地占统治地位的。[富尔布瑞《父权制生产方式》(A Patriarchal Mode of Production),见《经济学正统观念的替代品:政治经济学读物》(*Alternatives to Economic Orthodoxy: A Reader in Political Economy*),阿尔倍尔达(Randy Albelda),冈恩(Christopher Gunn)和沃勒(William Waller,Jr.)编,(New York:M. E. Sharpe,1986)]。

我们的父权制概念是与哈特曼(Heidi Hartmann)的概念非常接近的,他把父权制简单地描述成为成年男人之间的一种关系,凭借这种关系成年男人对妇女和儿童握有不相称的权力。哈特曼,《资本主义,父权制和缘于性别的工作分离》(Capitalism,Patriachy,and Job Segregation by Sex),载于爱森斯坦(Zillah R. Eisenstein)编,《资本主义父权制和适合于社会主义女权主义的事例》(*Capitalism Patriarchy and the Case for Socialist Feminism*)(New York:Monthly Review Press,1979),206～247 页。

10 戈德利埃尔(Maurice Godelier),《基础结构,社会和历史》("Infrastructure,Societies and History"),《新左派评论》(*New Left Review*)第 112 期(1978):86 页。

11 场域和实践的同型性,虽然不是结构主义马克思理论所独有的,却由阿尔图塞和巴里巴尔(Etienne Balibar)《读资本论》(*Reading Capital*)(New York:Pantheon,1970)第 240 页中如下一段评论明白地揭示出来了:"社会形成被描述为是由不同的水平而构成的(我们也将把它们当作实例和实践而提及)。马克思列出了**三种**层次:经济基础、法律的和政治的上层建筑和社会意识的形式。"又见阿尔图塞,《保卫马克思》(*For Marx*)(New York: Vintage,1970)。

12 我们在鲍尔斯和金蒂斯的《劳动价值论的结构和实践》一文中详细发挥了这个论点。马克思显然是在一个极其动摇不定的基础上宣称:"如果生产具有资本主义形式,那么再生产也将有同样的形式。"马克思,《资本论》(New York:Vintage,1977),第一卷:711 页。与此形成鲜明的对照,梅耶苏(Claude Meillassoux)指出:

> 劳动—力……不能够由那些生产它的人卖出,……因而,为了再生产自身,资本主义的生产方式依赖一种与之有异的制度,但是这种制度直到现在为止仍然是最适合于这种功能的制度……通过 225
> 利用那种依然统治父母—子女关系的感情依恋[梅耶苏《少女,膳食和金钱》(*Maidens, Meal and Money*)(Cambridge: Cambridge University Press,1981),142 页]。

罗蒂埃(Bruno Lautier)和多尔塔亚达(Ramon Tortajada),《学校,劳动与雇佣劳动制:教育经济学批判材料》(Ecole, Force de Travail, et Salariat: Materiaux Pour Une Critique de l'Economie de l'Education) (Grenoble:Press Universities de Greendale,1978)就资本主义生产本身而言同样指申了"生产者再生产的外在性"(110 页)。

13 我们明白既没有理由假定这些规则将是再生产的,亦没有理由假定它们将是直接生效的。当诺思(Douglass C. North)在《经济史的结构和变化》(*Structure and Change in Economic History*) (New York:Norton,1981,205 页)写道:"种种宪法规则是《政治—经济》体系的最为基本的组织限制,它们的目标是最大限度地发挥这些规则的效用",人们奇怪各种规则和统治阶级的种种利益之间的协同作用是凭借何种偶然的机制得到保证的。人们可以通过把无人争夺的对规则变化的控制归因于社会中的单一统治集团来维护这个命题。但是,这将在两种意上把政治权力置于单一的源泉之中:否定权力的异质性,并且然后在将权力化简为单一的二元关系之后,将一极确定为无所不能的。

14　韦伯写道：

需要持续的行政管理的有组织的统治，要求人类行为适应于服从那些一样主人，他们声称是正当权力的受任者。另一方面，凭据这种服从，有组织的统治要求控制那些在既定的情况下为使用自然暴力所必需的物质产品。于是，有组织的统治要求支配全体行政人员和行政管理的物质工具。（格思和米尔斯编，《韦伯社会学文选》，80页）。

15　在这个方面，我们完全同意诺思的《经济史的结构与变化》背离如下的新古典主义命题：依照达尔文适者生存原则在社会结构的选择将生产出技术上高效率的规则。参见（经济史的结构和变化），第6章，59～68页。

16　富尔布瑞《黑桃四：走向家庭经济新范式》（The Black Four of Hearts：Towards a New Paradigm of Household Economics），载于布鲁思（Judith Burce）和德怀尔（Daisy Dwyer）编，《第三世界的妇女和收入》（*Women and Income in the Third World*），1986。

17　特别参见鲁宾《妇女交易，性政治经济学评论》；哈特曼，《资本主义，父权制和性别的分离》；《家庭作为性别、阶级和政治斗争的场所：家务的例子》（The Family as the Locus of Gender，Class and Political Struggle：The Example of Houswork），《符号：文化与社会中的妇女杂志》（Signs：Journal of Women in Culture and Society）第6期（1981）：366～394页；《马克思主义和女权主义不愉快的联姻：走向更进步的融合》，《资本和阶级》（*Capital and Class*）第8期（1979）：1～33页。

18　弗里德曼《资本主义和自由》，12页。

19　富尔布瑞：《黑桃四：走向家庭经济新范式》，9页；贝克尔，《论家庭》（*A Treatise on the Family*）（Cambridge，Mass.：Havard University Press，1981）。

20　富尔布瑞：《黑桃四：走向家庭经济新范式》，8页。具有同样风格的科特（Annie Cott）注意到：

为了避免任何能够成为描述家庭范围内权力的基础的东西，贝克尔将18世纪开明专制者的各种传统功能指配给家长：通过“个人的和合法的专制主义”确保自然经济秩序，最大限度地降低了与社会契约相关联的交易费用。[科特《新经济学,乌托邦与危机》(Nouvelle Economie, Utopie et Crise),载于安德烈夫(Wladimir Andreff)等人编的《经济学虚构:反对新经济学家》(*L'E conomie-fiction:Contre Les Nouveaux Economistes*)(Paris: Maspero, 1982),146页。]

21 哈特曼《家庭作为性别,阶级和政治斗争的场所》。当代女权主义者已经承认需要这样一种策略,认可马克思术语中的权力一词,但是心想他把他的注意中心拓宽一些就好了。哈索克(Nancy Hartsock)说道:

> 一种适当的权力理论将为妇女提供一种与马克思为工人提供的那些说明有血缘关系的答案。它将说明为什么种种社会制度趋归于只由一种性别来控制的状况,它将会落实男人和妇女之间冲突所生发的地点,阐明个人有意向的活动和结构上限制之间的特殊关系。[哈索克,《金钱、性和权力:走向女权主义历史唯物主义》(*Money, Sex, and Power: Toward a Feminist Historical Materialism*)(New York: Longmans, 1983),254～255页]。

哈索克可能是过分慷慨地暗示,马克思实际上完成了所有这类说明(并过于狭窄地说他"为工人"提供了这种答案)。但是,哈索克的议事日程确实是女权主义历史唯物主义的议事日程。

22 鲁宾,《妇女交易:性"政治经济学"评论》,160页,177页。

23 一如我们所见,哈特曼的《资本主义,父权制和缘于性别的工作分离》把父权制定义为男人之间的关系。又见斯图亚特(Kathleen Stewart),《美国文化中性别和等级的意义》(Meanings of Gender and Rank in American Culture),《密西根人类学讨论集》(*Michigan Discussions in Anthropology*), 226
(Deparment of Anthropology, University of Michigan, 1981)。

24 鲁宾正是出于这个理由反对使用**父权制**这个术语。这个词语的一般用法"是与用资本主义来指称各种方式的生产相类似的,而资本主义的这个词语的有用性恰恰在于它把各种社会借以得到供给和组织起来的各种不同的体系区别开来了。"(鲁宾,《妇女交易:性"政治经济学"评论》,167页)。

25 弗格森,《论想象的母亲身份和性关系:女权主义唯物主义研究》。派尔(Jean Pyle)的父权制社会结构的概念,尤其父权制国家的概念,与她把这些概念运用于当代爱尔兰的各种形式的父权制统治一起，皆是重要的贡献。派尔《开放经济中的妇女和发展》(*Women and Development in an Open Economy*)，博士论文(University of Massachusetts,1985)。

26 这大概可以被看作是希望马克思论述这些当代问题的过分要求。但是马克思时代这同样一些问题在社会主义者和乌托邦分子中间的也是当代的问题。马克思并不像某些人慷慨地退而承认的那样，在形成性问题的概念方面"不适合于今天，但在他那个时代却是超前的"。我们发现贝内森的论点是有说服力的：

> 在与早期乌托邦社会主义的分析模式决裂的同时，马克思纠正了关于妇女涉足社会解放的乌托邦概念。两种发展直接影响马克思分析的这种维度：19世纪早期有关女性家庭生活的保守的维多利亚式理想的出现，求助于新的维多利亚式规范以支持其要求的男性工人运用的兴起。在这种境域之中，马克思放弃对社会改革中妇女利益的乌托邦式的承认，并且强调改变家庭安排。[贝内森，《维多利亚式的性关系思想和马克思的工人阶级理论》(Victorain Sexual Ideology and Marx's Theory of the Working Class)，《国际劳工和工人阶级史》，(*International Labor and Working Class History*)，第25期(1984)：1页。]

27 见哈特曼《马克思主义和女权主义不愉快的联姻：走向更进一步的融合》。巴尔巴斯写道：

> 马克思自己对父权制问题几乎未能作出任何的说明。诚然，他假定，这个问题正在迅速地由资本主义本身解决掉，这就是说，资本主义生产方式的发展将摧毁家庭之中和整个社会里面的男性统治的劳动的性别分工的物质基础，马克思从未预言那个令当代女权主义者着迷的问题——如何进行一场也是反父权制的反资本主义的革命的问题——因为他假定资本主义的内在逻辑是反父权制的。(巴尔巴斯，《马克思主义和统治》，63页。)

28 乔多罗，《母亲行为的再生产》(*The Reproduction of Mothering*)(Berkeley：University of California Press，1978)，10页。迪纳斯坦(Dorothy

Dinnerstein)的《美人鱼和半人半牛怪:性关系安排和人类的不适》(*The Mermaid and Minotaur*:*Sexual Arrangements and the Human Malaise*)(New York:Harpe & Row,1976)已经发挥了同样的论点。有关强调生物学意义上再生产的劳动分工非精神分析学派的分析,参见克拉克(Lorenne M. G. Clark)和兰格(Lynda Lange)编,《社会理论和政治理论的性别歧视》(*The Sexism of Social and Political Theory*)(Thronto:University of Thronto Press,1979)。

29　乔多罗,《母亲行为的再生产》,173 页。

30　同上,7 页。

31　同上,174 页。

32　乔多罗的确看到了经济和家庭之间强有力的联系:

> 性别系统就分析而言是可以与生产组织分离的,是绝不可能整个地依据生产组织来解释的,虽然在任何特定的社会里,这两者在经济上和结构上是相互缠结在一起的。性别体系方面的发展能够作用于并且在不同的社会里它已经作用于生产方式的变化。然而,在现代时期,资本主义的发展和社会主义国家的当代发展已经改变了性别体系而不是相反。(同上,8~9 页)。

33　国家并不始终把持这种垄断,就如私刑在美国南方后重建时期广被接受的情况所揭示的那样。黎世留红衣主教(Cardinal Richelieu),路易十三和路易十四以决斗的形式发动了长达一世纪的战争以反对贵族篡夺这种国家垄断权。虽然决斗是在社会同一等级人中间发生的,而针对妇女的暴力几乎总是一边倒的,两者之间却可以另有一些平行关系。一名较富洞见的决斗历史学家写道,决斗"不是孤立的实践,而是对于贵族阶层自我形象至关重要的行为规范:因而以这些为根据向贵族阶层挑战不是向君主的权力最终所依赖的那种阶级的意识形态挑战。"见施奈德(Robert Schneider),《舞剑和建国:法国现代早期反对决斗的活动的各个层面》(Swordpaly and Statemaking:Aspects of the Campaign against the Duel in Early Modern France),载于布赖特(Charles Bright)和哈丁(Susan Harding)编,《建立国家和社会运动:历史和理论文集》(*Statemaking and Social Movements*:*Essays in History and Theory*)(Ann Arbor:University of Michigan Press,1984),277~278 页。罗

伯特·哈丁(Robert Harding)写道:"1560 年以后法国极少数贵族对决斗规
227 范的异乎寻常的接受是直接与旧的委托关系体系的危机相联系的,而这种体系到那时为止一直给他们以提高自己的手段。"见哈丁的《权力精英的解剖》(*Anatomy of a Power Elite*)(New Haven:Yale University Press,1978),77页。施奈德继续写道:"确实是个极端的反应,决斗是贵族借以'适应'那种以日益拥挤的精英领域为特征的社会境况的一种途径,而在这个拥挤的领域里,发达的根据,等级的标准,等级制的性质本身的确都成了问题。"(271页)。令人惊奇的是,博丁(Jean Bodin),这个与统一主权观念的出现有着最为密切关系的政治理论家,为决斗辩护说,它是一种发泄否则会采取叛乱形式的社会紧张的相对无害的方式。

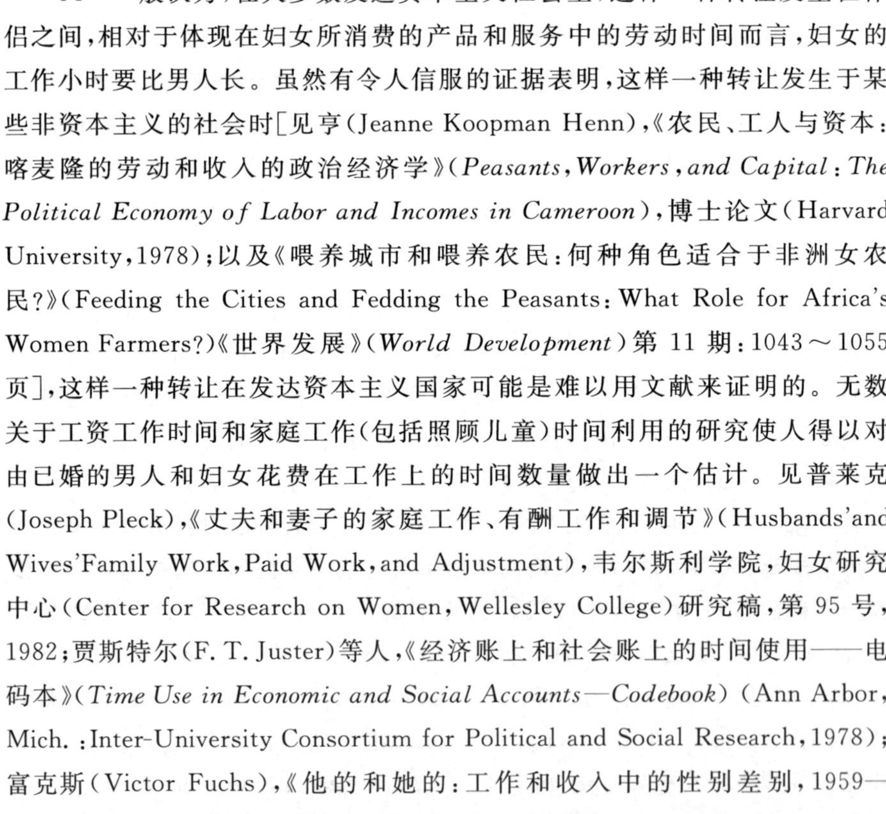

34　一般认为,在大多数发达资本主义社会里,这样一种转让发生在伴侣之间,相对于体现在妇女所消费的产品和服务中的劳动时间而言,妇女的工作小时要比男人长。虽然有令人信服的证据表明,这样一种转让发生于某些非资本主义的社会时[见亨(Jeanne Koopman Henn),《农民、工人与资本:喀麦隆的劳动和收入的政治经济学》(*Peasants, Workers, and Capital: The Political Economy of Labor and Incomes in Cameroon*),博士论文(Harvard University,1978);以及《喂养城市和喂养农民:何种角色适合于非洲女农民?》(Feeding the Cities and Fedding the Peasants: What Role for Africa's Women Farmers?)《世界发展》(*World Development*)第 11 期:1043～1055页],这样一种转让在发达资本主义国家可能是难以用文献来证明的。无数关于工资工作时间和家庭工作(包括照顾儿童)时间利用的研究使人得以对由已婚的男人和妇女花费在工作上的时间数量做出一个估计。见普莱克(Joseph Pleck),《丈夫和妻子的家庭工作、有酬工作和调节》(Husbands' and Wives' Family Work, Paid Work, and Adjustment),韦尔斯利学院,妇女研究中心(Center for Research on Women, Wellesley College)研究稿,第 95 号,1982;贾斯特尔(F. T. Juster)等人,《经济账上和社会账上的时间使用——电码本》(*Time Use in Economic and Social Accounts—Codebook*)(Ann Arbor, Mich.: Inter-University Consortium for Political and Social Research, 1978);富克斯(Victor Fuchs),《他的和她的:工作和收入中的性别差别,1959—1979》(*His and Hers: Gender Differences in Work and Income, 1959—*

1979)，油印本(National Bureau of Economic Research，Cambridge，Mass.，1984)，研究稿，第 1501 号；奎因(R. Quinn)和斯坦斯(G. Staines)，《1977 年就业调查质量》(*The* 1977 *Quality of Employment Survey*)(Ann Arbor，Mich.：Institute for Social Research，1978)；斯塔福德(Frandk Stafford)和邓肯(Greg J. Ducan)，《美国家务劳动对时间和技术的使用》(*The Use of Time and Technology by Households in the United States*)(Ann Arbor，Mich.：Institute for Social Research，1979)。当妇女参加家庭之外的工作(在美国约有一半成年妇女)时，妇女总的工作小时数量超过男人的工作小时数量；相反的情况适合于妇女不在家庭之外工作的伴侣。总的说来，家庭内剩余劳动时间的转让只占全部工作时间的非常小的比例。当然单单这些材料使我们无法适当地论述这个问题。若要论述这个问题，我们可能需要有关消费水平的信息，或许需要有关劳动强度的信息。再者，剩余劳动时间在作为一个集团的男人与作为一个集团的女人之间的转移不能仅仅通过研究夫妇关系中的男人和妇女来了解。比如，单身妇女家长的低收入和长工作时间在任何这类集合平均数中的就是举足轻重的。然而，我们怀疑，对在一个方向或另一个方向的工作小时数的权衡的专注恰当地阐明了性—性别体系的性质。

35　麦克拉特，《美国妇女中间独身现象的增长，1954—1983》(*The Growth of Non-Marriage among U. S. Women*，1954—1983)，博士论文(Uinversity of Massachusetts，1985)，32 页。有关经济依赖的基本观念可以追溯到诸如斯坦顿(Elizabeth Cady Stanton)、吉尔曼(Charlotte Perkins Gliam)和其他早期女权主义者。

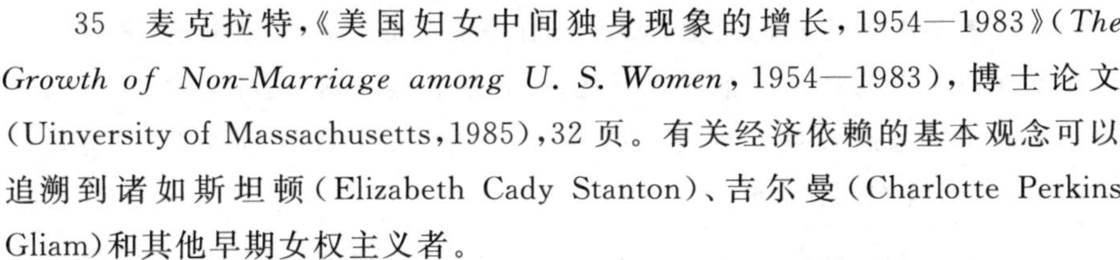

36　同上，33 页。

37　乔多罗和麦克拉特研究内含的策略——共同分担的父母行为和平等的报酬——一般被认为是一种补充。但是，劳动市场上对妇女更加平等的对待将导致更多的工作分享，男性承担更多的抚育工作——这种直观上打动人的推论可能是没有根据的。妇女工资的增长将导致妇女在夫妇内部讨价还价力量的增强。如果在夫妇内部男人不是通过给妇女较好的待遇来调适这种新情况——比如重新安排家务活，那么结果可能是婚姻下降和妇女独立承担的抚育的增长。

38　麦克拉特的《美国妇女中间独身现象的增长，1954—1983》评估了包括这里给出的许多经济依赖的指标，她已经用它相当有效地从统计方面解释了美国变化中的家庭结构。

39　富尔布瑞《母亲的贫穷化：美国的父权制和公共政策》（The Pauperization of Motherhood：Patriarchy and Public Policy in the U. S.），《激进政治经济学评论》第16期（4）：75页，85页。

40　的确，虽然保守派对福利国家的反对，一般被解释为表达了富裕阶层的经济利益，它却也可以反映种种性别利益。见富尔布瑞有关这方面的保守政策的说明（富尔布瑞《母亲的贫穷化：美国的父权制和公共政策》）。当父权制走向公共化时，它较少表现为男人与女人之间个人的关系（一种很容易归之于两个个人的个性或其他层面的东西），较多地表现为影响所有妇女的统治结构。马克思认为积累过程会为工人做到的事情——创造资本主义剥削透明化的条件，并且从而促进工人阶级的认同和共同意识——“公共父权制”也将很好地为妇女做到。

228　41　弗里德曼，《资本主义和自由》，13页。

42　我们的研究路数可以被视为把理论的血肉赋予马克思富有启发的断定：

> 人们创造自己的历史，但是他们并不是随心所欲地创造，并不是在他们自己选定的条件下创造，而是在直接碰到的，既定的，从过去继承下来的条件下创造。（《波拿巴的雾月十八日》，载于《马克思：政治著作》，146页）

我们的研究路数因而是与那样一些人的努力相似的，他们使权力成为他们分析的中心，并且按照吉登斯（Anthony Giddens）的说法也试图。

> 超越“行动”理论和“制度”理论之间的对立……这个移动是由我们称之为**结构二重性**的概念完成的。所谓结构二重性，我们指的是社会体系的结构性质同时是**社会行为的中介和结果**[着重号为原文所有]。[吉登斯，《历史唯物主义的当代批判》（*A Contemporary Critique of Historical Materialism*）（Berkeley：University of California Press，1981），19页。]

43　达尔，《何人统治》（*Who Governs*）（New Haven，Cam.：Yale Universtiy

Press,1961),第 316～317 页。

44　本特利,《政府过程》(*The Process of Government*)(Cambridge Mass.:Harvard University Press,1908),210 页。

第五章

1　边沁的文字转引自艾文斯,《边沁的圆形监狱:建筑社会史上的一个事件》(Bethasm' s Panopticon: An Incident in the Social History of Architecture),《建筑学会季刊》(*Architectural Association Quartely*)(1971):21～37 页。艾文斯对边沁的设计以及那些受其影响的设计做了旁征博引的图解阐释。

2　同上,31 页。

3　霍布斯,《公民》(*The Citizen*)(1651),引自斯蒂芬诺,《政治理论中作为意识形态的男性性质:受人尊重霍布斯式男人》(Masculinity as Ideology in Political Theory: Hobbesian Man Considered),《妇女研究国际论坛》(*Women's Studies Internatilonal Forum*)第 6 期(1983):637 页。斯蒂芬诺的评论在 638 页。

4　哈索克,《金钱,货币和权力:走向女权主义历史唯物主义》:埃尔斯坦,《公共的男人,私人的妇女》,兰德斯,《妇女和公共领域:现代展望》,见上述书中各处。

5　古特曼,《什么是上学的用处?》(What's the Use of Going to School?),载于森(Amartya Sen)和威廉斯(Bernard Williams)编,《功利主义和功利主义之外》(*Utilitarianism and Beyond*)(New York: Cambridge University Press,1982),261 页。

6　科恩(Marshall Cohen)编,《穆勒哲学》(*The Philosophy of John Stuart Mill*)(New Yrok:Modern Library,1961),197～198 页。

7　读者可能会奇怪,我们把对自由主义行动模式的批判限制于这一观点。我们当然意识到针对自由主义个人模式的传统批评无处不在——存在于人们所声称的把诸如合理性,唯我主义,享乐主义,主观主义,工具主义和原子主义一类特点的归于个人行动者的做法之中。然而,我们抗论说,这样的批判既是无效的,也可以因为自由主义关于需求的先天特征的假定而受到更为尖锐的驳论。有关补充本章所作论述的对自由主义选择模式的探讨，参见埃尔斯特（Jan Elster），《尤里西斯和塞壬》（*Ulysses and the Sirens*）（Cambridge：Cambridge University Press，1979）《酸葡萄》（*Sour Grapes*）（Cambridge：Cambridge University Press，1983）。

8 载于科恩编《穆勒哲学》，198 页。

9 马克思，《资本论》（New York：Vintage，1977），283 页。

10 赫希曼，《退出，发言和忠诚》（*Exit，Voice，and Loyalty*）（Cambridge，Mass.：Harvard University Press，1970）。自由主义理论非常典型地不论述赫希曼三部曲的保留概念：忠诚。

11 这个观念由罗西—兰地（Ferruccio Rossi-Landi）在下面这篇文章里大加阐发，虽然从某些方面看我们并不觉得这些发挥全都是有说服力的：《语言学和经济学》，载于贝克（Thomas A. Sebeok）编，《语言学的目前趋势》（*Current Trends in Linguistics*），第 12 卷：《语言学和邻近的艺术与科学》（*Linguistics and Adjacent Arts and Sciences*）（The Hague：Mouton，1974），1788～2017 页。我们自己的见解将在下一章发挥。

12 萨赫林，《石器时代经济学》（*Stone Age Economics*）（Chicago：Aldine Press，1972），186 页。然而，萨赫森把交换的这个层面归因于原始社会里力量的分散和国家的阙如。他因而断言“原始共同体中的交换与现代工业共同体中的经济流动的作用是不一样的”（187 页）。我们认为，交换的构成性质是相当一般的，虽然它在社会行动者构成之中的中心地位在非国家的社会中可能特别重要。

13 鲁宾，《妇女交易：性“政治经济学”评论》，174 页。

14 萨赫林《石器时代经济学》，187 页。

229 15 波兰尼，《亚里士多德发现经济学》（Aristotle Discovers the Economy），载于多尔顿（George Dalton）编，《原始的、古代的和现代的经济学：波兰尼文选》（*Primitive，Archaic and Modern Economies：Essays of Karl Polanyi*）（New York：Doubleday，1986），82 页。最后一句摘自波拉尼《伟大的改革》（*The Great Transformation*）（New York：Farrar and Rinehart，1944），3～4 页。

16 舒尔茨，《私人利益的公共使用》（*The Public Use of Private Interest*）

(Washington, D. C.: Brookings Institution, 1977), 18 页。

17　布坎南,《自由的限度》(*The Limits of Liberty*) (Chicago: University of Chicago Press, 1975), 17 页。

18　可以在一定程度上正当地评论说,马克思的异化理论恰恰就是这样一种理论,它断言我们在相当大的程度上是通过我们据以工作的方式成为我们之所是——既作为个人又作为共同体——的。但是,虽然马克思的著作(从他的《1844 年经济学—哲学手稿》到《资本论》)在这个方面极富启发性,它们在当代马克思主义人本主义和其他人手中的发展是对经济学思想重新定向的重大贡献,马克思自己著作中的和自马克思以后主流传统中的唯生产力论本体论却由两者之中由劳动价值论所发挥的核心作用指明了。无论这种理论的优点是什么,它对我们理解人民的生产和再生产的贡献不可能包括在内。见马克思《1844 年经济学—哲学手稿》(*Economic and Philosophical Manuscripts of* 1844) (Moscow: Foreign Language Publishing House, 1959); 鲍尔斯和金蒂斯,《劳动价值论的结构和实践》。

19　罗宾斯,《论经济学的性质和意义》(*An Essay on the Nature and Significance of Economic Science*) (London: Macmillan, 1932), 15 页。

20　佩特曼(Carole Pateman)的《参与和民主理论》(*Participation and Democratic Theory*) (Cambridge: Cambridge University Press, 1970)是这种立场的经典陈述。工作结构是人类发展的——直接的或间接的——主要决定因素这一点在下面不同形式的著作里都有提示:科恩(Melvin Kohn)《阶级和一致:价值研究》(*Class and Conformity: A Study in Values*) (Homewood, Ill.: Dorsey Press, 1969); 鲍尔斯和金蒂斯,《资本主义美国的正规学校教育:教育改革和经济生活矛盾》(*Schooling in Capitalist America: Educationd Reform and the Contraditions of Economic Life*) (New York: Basic Books, 1976); 阿尔蒙德(Gabriel Almond)和维尔巴(Sidney Verba),《公民文化:五个国家的政治态度和民主》(*The Civic Culture Political Attitudes and Democracy in Fine Nations*) (Princeton, N. J.: Princeton University Press, 1963)。后面两位作者评论说:

> 工厂里的威权结构可能是一种意义最为深远的——和显著的——结构,每个人发现自己每天都与之接触……在每一个国家

[这两位作者及其合作者所研究的那些国家]里，那些报告说他们在有关他们的工作的决策方面受过咨询的人很可能给主观政治潜力打一个比别人要高的分数。(363页、365页)。

21 斯密把劳动分工看作资本主义经济中最具进步意义的层面，他就此写道：

> 大多数人民的职业，就局限于少数极其单纯的操作，往往简单到只有一两种操作。但是人类……智力的养成，必然由于其日常职业。一个人如把他一生消磨于少数简单的操作，而且这些操作所产生的影响，又是相同的或极其相同的，那么，他就没有机会来发挥他的智力或运用他的发明才能来寻找解决困难的方法，因为他永远不会碰到困难。这样一来，他自然要失掉努力的习惯，而变成最愚钝最无知的人……对于许多私人日常生活的平常义务，他也没有能力来作适当的判断。至于国家的重大和广泛的利益，他更是全然判断不了的。[斯密《国富论》(*The Wealth of Nations*)(New York: Modern Library, 1937)，第2卷，365～366页]。

22 鲍尔斯，《竞争经济中的生产过程：瓦尔拉斯模式，新霍布斯模式和马克思模式》；金蒂斯和石川，《工资，工作纪律和宏观经济均衡》(Wages, Work Discipine, and Macroeconomic Equilibrium)，手稿，1985年7月。

23 赫希曼，《激情和利益》(*The Passions and the Interests*) (Princeton, N. J. : Princeton University Press, 1977)。

24 史金纳，《现代政治思想基础》(*The Foundations of Modern Political Thought*) (Princeton, N. J. : Princeton University Press, 1978)，48页。

25 奥尔森，《集体行动的逻辑》(*The Logic of Collective Action*) (Cambridge, Mass. : Harvard University Press, 1965)，1页，2页。

26 虽然大异于自由主义理论本身的结构，这种常识观念几乎是不新鲜的。弗伊(Brian Fay)在一些令人感兴趣的方向采用了这个观念，见《人民如何改变他们自身：批判理论和其听众之间的关系》(How People Change Themselves: The Relationship Between Critical Theory and its Audience)，载于霍尔(T. Hall)编，《政治理论和实践》(*Political Theory and Praxis*)

(Minneapolis:University of Minnesota Press,1977),以及其他论述。普尔热沃尔斯基(Adam Przeworski)的《无产阶级成为阶级:阶级形成的过程》,载于《资本主义和社会民主》(*Capitalism and Social Democracy*)(Cambridge, England:Cambridge University Press,1985),处处谈论了阶级利益的问题。

27　杰弗逊给卡特赖特(John Cartwright)的信,1824 年 6 月 5 日,以及杰弗逊给泰勒(John Tyler)的信,1810 年 5 月 26 日,上述两信转引阿伦德,《论独立战争》(*On Revolution*)(New York:Viking Press,1963),257 页。 230

28　阿伦德,《论独立战争》,258 页。

29　共同体是人民出于工具性的理由(霍布斯式的共同体),出于共同关切的理由(桑德尔称之为情感共同体),或出于身份的理由走到一起的集团。我们所意指的共同体包括所有这三种意义。有关第三种类型的成员,桑德尔在《自由主义和正义的限制》一文中写道:

> 对于他们而言,共同体恰恰不描述他们作为公民伙伴所**具有**的东西,而是描述他们之所**是**,不描述他们所选择的关系(如在自愿的联合中那样)而是描述他们所发现的依附性,不仅仅描述他们认同的性质,而且描述他们认同的要素。与工具的和情感的共同体概念形成鲜明对照,我们可以把这种强有力的观点描述成构成的概念(150 页)。

30　泰勒,《黑格尔》(*Hegel*)(Cambridge:Cambridge University Press, 1975),416 页。

31　阿伦德,《人类境况》(The Human Condition)(Chicago:University of Chicago Press,1958),52～53 页。

32　梯利,《胡闹音乐,保留剧目和城市政治学》(Charivaris, Repertoires and Urban Politics),载于梅里曼(John M. Merriman)编,《十九世纪的法国城市》(*French Cities in the Nineteenth Century*)(New York:Holmes and Meier,1981),76 页。

33　同上,76 页。

34　弗鲁克,《作为法律概念的城市》,1080 页。

35　同上,1081 页。这里和下面几节我们采用弗鲁克的说明。

36　同上,1121 页。

37 马克思,《共产党宣言》,载于塔克,《马克思恩格斯读本》,475 页。

38 曼德维尔,《蜜蜂的寓言,或私人罪恶、公共利益》(*The Fable of the Bee, or Private Vices, Public Benefits*)(Oxford: Oxford University Press, 1924),1714 年首版。

39 奥布赖恩,《古典经济学家》(*The Classical Economists*)(Oxford: Oxford University Press, 1975),272 页。

40 吉尔克,《中世纪的政治理论》(*Political Theories of the Middle Ages*),梅特兰(F. W. Maitland)译(Cambridge: Cambridge University Press, 1958),87 页。

41 马克思和恩格斯,《全集》(*Collected Works*),第 4 卷《神圣家族》(*The Holy Family*)(New York: International Publishers, 1975),37 页。

42 冲盐(N. Okishio),《技术变迁利润率》(Technical Change and the Profit Rate),《神户大学经济评论》(*Kobe University Economics Review*)第 7 期(1961):86～99 页;鲍尔斯,《技术变迁和利润率:冲盐定理的简单证明》(Technical Change and the Profit Rate: A Simple Proof of the Okishio Theorem),《剑桥经济期杂志》(*Cambridge Journal of Economics*)第 5 期(1981):183～186 页。

43 马克思,《政治经济学批判(1857—1858 年草稿)》(*Grundrisse: Introduction to the Critique of Political Economy*)(Baltimore: Penguin, 1973),80～82 页。

44 恩格斯,《家庭、私有制和国家的起源》(*The Origin of the Family, Private Property, and the State*)(New York: International Publishers, 1971),158 页。

45 恩格斯,《导言》,载于马克思和列宁《法兰西内战和巴黎公社》(*Civil War in France and the Paris Commune*)(New York: International Publishers, 1940),22 页。

46 列宁,1917 年 9 月的讲话,见《〈贝克尔,狄慈根,恩格斯,马克思等致左尔格等书信集〉俄译本序言》,载于《全集》,第 12 卷,127～128 页。

47 达尔的《论搬去美国民主的某些障碍》阐发了对一些赞成直接民主的论点的一个有说服力而与众不同的批判。

48　卢梭(Jean Jacques Rousseau),《社会契约论》(*The Social Contract*),克兰斯顿(Mourice Cranston)编(Harmondswoth, England: Penguin, 1968),141页。

49　科莱蒂,《从卢梭到列宁》(*From Rousseau to Lenin*)(New York: Monthly Review,1972),147页,151页。

50　科拉克沃斯基,《马克思主义主要趋向》(*Main Currents of Marxism*)(Oxford:Oxford University Press,1981),127页,131页。

51　西里亚尼(Carmen Siriani),《参与,机会和平等:走向多元主义的组织模式》(Participation, Opportunity, and Equality: Toward a Pluralist Organizational Model),载于西里亚尼和费希尔(Frank Fischer)编,《组织和官僚制的批判研究》(*Critical Studies in Organization and Bureaucracy*)(Philadelphia:Temple University Press,1984),492～503页。这适用于当代女权主义的参与政治学的思路,也适用于马克思主义的同样思路。见曼斯布里奇(Jane Mansbridge),《女权主义和自由形式》(Feminism and the Forms of Freedom),载于西里亚尼和费希尔《组织和官僚的批判研究》,272～281页。

52　有关不同的但极富挑战性的研究,参见沙特,《辩证理性批判》(*Critique of Dialectical Reason*)(London:New Left Books,1976)。

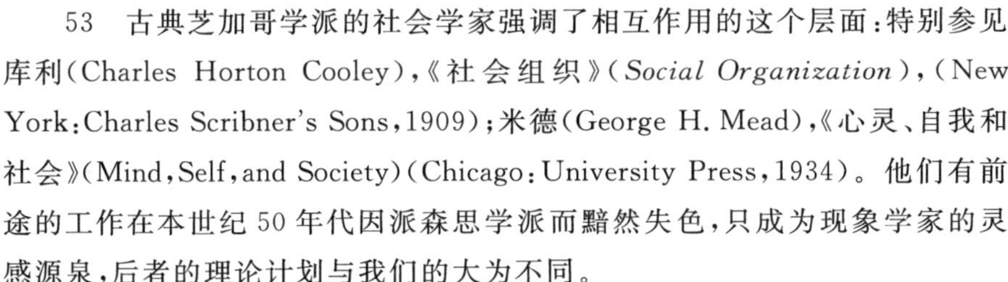

53　古典芝加哥学派的社会学家强调了相互作用的这个层面:特别参见库利(Charles Horton Cooley),《社会组织》(*Social Organization*),(New York:Charles Scribner's Sons,1909);米德(George H. Mead),《心灵、自我和社会》(Mind,Self,and Society)(Chicago:University Press,1934)。他们有前途的工作在本世纪50年代因派森思学派而黯然失色,只成为现象学家的灵感源泉,后者的理论计划与我们的大为不同。

54　沃尔泽:《自由主义和分离艺术》(Liberalism and the Art of Separation),《政治理论》第12期(1984):317页。

第六章

1　霍布斯鲍恩,《著作集》,313页。 231

2　富柯《性意识史》非常正确地坚持认为,"话语不是一劳永逸地委身于权力或起来反抗它……一方面,并不存在着一种权力话语,在另一方面,存在着另一种与它正相反的权力话语”(101页)。

3 引自塔克,《马克思—恩格斯读本》,43页。我们纠正了翻译中的语法错误。

4 马克思预期,工人阶级意识是工人为在危机日益加深和剥削日益透明的社会秩序中满足日常需求而进行斗争的直接结果。面对马克思千年王国希望的破灭,一些更加透彻的论述涌现了出来。阿尔都塞在《保卫马克思》里坚决以为,马克思主义者未充分意识到政治学和意识形态的“相对的自主”。另一方面,科莱蒂在《从卢梭到列宁》和伏洛西诺夫(Volosinov)在《马克思主义和语言哲学》(Marxism and the Philosophy of Language)(New York:Seminar Press,1973)认为,马克思主义者将意识放在上层建筑,虽然它的恰当位置是在社会关系的基础。然而,这样一些研究路数仅仅替换了下面这个问题。就基础和上层建筑而论,政治和文化的位置究竟在何处,表达的行动理论不能够解释把各个彼此有别的个人变成为社会变迁的集体发动者的社会纽带的具体形式。或许由于认识到了这一点,许多20世纪的马克思主义者沿袭了不同的路线。他们不是放弃作为解释的变项的意识,而是试图按照据称是相互竞争的阶级的错误意识说明理论的描述弱点。我们坚决主张,这种策略是有极其重大的缺陷的。依照错误意识说明工人阶级的改良主义的做法表现在如下一些形形色色的牌子里面:葛兰西的“意识形态霸权”(ideological hegemony),马尔库塞的“单向度思维”(one dimensional thought),列斐伏尔的“日常生活中的意识再生产”(reproduction of consciousness in everyday life),和哈伯马斯的“系统地曲解的交往”(systematically distorted commumication),参见葛兰西的《狱中札记》(*Prison Notebooks*)(New York:International Publishers,1971);马尔库塞,《单向度的人》(*One-Dimensional Man*)(Boston:Beacon Press,1964);列斐伏尔(Henri Lefebvre),《马克思的社会学》(*The Sociology of Marx*)(New York:Vintage,1969)。我们的路数与此形成鲜明的对照,把意识当作在社会实践中所占用的话语形式的一个层面来对待。

5 威伦茨,《民主的赞美诗:纽约市和美国工人阶级的兴起,1788—1850》(*Chants Democratic: New York City and the Rise of the American Working Class*,1788—1850)(New York:Oxford University Press,1984),14

页。琼斯同样计划“研究政治语言本身范围内的利益、认同、不满和抱负的生产”，见其《阶级语言：英国工人阶级史研究 1832—1982》，22 页。

6　维特根斯坦（Ludwig Wittgenstein），《蓝皮书和褐皮书》（*The Blue and Brown Books*）（Oxford：Blackwells，1969），191 页。

7　阿尔斯顿，《语言哲学》（*Philosophy of Language*）（Englewood Cliffs，N. J.：Prentice-Hall，1964）。

8　霍布斯，《利维坦》，麦克弗森（MacPherson）编（Harmonds worth，England：Penguin，1968），101。

9　洛克，《人类理解论》（*An Essay Concerning Human Understanding*），普林格尔—帕蒂森（A. Pringle-Pattison）编，（Oxford：Clarendon Press，1924），第 3 卷，第 2 章。

10　参见弗莱格，《算术的基础》（*The Foundations of Arithmetic*）（Oxford，Blackmell，1950）。又见温奇（Peter Winch），《社会科学的观念》（New York：Humanities Press，1965），和皮特金（Hannah Fenichel Pitkin），《维特根斯坦与正义》（*Wittgenstein and Justice*）（Berkeley：University of California Press，1972），至于对这些观念的用法与我们自己的用法大相异趣。哈伯马斯的《交往和社会进化》（*Communication and the Evlution of Society*）（Boston：Beacon Press，1976）也尝试评估现代语言观念与社会科学的相关性，虽然我们没有效法他的研究程序，也与他的结论迥然相异。有关维特根斯坦对于社会理论的重要性的较有价值的论述，参见布卢尔（David Bloor），《维特根斯坦：知识的社会理论》（*Wittgenstein：A Social Theory of Knowledge*）（New York：Columbia University Press，1983）。

11　维特根斯坦，《哲学研究》（*Philosophical Investigations*）（New York：Macmillan，1958），6e，20e。

12　奥斯汀不是说仅仅说话行动有后果，这对所有行动都适用。一个断定可以“迷惑某人”，一个诺言可以导致误解，一个警告可以使人黯然，如此等等。但是，这些是话语的结果，而不是由话语构成的社会事实的结果。奥斯汀《如何以词语行事》（*How To Do Things with Words*）（Cambridge，Mass.：Harvard University Press，1962）。

13　海登（Dolores Hayden）的《伟大的国内革命》（*The Grand Domestic*

Revolution)(Cambridge,Mass.:MIT Press,1981)和艾文斯《边沁的圆形监狱:建筑社会史上的一个事件》分别论述了那种可以称作为女权主义的和功利主义的自由主义建筑话语。

14 参见福纳在《潘恩和革命的美国》第66页的讨论。

232 15 格尔茨《耐加拉:十九世纪巴厘的戏剧国家》(*Negara:The Theatre State in Nineteenth-Century Bali*)(Priceton,N. J.:Princeton University Press,1980),103页。

16 霍布斯鲍恩,《导言:发明传统》(Introduction:Inventing Traditions),载于霍布成和兰杰编,《传统的发明》(*The Invention of Tradition*),7页。

17 人们不能声称词语是工具这个观念有什么新颖性。韦尔登(T. D. Weldon)在30多年以前就注意到:

> 如果词语,尤其名词始终有意义,我们一般将能够发现这些意义,如果我们是有韧性和还算聪明的话……这一点之适用于政治研究几乎是不言而喻的。我们正是必须从质询"正义"、"自由"、"威权"和同类词语的意义开始,然后,当我们已经发现了这些词语是什么意义之后,我们将有资格就共产主义是否应当受称赞或受指责发表意见。然而,这种探索注定是无结果的,因为词语在被研究的意义上完全是没有意义的,它们仅仅有种种用法。[韦尔登《政治词汇》(*The Vocabulary of Politics*)(London:Penguin,1953),18~19页。]

18 波科克,《政治,语言和时间》(*Politics,Language and Time*)(New York:Atheneum,1973),15页。

19 格尔茨,《耐加拉:十九世纪巴厘的戏剧国家》,120页,104页。

20 这个观察是我们拒绝用集体(阶级、集团、民族)意识概念来说明集团实践的基础。在表达的行动理论中,集团意识是集团利益(真的或假的)反映,而个人意识是集团意识的表达。因为根据这种观点,个人行为反映了个人意识,行动因而臻于表达集团利益。在我们的研究路数中,集体意识是无意义的,而个人意识不是观念或欲望的陈列所,而简单就是人类经验和感觉的王国。就如维特根斯坦所说的那样,"伴随符号运用的心灵体验无疑是由我们在一个特殊的语言系统里对符合的习惯用法引起的。"维特根斯坦,《蓝皮书和褐皮书》,78页。

21　福纳:《潘恩和革命的美国》,xv页,xvii页。

22　马克思,《波拿巴的雾月十八》,费恩巴哈编,《政治著作》,146页。在同一段里马克思的确把革命比作学习一种新语言。

23　布劳(Mark Blaug),《李嘉图经济学》(*Ricardian Economics*)(New Haven,Conn.:Yale University Press,1958)。

24　休厄尔,《法国的工作和革命:从旧制度到1848年的劳工语言》(*Work and Revolution in France: The Langurage of Labor from Old Regime to* 1848)(Cambridge,Mass.:Cambridge University Press,1980),ix页,162页。

25　同上,194页。琼斯,《阶级语言:英国工人阶级史研究1832—1980》。前面引证的福纳和威伦茨的著作对我们理解阶级冲突与话语之间的关系也颇有裨益。

26　休厄尔,《法国工作和革命:从旧制度到1848年的劳工语言》,204页。

27　弗里德里希(Carl J. Friedrich),《立宪政府和民主》(*Constitutional Government and Democracy*)(Boston:Ginn,1950),17。

28　同上。

29　科尔(Talor Cole),《欧洲政治体系》(*European Political Systems*)(New York:Knopf,1953),书中各处。

30　弗里德里希,《立宪政府和民主》,29页,31页。

31　法国的哲学家一般都支持以财产代替继承作为政治参与基础的运动。许多人趋向于排斥重农主义的财产所有制模式,以赞成土地财产更加平均的分配。霍尔巴哈(Holbach),爱尔维修(Helvetius)和狄德罗(Diderot)明确地讨论了旨在创造一个庞大的小农所有者阶级的财产再分配。但是民主的规则与本题无关。伏尔泰(Voltaire)在下面的断言里表达了一种共同的偏见:

> 我所理解的“人民”是只凭双手谋生的大众。我怀疑这个等级的公民是否将有时间或能力教育自己……现在不是劳动者应当受教育的时代,而是善良的资产阶级,那城市的居民必须受教育的时

代;这个事业是令人生畏和足够伟大的。[伏尔泰致达米拉维尔(Damilaville)],1766 年 4 月 1 日,《书信集》(*Correspondences*),转引自佩恩(Harry C. Payne)《哲学家和人民》(*The Philosophes and the People*)(New Haven,Conn.:Yale University Press,1976)。

32 普拉门纳茨,《人和社会》(*Man and Saciety*)(New York:McGraw-Hill,1963),第 1 卷:52 页。

33 有关这种状况的剧论,参见卡斯托里西斯(Cornelius Castoriadis),《论工人运动史》(On the History of the Worker's Movement),《泰洛斯》(*Telos*)第 30 期(1976—1977):3～42 页。

34 霍布斯鲍恩,《工人们》,305～309 页。

35 维根斯坦,《哲学研究》,8 页。

36 在"阿尔盖尔诉路易斯安娜"(*Allgeer v. Louisiana*,165 U. S. 578,1897)案中,最高法院以为,自由权不仅包括公民免受其对人身的纯粹物理的限制,比如通过监禁的限制的权利;但是这个条款被认为包括公民自由地享有他全部能力的权利……有通过任何合法的职业维持生计的权利;……并且有为这个目的自由地签订任何对于使上述目的达至成功的结局乃适当的、必不可少的和根本的契约的权利。

233 37 我们在本书一直强调资本家利益主要通过资本罢工的威胁影响国家政策;这就是投资需求的停滞和资本外逃。但是,这种影响确实通过如下的拟制而得到加强:法人,作为"个人",应当享有通过诸如游说议员的活动,组成顾问委员会,为政治竞选活动捐款和资助政策研究机构之类的"私人"行动影响政府政策的途径。的确,这类影响据以实施的合法性恰恰因为法人与个人的类似而得到正当性证明的。比如,参议员培根(Augustine O. Bacon)在第一次世界大战前院外游说活动初期面临丑闻的指控时,定下了将来许许多多为这种特权门路所做的辩护的基调:

> 我不认为一个人来到这里[国会]代表某种利益的人……是游说者。……我想,每个人都有绝对的权利听人谈论任何将要影响他的利益的事情。无法想象的事情是那种权利必须从他那里褫夺掉。[转引自麦康内尔(Grant McConnell),《私人权力和美国民主》(*Private Power and American Democracy*)(New York: Random

House,1966),15 页]。

38　霍维茨,《美国法律的改革,1780—1860》(*The Transformation of American Law, 1780—1860*)(Cambirdge, Mass.: Harvard University Press,1977),1～2 页。

39　同上,34 页,37 页。

40　同上,24～26 页。

41　同上,28 页。

42　麦克洛斯基,《企业时代的美国保守主义,1865—1910》(*American Conservatiosm in the Age of Enterprise, 1865—1910*)(New York: Harpper & Row,1951),vi 页,2～3 页。

43　同上,5～6 页。

第七章

1　托克维尔,《美国的民主》,240 页。

2　当兵的权利和广泛的财产所有权两者的中心地位是波科克在《马基雅弗利时刻》(*The Machiavellian Moment*)中称之为大西洋共和国传统的东西的检验标记。

3　这段引证在科恩《穆勒哲学》185～320 页间面对穆勒《论自由》标题的那一页。

4　麦克弗森将这种见解表达如下:

> 一旦民主被视作一种类型的社会,而不仅仅是选择和委任政府的机制,内在于民主之中的平等原则不仅要求“一人,一票”,而且也要求“一人,一种以他可能希望而充分人道的方式生活的平等有效的权利”。[麦克弗森,《民主理论:复得文集》(*Democratic Therory: Essays in Retrieval*)(Oxford: Clarendon Press,1973),51 页]。

在这个方面我们受了麦克弗森的如此之大的惠益,以致读者可以想象我们的观点比实际所是更像他的观点。凡在他把自由主义当作一种为资本主义剥削辩护的意识形态来对待的地方,我们就把它看作一种为反资本主义的激进运动提供有效工具的矛盾话语。再者,与麦克弗森不同,我们强调自由主义话语的“权利”因素——来自于其特征的社会空间和自为的划分——而不是它的功利层面。我们以为,功利主义的推论只在自由主义的经济理论里才是重要的,并且甚至在那里它也不可能证明资本主义的财产关系的正当性。最后,我们并不与麦克弗森一样相信:"市场原则"和匮乏本身妨碍了"一个充分民主的社会"的发展。麦克弗森,《民主理论:复得文集》,55 页,77 页。

5 霍布斯,《利维坦》,238 页。

6 转引自赫希曼,《退出,发言和忠诚》,17 页。

7 麦克弗森在《独占的个人主义政治理论和民主理论》中坚持认为:霍布斯在他自己的著作里面承认了或暗指了一种市场模式。毫无疑义,他可以以这种方式来理解,因为比如当他写道,"一个人的价值如其他所有事情一样就是他的价格,这就是说,他能够得到多大的运用他的权力的余地。"(霍布斯,《利维坦》,151 页)。但是我们觉得让布斯仍然做权力理论家,而让下一个世纪的作者来阐发市场理论,要更有远见一些。我们发觉,新霍布斯主义生存的基础不是保卫市场而是保卫威权;我们并不具有麦克弗森下面这种感觉:"具有讽刺意味的是,当我们开始正确地评价霍布斯的政治科学之时,正是它的适用性变得愈来愈有限之日。"(霍布斯,《利维坦》,12 页)。

8 曼德维尔的《蜜蜂寓言》宣扬国家对经济的积极干预,而没有发挥支持一般市场配置的论点,虽然他的工作极像是向着这个方面的第一步。再

234 者,把后来由斯密、瓦尔拉斯和现代福利经济学家所发挥的全部思想都归功于曼德维尔,也未免过于慷慨了;但是倘若不是经济学的形式逻辑而是这个研究路数的基础命题,则可以追溯到曼德维尔和更早的人。

9 卢梭,《社会契约论》,28～29 页。编者格兰斯顿提出一些文本的证明,证明卢梭受到霍布斯相当大的影响。

10 柏林(Isaiah Berlin),《自由四论》(*Four Essays on Liberty*)(London:Oxford University Press,1968);普尔热沃尔斯基《人民主权、国家自治和私人财产》(*Popular Sovereignty, State Autonomy, and Private Property*)(Departmet of Politicical Science,University of Chicago,1984,油印本),1 页。

11 康诺利,《政治中的现象和实在》(*Appearance and Reality in Politics*)(Cambridge,Mass.:Cambirdge University Press,1981),175 页。康诺利的第二个批判是指向正当性问题的,它也可以被表述为什么在有经济保障的情况下人们会勤奋地和可靠地工作的问题。

12　有关国家之中经济民主和民主责任扩大的令人击节的论述近来已经出现。比如参见，卡诺伊(Martin Carnoy)和希勒(Derek Shearer)，《经济民主》(*Economica Democray*)(White Plains, N. Y.: M. E. Sharpe, 1980)；诺夫(Alec Nove)，《可行的社会主义的经济学》(*The Economics of Feasible Socialism*)(London: George Allen and Unwin, 1983)；西里亚尼(Garmen Siriani)和弗希尔(Frank Fischer)编，《组织和权力的批判研究》(*Critical Studies in Organization and Power*)(Philadelphia: Temple University Press, 1984)，科恩(Joshua Cohen)和罗杰斯(Joel Rogers)，《论民主：走向美国社会的改革》(*On Democacy: Towards a Transformation of American Society*)(New York: Penguin, 1983)；格林(Philip Green)：《挽救民主：公民平等研究》(*Retrieving Democracy: In Search of Civic Equality*)(Totowa, N. J.: Rowman & Allenheld, 1985)。

13　卢梭，《社会契约论》，86 页。卢梭解决他的问题的办法——赋予立法者以"崇高的理由"和神圣的批准——给现代读者以解围之物的强烈印象，但这与本题无关。

14　情况不一定如此，而且在某种情况下，情况或许不是这样。比如，在某些国家，投票权的扩大可能会十分关键地包含在以相对较少参与的政治活动形式——投票——取代来自以共同体为基础的基层积极性的政治活动的过程中。如果得到合理解释的话，这个结果可能不是民主文化和民主能量的扩大。在有投票权之前，人们通过胡闹音乐，往人身上涂柏油并粘羽毛和其他公共表演表达他们的政治情绪，这些前辈可能已经展现了民主文化的重要特征，而这些文化却是今天显然更为民主的时代的政治活动所无法利用的，参见梯利，《胡闹音乐，保留剧目和城市政治》，载于梅里曼《十九世纪法国城市》。

15　有关世纪货币体系演化的论述，见布洛克(Fred Block)，《统治阶级不统治：马克思主义国家理论诠释》，《社会主义评论》第 33 期(1977)：6～28 页。帕斯托的数量经济学研究表明，国际货币基金会的干预一直对其政策的明确目的——控制通货膨胀，加速经济增长，改善贸易平衡——几无影响或有消极影响，但是它们变换收入的分配以有利资本。见帕斯托《国际货币基金组织项目在第三世界的作用：拉丁美洲的争论与明证》(*The Effects of*

IMF Programs in the Third Wold: Debate and Evidence for Latin American),油印本(Occidental College,1985)。

16　麦克拉肯(Paul McCracken)等人,《面向充分就业和价格稳定》(*Towards Full Employment and Price Stability*)(Paris: Organization for Economic Cooperation and Development[经济合作与发展组织],1977),130页。

17　各年的《国民产品核算表体系》(*National Product Accounts*),经济合作与发展组织。

18　美国商业部,《美国海外直接投资》(*U. S. Direct Investment Abroad*)(Washington,D. C. :Government Printing Office,1984),补充了商业部未出版的资料。

19　贝克尔,《竞争和民主》(Competiton and Democracy)《法律和经济学杂志》(*Journal of Law and Economics*)第一期(1958):107页。

20　当代主要的新霍布斯主义著作包括安尔奇安和德姆塞茨论资本主义企业中的等级制的《生产,信息成本和经济组织》,德姆塞茨论财产权的《财产权的交换和实施》(The Exchange and Enforcement of Property Rights),《法学和经济学杂志》第7期(1964):11～26页;贝克尔论家庭的《家庭论》(*A Treatise on the Family*)(Cambridge: Harvard University Press,1981);三边委员会论民主的《民主的危机》(*The Crisis of Democracy*)(New York: New York University Press,1975)的撰稿人,克罗泽(Michael J. Crozier),亨廷顿(Samuel P. Huntington)和渡贯上路(Joji Watanunki)。我们关于这个由新霍布斯主义模式提出的问题的想法也受益于屋内(Willam Ouchi)富有洞见的《市场,官僚制和宗族》(Markets,Bureaucracies,and Clans),《行政管理科学季刊》(*Administrative Science Quarterly*)第25期(1980):129～141页。

21　科特,《新经济学,乌托邦与危机》载于安德烈夫等人《经济学虚构:反对新经济学家》,146～147页(引文自译)。

22　福尔韦尔,《原教旨主义现象:保守基督教的复活》(*The Fundamentalist Phenomenon: The Resurgence of Conservative Christianity*)(Garden City,N. Y. :Doubleday,1981),206页。

23　威尔,《作为心灵管理艺术的国家管理艺术》(*Statecraft as Soulcraft*)

(New York:Simon and Schuster,1983),24 页。

24　主要的例子是克罗泽,亨廷顿和渡贯的《民主的危机》和近来美国的 235
产业政策计划及其主要倡导者的政治观点;见洛埃通(Felix G. Rohaytn),《二十世纪:经济学和公共财政论文集》(*The Twenty Century*: *Essays on Economics and Public Finance*)(New York:Random House,1984)。

25　麦克弗森,《民主理论》(*Democratic Theory*)(Oxford: Clarendon Press,1973),124 页。

26　科斯,《企业的性质》,335 页。

27　同上,336 页。

28　韦伯,《阶级、地位和政党》,《韦伯社会学文选》,214 页。

29　艾尔奇安和德姆塞茨,《生产,信息成本和经济组织》,781~783 页。

30　同上。

31　威廉森,《组织形式,剩余产品权利要求者和法人控制》(Organizational Form,Residual Claimants,and Corporate Control),《法学和经济学杂志》第 26 期(1983):365 页。

32　艾尔奇安和德姆塞茨,《生产,信息成本和经济组织》,777 页。

33　同上,795 页。

34　德姆塞茨,《财产权的交换和实施》,24 页。

35　同上。

36　吉诺维斯(Eugene Genovese),《摇滚:乔丹、摇滚、奴隶创造的世界》(*Roll*, *Jordan*, *Roll*: *The World the Slaves Made*)(New York: Vintage, 1972),26 页。

37　威廉森,《组织形式、剩余产品权利要求者和法人控制》,355 页;德姆塞茨,《信息和效率:另一种观点》(Information and Efficiency: Another Viewpoint),《法学和经济学杂志》,第 12 期(1969):2 页。

38　最近一篇论文甚至估算出一个数字公式证明鸽子宁愿不工作:"这篇论文描述了一些实验的结果:动物劳动者(鸽子)乐意用收入换取闲暇,如果价格公道的话。"[巴塔利奥(Raymond C. Batallio),格林(Leonard Green)和卡吉尔(John H. Kagel),《动物劳动者的收入和闲暇交换》(Income-Lesiure Trade-Offs of Animal Workers)《美国经济学评论》第 71 期(1981):621~632

页，各处。]

39 霍布斯，《利维坦》，麦克弗森编，62～63页。

40 阿罗(Kenneth Arrow)，《经济福利和有利于发明的资源配置》(Economic Welfare and the Allocation of Resources for Invention)，609～625页，载于《发明活动的比率和方向》(*The Rate and Direction of Inventive Activity*)(New York: National Bureau of Economic Research，1962)，619页。

41 乔多罗，《母亲行为的再生产》。

42 转引自桑德尔，《自由主义和正义的限制》，240页。

43 托尼(R. H. Tawney)，《平等》(*Equality*)(London: Allen，1931)。

44 沃尔泽(Michael Walzer)，《正义的范围：保卫多元主义和平等》(*Spheres of Justice: A Defense of Pluralism and Equality*)(New York: Basic Books，1983)，31、64～65；萨赫林，《石器时代经济学》，186。

45 古特曼，《什么是上学的用处?》，见于森(Amartya Sen)和威廉斯(Bernard Williams)编，《功利主义和功利主义之外》(*Utilitarianism and Beyond*)(New York: Cambridge University Press，1982)，261页。

46 托克维克，《美国的民主》，244页。

47 布洛赫(Marc Block)：《法国农业史》(*French Rural History*)(Berkeley: University of California Press，1973)，100～101页。

48 熊彼特，《资本主义，社会主义和民主主义》，142页。

索　　引

索引所注页码为原书原码，即本书边码。～代表索引词目。

B

C

D

E

F

H

I

J

K

L

M

N

O

P

Q

R

S

T

U

V

W

Y

Z

重译后记

《民主与资本主义》中文初译于 1993 年在台湾出版，大陆读者难睹其颜。今北京商务印书馆购得此书中文版权，而初版由于两岸繁简字体之变、手民误植以及清样未经审读，鲁鱼亥豕，致使舛误触目，并且一些重要术语的译法亦需改进和完善，重译实属必要。二千年底与二千零一年初，时客居德国，当欧人耶诞节假之期，费一月之力，毕重译之功。期间与作者之一金蒂斯就疑难问题多有讨论，裨译文更加达意。孟令朋校读清样一过，谨致谢忱。虽重译亦难免疏漏，祈海内外方家指教。

韩水法

二千零二年十月廿六日识于北京魏公村听风阁

图书在版编目(CIP)数据

民主与资本主义:财产、共同体以及现代社会思想的矛盾/(美)塞缪尔·鲍尔斯,(美)赫伯特·金蒂斯著;韩水法译.—北京:商务印书馆,2017
(汉译世界学术名著丛书:120年纪念版:珍藏本)
ISBN 978-7-100-14136-9

Ⅰ.①民… Ⅱ.①塞… ②赫… ③韩… Ⅲ.①资产阶级民主—研究 Ⅳ.①D082

中国版本图书馆CIP数据核字(2017)第137846号

汉译世界学术名著丛书
(120年纪念版·珍藏本)
民主与资本主义
——财产、共同体以及现代社会思想的矛盾
〔美〕塞缪尔·鲍尔斯 赫伯特·金蒂斯 著
韩水法 译

商务印书馆出版
(北京王府井大街36号 邮政编码100710)
商务印书馆发行
南京爱德印刷有限公司印刷
ISBN 978-7-100-14136-9

2017年12月第1版 开本710×1000 1/16
2017年12月第1次印刷 印张23¼
定价:110.00元